불편 없는 기업

The **Frictionless** Organization

불편 없는 기업

빌 프라이스 · 데이비드 재프 지음 ㅣ 안우현 옮김

적은 노력으로 뛰어난 고객 경험을 만드는 서비스 전략

알렙

우리는 기업이 고객에게 더 나은 경험을 제공하면서 고객의 수고를
줄여주는 일을 돕는 데 열정을 가지고 있다. 이 책에서 우리는 기업
이 사업을 제대로 펼치면서 고객과 빚어온 '불편'을 모두 제거할 수
있도록 우리의 아이디어와 경험을 전달하려고 노력했다. 이 책은 고
객을 직접 대하는 모든 기업이 더 나은 고객 경험을 제공하고, 비용
을 절감하며, 수익을 증대시키는 데 도움이 될 수 있다고 생각한다.
너무 좋게 들릴 수 있지만, 고객과 빚어진 '불편'을 제거하는 것은
정말로 기적의 치료법이다. 그러나 이는 또한 많은 노력과 함께 조직
전체가 동참해야 하는 사고의 전환을 요구한다. 고객 서비스 팀이나
영업 팀, 또는 디지털 부서장이 홀로 추진하려 한다면, 어느 정도 진
전을 이룰 수는 있겠지만 그 결과는 점진적인 것에 그칠 것이다.

이 책은 전사적 문제(whole-of-business problem)를 위한 방법론이며
(굵은 글씨로 표시한 용어는 '용어 사전'에 정의해 두었다), 우리가 정의한 대로
(서문 참고) 고객의 불편이 없는 상태가 되는 것은 여러분에게 중대한
도전이 될 것이다. 우리는 상품 디자인, 재무, 마케팅, 영업, IT, 또는
다른 부서가 어떻게 제대로 돌아가게 할지 알려줄 수는 없다. 하지
만, 문제와 해결책을 어디서 찾아야 하는지 보여줄 수 있다. 따라서

이 책은 고객과의 상호작용에 초점을 맞춘다. 우리가 배운 보편적인 진리가 있기 때문이다. 고객은 당신과 연락하기를 원하지 않으며, 당신이 그들을 그렇게 만들었다! 우리는 고객과의 상호작용에 초점을 맞추는데, 이는 모든 기업에서 문제가 발생하고 불만이 쏟아지는 곳이며, 고객이 자신이 겪는 불편을 설명하는 곳이기 때문이다. 하지만 먼저, 왜 우리가 이 책을 썼는지 먼저 살펴보려 한다.

우리가 2007-2008년 『베스트 서비스 노 서비스(*The Best Service Is No Service*)』(호이테북스)를 세상에 내놨을 때, 세상은 지금과 매우 달랐다. 얼마나 달랐는지 기억하기조차 어려울 정도이다. 2008년에는 이랬다.

■ 애플의 아이폰이 막 출시되었고, 삼성의 첫 안드로이드 폰은 아직 시장에 나오지 않았으며, 블랙베리는 여전히 그 전성기까지 5년이 남아 있었다.

■ 우리는 앱이 무엇인지 거의 알지 못했고, 웹 채팅은 거의 사용되지 않았다.

■ 이메일은 종종 인바운드 전화보다 선호되었고, 이메일 마케팅이 다음의 큰 혁신이 될 것이라 생각했다.

■ 기업들은 디지털 포털을 통해 셀프서비스를 가능하게 하기 시작했지만, 진척은 더딘 상황이었다.

■ 월마트의 매출은 아마존보다 19배 컸다.(오늘날, 아마존은 월마트의 매출을 추월했다.)

■ 마이크로소프트는 애플보다 2배, 구글보다 3.5배 더 컸다. 하지만, 오늘날 순위는 애플, 구글, 마이크로소프트 순이다.

■ 에어비앤비와 우버가 그해에 운영을 시작했고, 테슬라는 첫 모델인 로드스터를 판매했다.

■ 서비스와 판매 업무의 해외 아웃소싱이 활발히 진행되었다. 이에 많은 서구 국가에서 고객 지원 일자리가 자국 내에 거의 남아 있지 않을 것처럼 보였다.

■ 음성 인식과 자연어 처리 기술이 시험 단계에서 제한적인 성공을 거두고 있었다.

■ 소셜 미디어는 여전히 초기 단계에 있었다.

■ 접촉 후 설문조사가 분석 도구로 막 등장하기 시작했다.

■ 일부 산업 분석가들이 고객 경험(customer experience, CX)에 대해 이야기하기 시작했지만, 그 용어를 사용하는 사람은 무척 적었다. 순 고객 추천 점수(net promotor score, NPS)는 나온 지 불과 2년이었고, 고객 노력 점수(customer effort score, CES)는 아직 발명되지 않았다.

■ 런던은 다음 하계 올림픽 개최지로 확정됐으며, 젊은 흑인 민주당원이 미국 대선에서 예상치 못한 승자로 부상했으며, 떠들썩한 금발의 전직 언론인은 런던 시장 후보로 나서고 있었다.

그 당시에도 우리는 기업들이 왜 고객들에게 일을 시키는지에 대해 더 깊이 생각할 필요가 있다고 주장했다. 우리는 불편에 대해 이야기했지만, 그때는 아직 거기에 이런 이름을 붙이지 않았다. 우리는 이미 이것이 전사적 문제이며, 고객 서비스 책임자나 콜센터 관리자의 책임이 아니라는 점을 인식했다. 이는 부분적으로 아마존의 첫 세계 고객 서비스 부사장으로서 일한 빌의 경험에 기초한 것이었다. 우리는 라임브리지 글로벌 컨설팅 연합(LimeBridge Global Consulting Alliance)에 소속된 10개국의 컨설팅 동료들과 함께 '서비스의 필요성에 도전하기'라는 아이디어를 다듬어 왔고, 그 개념들은 보편적인 것으로 보였다. 우리는 멍청한 문의(dumb contact)를 없애고, 고객에게 정보를 제공하며, 매력적인 셀프서비스를 창출하고, 고객의 의견을 듣고 이를 반영한다는 개념을 제시했다.

우리는 2015년에 출간한 두 번째 책 『고객이 결정한다!(Your Customer Rules!)』에서 회사들이 고객 요구의 일곱 가지 계층 구조에 초점을 맞추도록 권장했다. 여기에는 "당신은 나를 알고 있고, 기억하고 있다"와 "당신은 나를 편하게 해줬다"와 같은 것이 포함되었는데, 이는 비록 우리가 그 용어를 사용하지는 않았지만 고객의 불편을 줄이는 것을 의미했다. 우리는 전통적인 기업 대 소비자(Business to Cunsumer, B2C) 또는 기업 대 기업(Businessto to Business, B2B) 비즈니스 모델과 달리, 고객을 전면에 두고 고객 관계를 비즈니스의 중심에 두기 위해 미 투 비즈니스(Me2B)라는 표현도 만들었다. 전통적 모델은 고객보다 비즈니스를 앞에 둔다고 할 수 있다. 고객은 정보의 투명성, 전환의 용이성, 공개적인 기업 평점 등을 통해 점점 통제권을 확대하고 있었다.

우리는 2008년과 2015년의 저작을 통해 설명한 프레임워크가 지금도 여전히 유효하다는 점에서 자부심을 느낀다. 전화, 우편, 이메일, 지점 또는 매장 방문에 더해 이제는 채팅, 메시징, 문자, 그리고 가상 에이전트 또는 아바타라고도 불리는 챗봇 등 새로운 채널이 등장했다. 고객 경험은 전략적 초점으로 부상했다. 이는 구매 결정에서 가격보다 더 중요한 요소로 여겨지고 있으며, 기업들이 자신을 차별화할 수 있는 몇 안 되는 영역 중 하나이다. 고객 조사는 항상 진행되고 있으며, 우리는 거의 모든 것을 평가하도록 요구받는 듯하다. 2008년에 누가 모든 택시 여행을 평가할 것이라고 생각했겠는가?

이들 새로운 채널(channel: 채팅, 메시징 등)은 '고속도로 효과'를 따르는 것처럼 보였다. 새로운 고속도로를 건설하면 더 많은 사람들이 그 길을 이용한다. 새로운 채널이 뚫리면 더 많은 고객 접촉이 그 채널로 유입된다.

우리는 2008년 '고객 문의의 필요성을 줄여야 한다'고 주장했지만, 이제는 더 많은 고객 접점, 더 많은 고객 문의, 그리고 새로운 유형의 수고와 불편이 생겨났다. 우리가 주관하는 한 포럼에서 한 은행 임원은 이렇게 말했다. "지금은 10년 전과 비교해 인터넷 뱅킹, 모바일 뱅킹, 채팅 등과 같이 더 많은 채널과 메커니즘이 생겨났다. 하지만 고객 서비스 부서의 인원 수는 10년 전과 동일하다."[1] 채널은 급증하고 있지만, 고객과 회사 모두에게 요구되는 노력의 양은 줄어들지 않았고, 오히려 종종 이전보다 더 커지고 있다.

기업들은 이제 더 많은 채널과 문의 유형을 관리해야 하기 때문에, "왜 이 고객 문의가 발생하는가?" 또는 "고객의 수고를 줄이기 위해 무엇을 할 수 있을까?"에 대해 생각할 시간이 더욱 부족해졌다. 이러한 새로운 채널—그리고 많은 상품 및 서비스 자체—이 새롭게 고객과 빚는 불편을 추가했다. 따라서 우리가 2008년에 썼던 아이디어들이 여전히 유효하지만, 이제 우리는 새로운 문제를 해결해야 하고, 새로운 도구를 사용할 수 있으며, 지난 13년간 쌓아온 학습의 결과를 활용할 수 있다.

우리는 2008년에 우리가 제시한 아이디어를 더 많은 회사들이 채택하지 않은 것에 대해 약간의 좌절감을 느끼고 있다. 우리는 이러한 아이디어가 효과가 있으며, 불편을 줄이기 위해 지금은 필요성이 더욱 커졌다고 생각한다. 다행히도, 혁신적이고 파괴적인 많은 기업들이 이러한 필요성을 이해하면서 고객 경험에 대한 기대치가 높아지고 있다. 새로운 기업들은 거래가 쉬운 환경을 구축했으며, 고객들은 모든 기업이 그렇게 되기를 원하고 있다. 우리는 이를 최종 접촉 벤치마킹(last-contact benchmarking)이라 부른다. 그 결과, 전략적 환경이 변화하고 있다.

우리는 오늘날 기업들이 새로운 채널의 복잡성과 고객의 높은 기대치를 다루는 데 필요한 방법들을 수집하고 정리해야 한다는 뜻을 모았다. 친구, 동료, 고객, 가족 들이 우리를 격려했으며, 우리는 반응이 없는 기업과 화가 난 고객들에 관한 이야기를 계속 들었다. 한편으로 고객과 빚는 마찰을 없앨 필요성을 이해하는 많은 혁신적인 '선도 기업'이 있다는 사실에 흥분했으며, 이 기업들이 어떻게 생각하고 일하는지 더 알아보기로 했다. 우리는 이미 변화와 개혁에 착수한 많은 기업 사례를 가지고 있었지만, 이들은 주로 더 크고 오래된 기업들이었다. 우리는 이러한 혁신적인 기업들로부터 배우고 싶었고, 그래서 그들의 이야기를 추가했다.

우리는 이 책에서 제시하는 일부 기업 행동들이 2008년과 2015년에 우리가 권장했던 방안과 유사하다는 점에 자부심을 느낀다. 원칙은 변하지 않았다. 하지만 메커니즘, 범위, 도구, 과정은 세계가 변함에 따라 모두 진화했다. 몇 차례의 줌(zoom) 통화를 통해, 우리는 『베스트 서비스 노 서비스』의 아이디어를 기반으로 하되, 고객과 빚는 불편을 제거하기 위해 완전히 새로운 방법론을 만들어야 한다는 결론에 도달했다. 그 결과 『불편 없는 기업(*The Frictionless Organization*)』이 탄생했다. 우리는 가능한 한 이 책을 실용적인 지침서로 만들고자 했으며, 이 아이디어를 접수한 조직들의 실천에 기반한 '힌트와 팁' 섹션을 책 전반에 걸쳐 추가했다. 우리는 다양한 산업과 지역에 속한 기업들의 이야기, 인용문, 결과를 다루었다. 우리가 올바르게 이해하고 있다고 생각하는 기업의 이름은 공개하되, 반면교사로 삼을 수 있는 조직의 이름은 익명으로 처리했다.

이 책을 읽는 방법

우리는 모든 유형의 독자들이 이 책을 편하게 읽을 수 있기를 바란다. 시간이 제한된 독자들은 각 장의 첫 번째 섹션만 읽어도 좋다. 더 깊이 있는 내용을 원한다면, 각 장에는 '어떻게~?'라는 자세한 설명 섹션이 있다(이는 책값만 내고 받는 무료 컨설팅이다!). 이 아이디어들이 여러분의 조직에 적용될 수 있는지를 평가하는 자기 점검 목록도 포함되어 있다. 사례 연구는 전 세계를 아우른다. 여기에서 다루는 기업을 모두 들어보지는 못했을 수 있지만, 모든 지역에 성공 사례와 실패 사례가 있다. 첫 두 권의 책에서 좋은 사례와 나쁜 사례를 대조했던 것처럼, 이 책에서도 그렇게 했다. 책을 읽는 동안 만화를 통해 많은 기업들이 여전히 핵심을 이해하지 못하고 있음을 풍자함으로써 약간의 재미를 더했다. 책을 어떻게 읽더라도, 여러분의 기업이 불편 없는 상태가 되는 데 도움이 될 아이디어와 프레임워크를 얻을 수 있기를 바란다! 더 많은 정보를 원하거나 아이디어를 공유하고 싶다면, 우리는 추가 사례와 방법을 웹사이트 **www.frictionlessorg.com**에 공개할 계획을 갖고 있다. 그곳에 이야기를 공유하고 방법을 나누는 커뮤니티를 만들고자 한다. 그곳이나 링크드인(**LinkedIn**)에서 우리에게 연락해 주기 바란다.

함께해 주어 감사하다.

| 차례 |

브라이언은 이 부분을 설명하는 것이 싫었다.

서문 및 개요

나는 아마존에 어떤 문제로도 문의할 필요가 없었다.
─조지 앤더스(당시《패스트 컴퍼니》잡지의 서부 해안 지국장)

:: 고객의 불편이 없는 조직이란 무엇인가?

고객의 불편이 없는 조직(Frictionless Organization)은 상품과 서비스가 매우 효과적이어서 고객이 잘못된 원인으로 회사에 문의할 필요가 없는 조직을 의미한다. 고객의 불편이 없는 조직에서는 모든 것이 고객을 위해 작동하며, 고객이 이용하기 쉽게 되어 있다. 이 정의에 따르면 모든 조직은 고객의 불편이 없는 조직이 되도록 노력해야 한다! 많은 회사에게 이것은 생존을 위해 거의 필수적인 요소이다. 혁신적인 기업들이 고객의 불편을 크게 줄이고, 저접촉, 저비용의 사업 모델을 만들어내고 있기 때문이다. 각 산업은 고객과 불편을 빚지 않는 새로운 회사들에 의해 혼란을 겪고 있다. 이 회사들의 상품은 항상 잘 작동하고, 배송은 약속대로 도착하며, 설명은 명확하고 이해하기 쉬우며, 셀프서비스는 사용하기 편하다. 모든 것이 고객에게 쉬울수록 기업은 고객의 불편이 없는 상태에 더 가까워진다.

제품, 서비스, 셀프서비스 디자인에서 완벽을 추구하는 기업은 비용을 관리하면서 훨씬 더 나은 고객 경험을 제공할 수 있다. 이들은 상대하기가 매우 쉬워서 고객들이 상호작용에 거의 노력이 들지 않는다고 느끼게 한다. 우리가 '고객의 불편 없음'이라 정의하는 것은 바로 이런 고객을 위한 단순함이다. 고객의 불편이 없는 기업은 실패로 인한 고객 지원이 거의 필요하지 않아 비용 면에서 유리하다. 더 나아가, 고객과 맺은 긍정적인 관계로 인해 고객은 더 많이 구매하고 자진해 이 기업을 홍보해 주기도 한다. 일부 고객의 불편이 없는 조직들은 아마존이 처음 5년 동안 그랬던 것처럼 구전 마케팅만으로 성장하며, 판매와 마케팅 비용을 최소화해 경쟁력이 더욱 높아진다.

각 장에서 소개하는 이야기들은 많은 전통적인 유형의 기업들이 어떻게 상품 및 서비스에서 불편을 추가하거나 무시하고 있는지 보여줄 것이다. 이들은 고객들이 회사를 상대하기 어렵게 만들었고, 그 결과 고객들은 화가 많이 나 있다. 여론조사, 설문조사, 연구 등의 결과는 불편이 어느 정도에 이르렀는지 보여준다. 예를 들어, 이 책을 집필할 무렵 미국 고객 만족 지수(American Customer Satisfaction Index, ACSI)[1]는 1994년 기준치보다 낮았다. 미국에서 고객 서비스센터에서 일하는 직원 수는 오프쇼어링과 디지털화 추세에도 불구하고 매년 증가하고 있다.[2] 고객의 불편이 없는 조직에서는 회사의 처리가 쉬워지는 만큼 고객 지원 직원 수가 감소하지만, 고객의 불편이 많은 조직에서는 문제와 불만을 처리하기 위해 고객센터에 직원을 늘려야 한다. 이러한 패턴은 전 세계적으로도 나타난다.

:: 디지털이 왜 상황을 개선하지 못했을까?

포털, 스마트폰 앱, 웹 채팅, 소셜 미디어 메시징과 같은 비대면 또는 디지털 고객 지원 채널의 확산은 이론적으로 고객의 삶을 개선했어야 한다. 이러한 채널들이 선택의 폭을 넓히고 때로는 편리함을 제공했지만, 동시에 새로운 문제와 더 많은 고객의 불편을 초래했다. 예를 들어, 고객들은 자신이 예전에 이용했던 채널을 통해 기업이 자신에 대해 이미 파악하고 있을 것이라 기대한다. 고객이 웹사이트를 이용한 후 채팅을 하고, 다시 전화를 걸 때, 매번 자신이 이전에 말한 내용을 반복해야 할 것이라고 예상하지 않는다. 안타깝게도, 이 책은 기업들이 이러한 수준의 옴니채널(omnichannel) 통합을 달성하는 경우가 드물다는 것을 보여줄 것이다.

이러한 새로운 채널들의 등장으로 기업은 관리가 더 복잡해졌고, 때로 추가 비용이 발생한다. 고객들은 이제 자유롭게 채널을 선택할 수 있다고 생각하기 때문이다. 기업들이 지점과 콜센터만을 운영할 때도 고객들의 문의 원인(reason)을 이해하고 추적하는 것이 어려웠다. 이제 다중 채널이 존재함에 따라 일관되고 통합된 고객 경험을 제공하는 것이 더욱 어려워졌다.

기업은 또한 디지털 시대를 맞아 '고객의 불편'을 숨기기 어려워졌다. 고객들은 이제 자신이 거래하는 기업, 그들의 상품 및 서비스를 평가할 수 있는 다양한 공론장을 가지고 있다. 더구나 고객들은 손가락 끝만 움직여 평점을 매길 수 있으며, 거의 모든 상품 및 서비스에 대한 사용 후기를 쉽게 찾아볼 수 있다. 여기에는 회사의 고객 서비스가 어떤지에 대한 후기도 포함된다. 특히 부정적인 이야기는 소셜 미디어에서 더 강하게 전파된다. 기업에게는 불행하게도, 나쁜 경험을 한 고객이 좋은 경험을 한 고객보다 더 많은 사람들에게 자기 이야기를 전파할 가능성이 높다는 연구 결과가 있다.[3]

이러한 가시성의 증가에도 불구하고, 많은 회사들은 자신들이 고객들에게 얼마나 많은 수고를 요구하고 있는지, 그리고 그것이 자신들에게 얼마나 큰 문제를 초래할 수 있는지를 잘 모르는 듯하다. 제1장 '이해하기'에서는 고객의 불편을 잘 측정하는 조직이 얼마나 적은지를 보여줄 것이다. 비즈니스에서 가장 오래된 격언 중 하나로 "측정하는 만큼 얻는다"[4]가 있다. 우리는 이 책에서 고객들이 도움을 요청하기 위해 문의할 수밖에 없는 원인을 효과적으로 측정하는 기업이 거의 없다고 주장한다. 이러한 문의가 얼마나 잘 해결되는지에 대한 데이터를 가진 기업은 더 적고, 고객 문의의 원인과 이를 해결하기 위해 회사 안에서 누가 책임을 지고 있는지 분석하는 기업은 더더욱 적다. 초반 장에서는 이러한 주장의 근거를 제시하고 그 결과를 논의할 것이다. 결국, 기업이 고객의 불편을 잘 측정하지 못한다면, 이를 관리할 가능성도 매우 낮다.

:: 왜 고객의 불편이 없는 조직이 되는 것이 성공 전략인가?

다행히도, 비즈니스 전반에 걸쳐 고객의 불편을 줄이기 위해 열심히 노력한 기업들이 있다. 이들이 각각의 업계에서 시장 선도자가 된 것은 우연이 아니다. 예를 들어, 소매 및 온라인 서비스의 아마존, 소비자 전자 제품의 애플, 가전제품 생산의 다이슨(영국), 금융 서비스의 USAA, 그리고 회계 분야 서비스형 소프트웨어(SaaS)의 제로(Xero, 뉴질랜드) 등이 그렇다. 여기에는 호주 국세청(4장 '디지털화'에서 다룬다), 콜로라도 자동차 관리국(예: 운전면허증 갱신 절차), 에스토니아 정부(와 'e-에스토니아' 프로그램)[5] 등과 같은 혁신적인 정부 기관들도 포함된다. 이 정부 기관들은 모두 시민 편의성을 높이는 데 선도적인 역할을 해왔다.

연구에 따르면 고객 경험의 질은 재무 성과와 상관관계가 있다. 고객 경험 선도 기업들은 S&P 500 지수를 50% 이상 초과 달성했다는 연구 결과가 여럿 나와 있다.[6] 동일한 연구에서는 고객 경험에서 뒤처진 기업들이 고객 경험 선도 기업들에 비해 120% 뒤처졌음을 보여준다. 다른 연구에서는 나쁜 경험을 한 고객의 58%가 그 회사에서 더 이상 구매하지 않으며, 고소득자의 79%가 나쁜 경험 이후 2년 이상 그 회사를 피한다는 결과가 나왔다.[7] 따라서 고객의 불편을 제거하는 것이 최우선 과제가 되어야 한다.

고객의 불편은 전사적 문제이다. 모든 부서에서 발생할 수 있기 때문이다. 따라서 고객의 불편이 없는 상태가 되기 위해서는 디자인 및 제품 개발, 마케팅 및 홍보, IT 및 법무 부서까지 모든 부서가 협업해야 한다. 이와 마찬가지로 불편 줄이기에는 통합 전략이 필요하다. 기업 내 모든 부분을 하나의 공통된 목표로 결집할 수 있다. 여기서 공통 목표는 고객에게 적은 수고를 요구하는 상품, 서비스, 지원을 설계하고 제공하는 데 지속적으로 초점을 맞추는 일이다.

고객의 불편이 없는 조직이 되면 더 큰 재정적 수익을 얻을 뿐 아니라 다른 여러 실질적인 이점을 맛볼 수 있다. 모순적으로 들릴 수 있지만, 회사와 상대하기 쉬워질수록 고객은 그 회사를 덜 의식하게 된다. 하지만 그럼에도 불구하고 더 많은 상품이나 서비스를 다시 찾게 된다. 모든 것이 잘 작동하면 할수록 고객은 앞으로 그 기업과 거래하려 할 가능성이 커진다. 다른 기업들이 따라잡기 힘든 선순환을 만들어내는데, 이는 운영 비용이 훨씬 낮기 때문이다.

고객들은 이러한 불편 없는 회사로 몰려든다. 고객들은 그들에 대해 극찬하고, 충성심을 보이며, 기꺼이 더 많은 거래를 한다. 비록 그들과 더 자주 상호작용을 할 수는 있지만, 이는 문제를 해결하거나 배송 지연에 대해 문의하기 위해서가 아니라 고객들이 원하는 방식으로 이루어진다. 고객들은 이러한 회사의 앱에 시간을 투자하고, 웹사이트를 사용하며, 피드백을 제공하는 것을 기분 좋게 여긴다. 중요한 것은 모든 것이 고객이 기대하는 대로 작동한다는 점이다. 다시 말해, "사랑받고 싶다면, 그냥 제대로 해라."[8]

이러한 기업들은 불편 없고 수고가 덜 드는 고객 경험을 창출하고, 고객의 요구에 귀 기울였다. 이들은 이를 쉬운 일처럼 보이게 하지만, 이 책은 그것이 보기보다 훨씬 더 어렵다는 것을 알려줄 것이다. 이는 연구, 지속적인 실험과 테스트, 그리고 많은 소통이 필요하다. 고객들이 이러한 기업들을 사랑하는 것은 행운이 아닌 설계에 의한 것이다.

이런 분야에서 성공한 기업들은 고객의 불편이 없는 상태가 되는 것이 다음과 같은 결과를 가져온다는 것을 알아냈다.

■ 장기적으로 비용을 절감한다.
■ 고객과 매출 성장을 촉진한다.
■ 진정한 경쟁 우위를 제공한다.
■ 비즈니스의 생존을 가능하게 한다.

다음 섹션에서는 각각의 내용을 순서대로 논의한다.

고객의 불편이 없는 상태가 장기적으로 비용을 절감한다

오랫동안 미디어는 비용을 절감하려는 회사들이 직원을 줄이거나 운영 시간을 단축하여 낮고 열악한 서비스를 제공할 것이라는 견해를 퍼뜨려 왔다. 체크아웃 직원 수를 줄이거나 콜센터 인력을 줄이면 비용을 절감할 수 있지만, 이는 또한 빠르게 비즈니스 평판에 영향을 미친다. 그러나 이 책에서 다루는 이야기들은 고객의 불편을 없애는 전략이 더 지속가능한 방식으로 비용을 절감한다는 점을 보여준다. 이는 고객 문의의 필요성을 제거하고 처리 시간을 단축함으로써 이루어진다. 예를 들어, 주문 프로세스가 간소화되고 효율적이라면 고객은 원하는 제품을 제때에 정확히 받을 수 있다. 따라서 배송 지연이나 오류에 대해 회사에 전화하거나 이메일을 보낼 필요가 없게 된다. 그 결과 거래당 비용이 감소한다. 고객의 불편을 줄임으로써, 회사는 다음을 이뤄냈기 때문에 막대한 비용을 절감할 수 있다.

- 프로세스를 간소화하여 시간을 절약한다.
- 반품 및 환불을 줄여, 노력과 비용이 많이 드는 보상 조치를 절감한다.
- 고객의 기대를 충족해 문의와 문의의 필요성을 줄인다.
- 보다 효과적인 웹사이트, 앱, 기타 채널을 구축하여, 고객 문의, 불만 접수, 채널 작동 방식에 대한 문의를 줄인다.
- 직원의 지원을 고객이 사용하기를 원하는 셀프서비스 채널로 대체한다.

고객의 불편을 줄이는 데는 이러한 혜택을 부분적으로 상쇄하는 비용이 따른다. 예를 들어, 기업은 새로운 기능을 구축해 고객이 배송 과정의 주요 사항을 알림을 통해 받을 수 있도록 할 수 있다. 그러나 이로 인해 고객이 도움을 요청하거나 불만을 표출하지 않는다면, 이득은 그 비용의 몇 배가 될 것이다.

고객의 불편이 없는 상태는 고객과 매출 성장을 촉진한다

앞서 언급했듯이, 좋은 경험을 한 고객은 더 많이 구매한다는 연구 결과가 많다. 고객이 기대한 시간과 장소에 맞춰 정시에 배송을 받은 경우, 그 회사에서 다시 주문할 가능성이 훨씬 더 높다는 것은 직관적으로 이해할 수 있다. 반면에 배송을 계속 쫓아다녀야 하거나 정시보다 늦게 받은 고객은 다음 번에 다른 곳에서 쇼핑할 가능성이 높다. 한 연구에 따르면, "77%의 고객이 좋은 경험을 한 회사를 친구에게 추천하고 소개할 것"이라고 한다. 아마존의 성장은 이를 입증한다. 아마존의 프로세스가 이렇게 잘 작동하지 않았다면 이러한 성장은 이루어질 수 없었을 것이다. 아마존의 미국 고객 만족 지수 점수는 여전히 가장 높은 수준을 유지하고 있으며, 불편 없는 상태는 고객들이 더 다양한 제품과 서비스를 위해 아마존을 선택하도록 하고 있다.

고객의 불편이 없는 상태는 진정한 경쟁 우위를 제공한다

고객의 불편을 줄여 비용을 절감한 기업들은 낮은 비용과 높은 수익을 통해 지속가능한 경쟁 우위를 창출한다. 반면에 서비스 수준 (service levels, 예: 응답 속도, 배송 속도, 체크아웃 대기 시간)을 줄이는 기업은 어려운 상황에 처하게 되며, 이는 고객 이탈과 매출 감소로 이어질 가능성이 크다. 불쾌한 경험을 제공하는 기업의 평판과 브랜드는 손상될 것이며, 이는 이후 장에서 우리가 다룰 이야기들에서 잘 드러난다.

기업은 고객의 불편이 없는 상태로 인한 낮은 비용 덕분에 다른 부분에서도 경쟁력이 높아진다. 한때 아마존은 자사의 주문당 고객문의(contacts per order, CPO)를 다른 주요 온라인 소매업체와 비교했는데, 아마존의 **CPO**가 **75%** 낮다는 사실을 발견했다. 이는 각 거래의 비용이 절감되어 그만큼 가격을 낮춰 매출을 늘리거나 무료 배송과 같은 마케팅에 사용할 수 있음을 의미한다. 시장에서 가장 낮은 비용을 들이는 기업은 더 큰 성공을 향해 앞으로 나아간다. 매출과 비용 절감을 동시에 제공하는 전략은 명백히 승리하는 전략이다.

앞서 언급했듯이, 고객의 불편이 없는 상태는 단순히 비용 문제만이 아니다. 더 혁신적인 기업들은 고객과 가치를 공유하는 새로운 방법을 창출했다. 이 책 전반에서 우리는 이러한 유형의 기업들을 혁신기업(Innovators)이라고 부른다. 그 예로 카세일즈닷컴(www.carsales.com)[9]을 사용하는 온라인 자동차 판매업체를 꼽을 수 있다. 이 웹사이트는 여러 가지 이유로 전통적인 신문 및 잡지 광고보다 더 나은 서비스를 제공한다. 회사의 검색 기능, 광고, 디스플레이는 다음과 같은 기능 덕분에 구매자와 판매자가 서로를 더 쉽게 찾을 수 있게 해준다.

■ 구매자는 유사한 차량을 신속하게 비교하거나, 최신 판매가를 알아볼 수 있다.
■ 판매자는 차량을 등록하기 전에 특정 차종과 연식의 차량이 얼마나 빨

리 팔리는지와 같은 중요한 시장 동향을 파악할 수 있다.

■ 고객의 불편이 적었던 경험 덕분에 구매자와 판매자는 서로 더 많이 정보를 교환하며 이로 인해 거래에 확실성과 신뢰감이 높아진다.

신문 광고는 간략한 설명만 실리는 데다 종종 최신 정보도 아니다. 온라인 광고는 더 많은 사진을 보여주고, 훨씬 더 자세한 정보를 제공하며, 심지어 판매자를 평가할 수도 있다. 카세일즈닷컴은 판매자가 차량의 적절한 사진을 찍을 수 있도록 돕고, 어떤 정보와 사진이 가장 효과적인지 판매자에게 설명해 준다. 이곳은 또한 딜러들에게 다양한 모델별 시장 상황, 회전 속도와 같은 정보를 제공하여 사업 운영에 도움을 준다. 이는 매우 다른 비즈니스 모델이며, 구매자와 판매자 모두를 돕는 방식으로 시장을 재정의하여 10년 동안 시장 가치를 400% 이상 성장시켰다.

넷플릭스는 또 다른 혁신이며, 다른 디지털 미디어 사이트들과 마찬가지로 전통적인 TV와는 다른 경험을 제공한다. 넷플릭스에서는 무엇을 볼지, 언제 볼지를 결정하는 일에 고객의 불편이 적고 시청자의 통제력도 커졌다. 고객은 시청할 디바이스를 선택하고 맞춤형으로 시청 목록을 짤 수도 있으며, 더 이상 케이블이나 안테나의 제약을 받지 않는다. 넷플릭스의 유연한 경험 덕분에 회사는 독창적인 콘텐츠에 막대한 투자를 할 수 있었으며, 수백만 명의 구독자들 사이에서 반드시 봐야 할 콘텐츠라는 명성을 얻었다.

고객의 불편이 없는 상태는 비즈니스의 생존을 가능하게 한다

디지털 혁신과 N26, 우버, 제로와 같은 디지털 혁신기업의 등장으로, 고객의 불편이 적은 비즈니스 모델은 경쟁을 위해 필수적인 것이 되었다. 전통적인 비즈니스는 고비용의 물리적 네트워크와 번거로운 프로세스로 인해 부담을 안고 있으며, 불편을 줄이지 않으면 멸종 위기에 처할 수 있다. 다음 예시들을 고려해 보자.

■ 줌은 사용하기 쉬워서 시스코(Cisco) 웹엑스(Webex)의 시장 점유율을 급속히 잠식했다.

■ 지역 기반의 많은 전통적 은행들은 이제 N26과 트라이엄프페이 (TriumphPay)와 같은 '핀테크' 기업들로부터 도전을 받고 있다. 트라이엄프페이는 "우리는 중개인, 운송업체, 금융 기관들이 비즈니스를 키워낼 수 있도록 고객의 불편 없는 상품 제안, 정산, 결제 경험을 제공합니다"라는 문구로 그 단순함을 홍보한다.

■ 아마존은 베스트바이(BestBuy), 타깃(Target), 월마트와 같은 전통적인 소매업체들이 다양한 온라인 채널을 추가하도록 강요했다. 미국의 보더스(Borders)와 토이저러스(Toys R Us), 호주의 해리스 스카프(Harris Scarfe)와 딤미스(Dimmeys) 등과 다른 많은 소매업체는 파산했다.

■ 유럽 소매업체 알디(Aldi)와 리들(Lidl)은 유럽 전역의 운영자를 혼란에 빠뜨렸다. 이들은 단순한 제품군(대부분의 슈퍼마켓 체인은 2만 5,000개 품목을 늘어놓는데, 이들의 영국 매장에서는 2,000개 품목만 내놓았다), 저비용 매장 포맷, 간소화된 결제 카운터 운영, 간단한 셀프서비스를 제공함으로써 전체 시장을 뒤흔들었다. 고객들은 이들을 사용하기 쉽다고 느끼며, 그 결과 이들은 세계에서 가장 큰 소매 체인 중 하나로 성장했다. 이들은 다른 슈퍼마켓들이 더 낮은 비용과 하이퍼마켓 형태에 적응하거나 그렇게 못하면 무너질 수밖에 없도록 만들었다. 영국에

서는 (이 책을 집필할 무렵) 지난 20년간 12% 이상의 시장 점유율을 구축했고,10) 기존 업체들의 이윤 마진은 1990년 추정치인 7%에서 오늘날 2~3%로 줄었다.

■ 보험업계에서는 각 고객의 필요에 맞춰 위험을 더 정확하게 평가하고 저비용 채널과 셀프서비스를 제공하는 혁신적인 비즈니스들이 등장하고 있다.

■ 자산관리 분야에서는 고비용의 금융 자문 모델을 약화시키는 디지털 또는 로봇 자문 모델이 등장하고 있다.

■ 항공 산업도 단순화된 사업 모델과 편리한 셀프서비스를 내놓는 저비용 항공사들에 의해 혁신되었으며, 이는 기존 항공사들이 셀프 체크인 및 온라인 예약과 같은 혁신을 도입하도록 강요했다.

이러한 고객 경험 이야기는 지난 **30년** 동안 발생한 비즈니스 혁신 사이클 중 일부이다. 예를 들어, 가장 가치 있는 자동차 기업들은 더 이상 미국의 '빅 3'나 일본 제조업체들이 아니다. 대신 테슬라와 리비안이 그 자리를 차지하고 있으며, 일부 독일 제조업체들도 **100년** 동안 이어온 관행을 혁신하며 빠르게 따라잡고 있다.

물론 일부 재화와 서비스에 대해서는 '장인의 손길이 가득한 명품'이 필요할 수 있다. 일부 고객들은 맞춤형 재단이나 포트넘&메이슨, 티파니, 루이비통과 같은 명품에 프리미엄을 지불할 준비가 되어 있다. 주목할 점은 이러한 회사들도 매끄러운 온라인 솔루션을 제공한다는 점이다. 그러나 많은 시장에서 이러한 고급 재화 및 서비스 모델은 존재하지 않거나 매우 제한적이다. 기존 업체들이 고비용, 고인력 구조를 유지할 경우, 더 적은 인력과 비용으로 운영되는 비즈니스들이 등장하여 "이들의 시장을 잠식하게 될" 것이다. 이들의 시장을 잠식하게 될 것이다. 우리는 이 책에서 이러한 유사한 사례들을 다수 탐구할 것이다.

:: 고객의 불편이 없는 상태가 우리 기업에 적합한지 어떻게 알까?

〈표 1.1〉에 있는 체크리스트는 이 전략이 여러분의 기업에 적합한지 여부를 판단하는 데 도움이 될 것이다. 이 질문들 중 어느 하나라도 '아니오'라고 답했다면, 이 책이 여러분에게 도움이 될 가능성이 크다.

〈표 1.1〉 고객의 불편 없음 자가 평가

질문	예	아니오
여러분은 기업 전반에 걸친 모든 고객 문의의 비용과 규모를 알고 있는가?	우리는 매주, 매월 각 고객 채널에서 발생하는 비용을 명확히 밝히는 보고서를 내고 있다.	
총비용으로 따져 고객 문의의 상위 25-50가지 사유와 함께 그 변화 추이를 파악하고 있는가?	우리는 서로 뚜렷하게 구분되는 고객 문의 원인과 관련해 그 규모와 비용의 개선을 쉽게 추적할 수 있다. 이 사유들은 '기타'로 분류해 버리지 않는다.	
어떤 부서가 고객 문의의 원인을 제공하는지 파악하고, 해당 부서의 임원에게 문제를 해결하도록 책임을 묻고 있는가?	고객 서비스 부서는 다른 부서들에게 정보를 제공하고, 전체 임원진이 함께 실패 및 고객의 불편 지점을 줄이기 위해 협력한다. 우리는 많은 성공 사례를 가지고 있으며, 더 많은 성공을 촉진하기 위해 그 이야기를 공유한다.	
시간이 지나면서 고객 문의 비율은 어떻게 변화했는가?	우리의 단위(X)당 고객 문의(X=활성 고객, 주문, 청구 등)는 지속적으로 매년 Y%씩 감소하고 있다.	

여러분의 고객들이 셀프서비스를 어느 정도로 활용하고 있는가?	우리의 고객 셀프서비스는 이제 고객들에게 주요 메커니즘이 되었으며 매우 인기가 있다. 그것을 사용하는 고객 중 X%가 목표를 달성한다.	
여러분의 시스템과 프로세스는 얼마나 잘 고객 문의를 예측하고 사전 예방하고 있는가?	우리는 고객이 알기도 전에 문제를 먼저 발견하고 이를 알려준다.	
고객 경험을 개선하는 데 얼마나 효과적이었는가?	우리의 데이터는 고객 경험이 더 단순해지고, 더 적은 노력이 들며, 고객들로부터 칭찬을 받는다는 것을 보여준다.	

:: 고객의 불편 없는 조직은 어떤 모습인가?

고객의 불편 없는 조직들은 다음과 같은 특성을 공유한다.

▨ 서비스와 배송이 제시간에, 그리고 고객이 기대하는 방식에 따라 이루어진다.

▨ 제품이 직관적으로 사용하기 쉬우며 잘 작동한다.

▨ 웹사이트와 앱은 사용하기 쉬우며, 고객들이 자주 사용한다.

▨ 뭔가 잘못되면 빠르게 고쳐진다.

▨ 기업의 모든 부서가 고객을 위해 어떤 역할을 하는지 명확히 알고 있다.

고객의 불편이 없는 조직에서는 모든 프로세스가 원활하게 작동한다. 이러한 기업과 함께라면 검색, 가입, 구매, 이동, 결제 또는 연락처 정보 변경, 주문 취소, 상품 및 서비스 반품 등 모든 것이 쉽다.

이들은 고객에게 다양한 상호작용 방법을 제공하며, 고객이 주도권을 갖도록 하고, 제품과 서비스를 중심으로 일관되고 간단하며 투명한 경험을 제공한다. 고객들은 이러한 기업을 사랑하는데, 이들이 고객의 삶을 더 편리하게 만들어주기 때문이다. 반면에, 소비자들은 처리 시간이 너무 오래 걸리거나, 혼란을 주거나, 상대하기 어려운 다른 기업들에 대해 강하게 불평한다.

다음의 세 기업은 불편 없는 상태가 고객에게 얼마나 유익한지, 그러나 이를 위해 얼마나 훌륭한 설계와 실행이 필요한지를 잘 보여준다. 애플, 블라블라카, 그리고 우버가 그들이다.

애플(Apple). 지난 25년 동안 애플은 제품과 프로세스의 탁월함을 바탕으로 세계에서 가장 높은 기업 가치를 가진 회사 중 하나로 성장했다. 웹사이트, 앱, 기기, 고객 서비스센터, 리테일 매장 등 고객의 불편이 없는 상태를 향한 애플의 끊임없는 추구에 대해 많은 글이 쏟아져 나와 있다. 애플은 오디오, 비디오, 노트북 제작자들의 부러움을 사는 단순하고 우아한 디자인으로 시작한다. 그 후 상자를 열자마자 직관적으로 즉시 사용할 수 있는 경험을 제공하여, 고객이 지원을 찾아 헤매지 않도록 한다. 애플의 매장은 우아하고 개방적이며, 고객들이 자유롭게 둘러보고, 게임을 하고, 제품을 테스트하고, 바로 구매하거나 나중에 온라인으로 주문할 수 있게 만든다. 대부분의 애플 기기는 설명서 없이 제공된다. 애플의 디자이너들은 자신들이 창조한 경험의 직관성을 신뢰한다. 애플은 터치스크린 기기와 상호작용하는 방식을 선도했으며, 이후에는 음성 기반의 상호작용에서도 사용자들이 편안함을 느낄 수 있게 했다. 이처럼 애플은 다른 이의 지원이 필요 없는 기기와 관련 경험을 설계하려고 노력함으로써 고객의 불편이 없는 조직의 이상을 구현하고 있다.

블라블라카(Bla Bla Car). 프랑스 파리에 본사를 둔 블라블라카는 개인 소유 차량의 빈자리와 함께 차를 타고 가기를 선호하는 여행자들을 매칭시키는 사업 모델로 큰 성공을 거뒀다. 특히나 통찰력 있는 대목은—이는 고객의 불편이 없는 상태의 훌륭한 예가 될 터인데—이 회사는 단순히 빈 자리를 매칭하는 것에 그치지 않고, 운전자와 승객 간의 '성향'까지 고려했다는 점이다. 블라블라카는 성격과 행동이 매우 다른 사람과 함께 운전하면 불편이 발생한다는 점을 발견하고, 3점 척도로 운전자와 승객을 평가했다. '블라'는 비교적 조용한 성격을, '블라 블라'는 다소 말이 많은 것을, '블라 블라 블라'는 매우 말이 많은 것을 의미했다. 이로 인해 회사는 차량을 타고 있는 모든 이들이 더 즐겁게 장거리 운전 여행을 할 수 있도록 만들었다. 따라서 차량의 빈자리를 다음에도 내놓거나 이런 기회를 이용해 여행하려는 사람이 늘었다. 블라블라카는 유럽 전역에 동일한 운영 방식을 신속하게 도입했으며, 팬데믹 기간 동안 프랑스 국철(French National Railway)의 버스 서비스를 인수하기도 했다. 블라블라카는 거의 지원이 필요 없는 운영 방식을 구축했으며, 이렇게 고객의 불편이 적은 비즈니스의 성장은 계속되고 있다.

우버(Uber)는 고객의 불편 없는 경험이 어떤 것인지 보여주는 또 다른 훌륭한 사례이다. 우버는 단거리 여행 비즈니스를 완전히 재정의했으며, 미디어에서는 이를 '차량 공유' 또는 '긱 경제'의 일부라고 평가했다. 우버의 성공은 기존 택시 모델과 비교했을 때 불편 없는 경험을 제공한 데서 비롯된다. 우버 승객들은 이용 가능한 운전자와 그들의 평점을 확인할 수 있고, 대기 시간, 예상 이동 시간, 비용에 대한 정보를 얻을 수 있다. 여행이 끝난 후에 어떤 서류 작업이 필요하지 않다. 요금을 지불하거나 영수증을 받는 데 시간을 낭비할 필요도 없고, 신용카드 도난이나 거래 사기 위험도 없다. 승객과 운전자 모두가 서로를 평가할 수 있어, 우호적인 행동을 촉진하는 인센티브가 된다. 우버는 고객에게 있어 택시 이용에서 발생하던 많은 불편 요소들을 제거했다. 예를 들어, 길고 불확실한 대기 시간, 운전자와의 의사소통 불능, 운에 맡겨야 하는 운전자의 성격 등이 있었다. 우버는 또한 요금 취소를 쉽게 하고, 문제가 발생하더라도 운전자와 다시 연락할 수 있는 방법을 제공하여 이동의 경험을 더 나은 것으로 만들었다. 예를 들어, 거리에서 잡은 택시의 뒷좌석에 휴대폰이나 지갑을 두고 내렸다면, 이를 되찾으려면 큰 행운이 필요하다. 하지만 우버와 같은 카헤일링(승차 공유 서비스)에서는 운전자와 거의 즉시 다시 연결할 수 있다. 이동에 고객의 불편이 없어진다.

:: 고객의 불편 없는 조직의 유형

고객의 불편이 없는 조직은 세 가지 유형으로 나눌 수 있다. 우리는 이 책에서 이를 계속 살펴볼 것이다.

■ 혁신기업(Innovators). 이 기업들은 맨 처음부터 고객 중심의 비즈니스 모델을 창출했다. 이들 중 다수는 초기에 수익을 올리지 못했지만, 고객의 삶을 개선하기 위해 고객 접점 프로세스와 기술에 꾸준히 투자했다. 그리고 수년 후 그 혜택을 누렸다. 이들 중 누구도 명시적으로 고객

의 불편이 없는 상태를 목표로 삼지는 않았다. 하지만, 모두 고객이 주도권을 가지고 지원 채널(assisted channel)이 거의 또는 전혀 필요 없는 운영 모델을 구축하려고 했다. 대표적인 예로는 에어비앤비(Airbnb), 아마존(Amazon), 우버(Uber), 그리고 제로(Xero)가 있다. 각 장에서 이와 유사한 다른 기업들도 다루게 될 것이다.

■ 개혁기업(Renovators). 이 기업들은 시간이 지나면서 자신이 그동안 쌓아온 고객의 불편을 제거하는 데 더 많은 관심을 기울여야 한다는 것을 깨달았다. 이들의 개혁은 혁신기업들이 그들의 시장에 진입하거나, 고객의 불만, 규제, 주주의 압력 등에 대응하는 과정에서 이루어졌을 수 있다. 많은 기업들이 고객의 불편을 제거함으로써 더 높은 수익성을 달성했다. 예로는 호주의 유틸리티 기업 에이지엘(AGL), 독일 기반의 유럽 유틸리티 거대 기업 에오엔(E.ON), 미국 T-모바일(T-Mobile USA), 유나이티드 항공(United Airlines), 보다폰(Vodafone) 등이 있다.

■ 시민 대응 기관(Responsive Agencies). 이들은 공공 또는 비영리 조직으로 시민들이 접촉이 적고, 비용은 낮으며, 상대하기 쉬운 방식으로 운영되기를 원한다는 점을 알고 있다. 민간 부문에서 나온 좋은 선례가 공공 부문에서 문턱을 높이고, 공공기관의 수준을 높이도록 정부에 압력으로 작용한다. 정부는 또한 시민 불편 감소와 디지털화와 같은 지속가능한 메커니즘을 통해 예산을 절약한다. 예로는 호주 국세청(Australian Tax Office), 에스토니아 정부, 미국의 비영리 단체인 아메리칸 프레리(American Prairie)와 국경 없는 축구회(Soccer Without Borders) 등이 있다.

:: 이 책의 구성

고객의 불편이 없는 조직이 되기 위한 전략을 〈그림 1.1〉과 같이 세
단계와 아홉 개의 장으로 나누어 제시한다.

각 장에서는 다음과 같은 내용을 다룬다.

■ 필요한 조치를 소개하고, 그것이 왜 중요한지 설명한다.
■ 이런 조치를 잘 수행한 기업들(우리는 이를 '좋은 사례'라고 부른다)과
   그렇지 않은 기업들('나쁜 사례')의 이야기를 공유한다.
■ 실천 단계와 방법을 구체적으로 설명한다.
■ 행동을 시작하고 이를 개선하는 방법에 대한 '힌트와 팁'을 제시한다.
■ 요약과 함께, 기업에서 이러한 조치가 필요한지 평가할 수 있는 간단한
   평가표로 마무리한다.

고객의 불편이 없는 상태로 가는 경로는 세 단계로 나누어지며,
우리는 다음 장에서 이를 다룰 것이다.

1단계: 공동의 초점 만들기

첫 번째 단계는 기업이 우리가 '이해하기(Understand)'와 '할당 및 우
선순위 지정하기(Assign and Prioritize)'라고 부르는 두 가지 전략적 행
동을 통해 고객의 불편을 제거하도록 준비하는 것이다. 이 단계에
서 기업은 불편 지점을 이해하고, 개선 작업을 할당하고, 우선순위
를 지정하는 법을 배우게 된다. 이러한 단계는 매우 중요하다. 기업
이 올바른 문제를 다루고, 우선순위가 가장 높은 순서대로 문제를

해결하며, 그 해결책에 대한 책임을 적절한 자리에 부여하도록 보장하기 때문이다. 기업은 이해하기 전략을 통해 고객이 왜 문의을 해야 하는지를 분석함으로써 고객의 불편을 보여주는 데이터와 인사이트를 얻을 수 있다. 그 후 기업은 할당 및 우선순위 지정하기라는 전략적 단계에서 불편을 일으키는 영역에 그에 대한 책임을 할당하는 메커니즘을 적용할 수 있다. 이 단계에서 기업은 어떤 불편을 먼저 해결할지 결정한다. 또한 어떤 전략을 어떤 불편에 적용할지 평가하는 방법도 정한다.

2단계: 전략적 행동 추진하기

기업은 이번 단계의 다섯 가지 전략적 행동을 통해 고객의 불편을 줄이고 제거할 수 있다. 기업은 이러한 전략적 행동을 개별적으로 또는 동시에 추진할 수 있다. '제거하기(Eliminate)' 전략은 불편을 근본적으로 제거하는 것이 가장 완전한 해결책이기 때문에 가장 먼저 설명한다. '디지털화하기(Digitize)'는 고객이 스스로 문제를 해결할 수 있도록 하는 셀프서비스 또는 자동화 도구를 다룬다. '사전 예방하기(Preempt)'는 다른 전략들과 겹쳐 진행하며, 고객이 문제를 발견하기 전에 그들에게 다가가 다양한 문제의 영향을 받지 않도록 예방하는 것을 목표로 한다. 제거하기는 문제의 근본 원인을 없애는 것이고, 사전 예방하기는 고객에게 경고하고 문제를 관리할 수 있도록 돕는다. 예를 들어, 사전 예방하기 대응 전략은 배송 지연 가능성을 먼저 알리거나 제품 결함의 가능성을 경고할 수 있다. 결함이나 문제가 남아 있을 수 있지만, 그 영향은 줄어들게 된다.

네 번째 전략적 행동인 '간소화하기(Streamline)'는 다른 방법으로 해결할 수 없는 문제에 대해 고객이 들이는 수고를 줄여준다. 간소화하기는 고객이 불편을 처리하는 것을 약간 더 쉽게 만들어 준다. 마지막 전략적 행동인 '레버리지(Leverage)'는 기업이 회사와 고객 모두가 원하는 고객 문의를 어떻게 최대한 활용할 수 있을지 탐구한다. 이 전략은 고객이 해야 할 일들이 불편의 원인으로 변하지 않도록 하는 방법을 설명한다.

3단계: 유지 및 개선하기

마지막 두 가지 전략적 행동인 '학습하기(Learn)'와 '재설계하기(Re-design)'는 조직이 지속적으로 고객의 불편을 줄이고 개선할 수 있도록 한다. 이러한 행동에는 불편을 지속적으로 측정하고, 그 불편을 해결할 책임을 적절한 부서에 부과하는 단계가 포함된다. 학습하기 행동은 새로운 불편 지점을 발견하고 개선 사항을 추적하는 방법을 포함한다. 마지막으로, 재설계하기 단계는 남아 있는 과제를 처리하는 것과 함께 불편이 발생하지 않도록 하는 근본적인 변화를 추구한다. 또한 언제 제품과 프로세스를 근본적으로 재구성해야 하는지를 파악하는 방법도 다룬다.

:: 왜 모든 회사가 고객의 불편이 없는 상태가 되지 않을까?

고객의 불편 없는 경험을 설계하는 것이 비용 절감에도 도움이 된다면, 누구나 흔쾌히 그렇게 할 것이다. 그러나 기업이 고객의 불편이 없는 상태로 전환하는 것을 막는 네 가지 공통적인 장애물이 있다.

〈그림 1.1〉 고객의 불편이 없는 상태로 가는 길

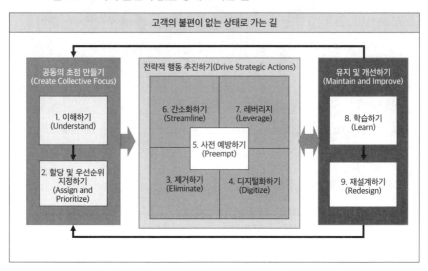

- 고객의 불편이 늘어나도록 설계되어 있는 내부 문화와 조직 역학.
- 단기적 초점.
- 안일함.
- 비효율적인 고객 경험 방법론.

고객의 불편을 늘리는 내부 문화와 조직 역학

기업은 종종 조직 구조 및 보고 라인을 잘못 설계하여 고객 문제를 겉으로 드러내지 못하는 부서 체계를 갖고 있다. 예를 들어, 제품 및 마케팅 부서 책임자들은 판매 및 수익에만 집중하고, 다른 영역에 있는 고객 관리나 고객 지원 비용에 대한 책임은 지지 않을 수 있다. 이렇게 되면 회사의 다른 영역에서 발생한 문제는 보이지 않으며, 안중에도 없다. 사일로 구조(각 부서가 독립적으로 운영되는 상황)에서 고객의 불편을 일으키는 부서는 자신이 일으킨 문제와 비용에 대해 제대로 볼 수 없고 책임도 느끼지 않는다. 디지털, 채팅, 소셜 미디어와 같은 새로운 고객 채널이 추가되고 종종 다른 부서 관할이 되면, 고객 문제를 파악하고 누가 책임을 져야 하는지 파악하는 것이 더욱 복잡해진다.

단기적 초점

고객이 겪고 있는 문제는 거의 대부분 빠르게 해결되지 않는다. 이는 세밀한 분석과 다양한 해결책(그중 일부는 어렵거나 비용이 많이 든다), 그리고 중장기적인 고객 집중을 요구한다. 또한 기업 전반에 걸친 긴밀한 협력이 필요하며, 단순히 한 영역의 변화만으로는 부족하다.

안타깝게도, 다음 분기 실적을 기대하는 경영진과 주주들은 더 빠르지만 고객 중심적이지 않은 개선책의 유혹을 받을 가능성이 크다. 예를 들어, 제품 설계나 급하게 만들어진 웹사이트로 인해 발생한 복잡한 불편을 해결하는 대신, 비용이 적게 드는 해외 아웃소싱 솔루션을 추구할 수 있다. 많은 기업이 고객 접점 영역에서 비용 절감을 위해 해외 아웃소싱과 같은 메커니즘을 이용해 왔다. 이는 비용을 절감하는 빠른 방법으로 너무 자주 사용되었다. 고객 문의가 발생하는 근본적인 원인을 먼저 살펴보는 일은 나중으로 미뤄졌고, 결국 잊혀졌다. 이후에 설명할 사례들은 고객 서비스 영역이 문제와 불만으로 가득 차 있음을 보여줄 것이다. 이러한 기능을 해외로 이전하면서 문제를 해결해야 할 사람들이 해당 이슈와 동떨어져 버리는 상황이 벌어졌다. 또한, 복잡한 문제는 해외에서 일하는 사람들에게 잘 맞지 않을 가능성도 크다. 그들은 다른 문화에서 일하거나,

제2 또는 제3의 언어로 일하고 있기 때문이다.

반면, 성공적인 고객의 불편이 없는 조직에는 일반적으로 중장기적 초점을 가진 새로운 유형의 최고경영자 또는 임원진이 있다. 이들은 회사의 모든 부분을 하나로 묶는 데 중요한 역할을 한다. 이러한 기업들 가운데 다수는 창립자가 여전히 경영을 이끌고 있거나, 적어도 모든 직원들이 장기적 목표를 향해 뛰도록 영향력을 행사할 수 있는 중요한 위치에 있다. 기업이 적절한 도구와 초점을 채택한다면 몇 달 안에 일정한 결과를 얻을 수 있다는 사례가 많다.

안일함

성공한 조직들은 종종 오만함을 키우게 된다. 이로 인해 그들은 장차 자기 사업의 기초를 흔들 새로운 트렌드와 동향을 인식하지 못하고 당연히 변화에 나서지 않는다. 다시 말해, 많은 고객을 확보한 기업들은 고객들에 대한 태도에서 안일해지고 거의 오만해지는 경향이 있다. 조직이 커지고 복잡해질수록, 기업 내부의 계층 구조나 규모와 복잡성의 증가로 인해 문제가 제대로 드러나지 않으면서 발생하는 불편을 인식하지 못하게 된다.

안일함(Complacency)은 또한 기업 내의 문화와 권력 구조에 의해 뒷받침될 수 있다. 관리자들은 자신들의 견해에 도전하기보다는 지지하는 사람들만 승진시킬 수 있다. 자신들과 비슷한 사람들을 채용함으로써 의견의 다양성을 줄이기도 한다. 이러한 문화와 규범은 고객들이 어떤 대우를 받고 있는지 또는 고객들이 회사가 개척하고 있는 새로운 경로를 따를 것인지에 대해 의문을 제기하는 사람들을 억누르는 경향이 있다. 코닥(Kodak)은 디지털 카메라의 등장을 알았지만 아무것도 하지 않았다. 노키아(Nokia)는 애플이 개발 중인 인터페이스를 알았지만 스마트폰을 만들지 않았다. 대부분의 주요 자동차 제조사들은 테슬라가 전기차 카테고리를 확립하는 것을 지켜보면서도 전기차 기술에 관심을 두지 않았다. 이에 이제는 쫓아가기에 여념이 없다. 이러한 사례들은 기업이 현상 유지를 고수하면서 고객과 그들의 요구에 대한 감각을 잃게 되는 과정을 보여준다.

비효율적인 고객 경험 방법론

고객 경험 개선은 두 가지 지배적인 방법론을 중심으로 이루어지는 경향이 있다. 이 방법론들은 널리 자리 잡았지만 항상 고객의 불편을 줄이는 데 효과적이지는 않다. 그것은 고객 여정 맵핑(Customer journey mapping)과 고객 경험 측정이다.

여정 맵핑은 고객이 복잡한 과정에서 밟는 단계를 추적하는 도구이다(예: 고객이 되는 과정과 오랜 시간에 걸쳐 제품이나 서비스를 사용하는 과정). 회사의 다양한 부서들에게 이를 교육하면, 각 부서는 자신의 행동으로 고객이 어떤 일을 겪는지 비로소 깨닫게 된다. 또한, 제품, 영업, 마케팅, 서비스 팀을 한군데 모아 보험금 청구나 주택 대출 신청과 같은 가장 복잡한 프로세스를 함께 분석하게 하는 데도 유용하다. 그러나 여정 맵핑은 여러 가지 이유로 실패할 수 있다.

■ 현재 상태에 초점을 맞추기에, 설계 변경이나 잠재적 개선 방안을 놓치기 쉽다.
■ 많은 고객 상호작용은 여정이 아니기에 이런 방식으로 포착하지 못한다. 예를 들어, 요금 납부가 하나의 여정이라 한다면, 이는 뭔가 심각한

문제가 있다는 뜻이다.

■ 문제가 생기는 변형과 단계를 모두 포착하고 설명하기는 어렵다.

■ 문제의 근본 원인(Root cause)과 책임 소재가 종종 명확하지 않다.

■ 여정의 세부 조정과 표면적 개선에 초점을 맞추기에, 근본적 질문을 던지지 못한다.

고객 경험 측정(customer experience measurement). 많은 기업이 항공편부터 웹사이트 주문에 이르기까지 거의 모든 상호작용에서 고객 피드백을 수집하고 있다. 모든 산업에서 고객에게 설문조사를 요청하는 것이 흔한 일이 되었다. 순 고객 추천 점수(net promoter score, **NPS**)는 이제 고객 노력 점수(customer effort score, **CES**), 만족도 평가, 직원 평가와 같이 일반적 측정 방법으로 자리를 잡았다. 이런 도구를 관리하기 위한 다양한 소프트웨어도 등장했다.

고객 서비스 관리를 통해 고객 개선을 추진하는 것을 종종 고객의 소리(voice of customer, **VOC**)를 듣는다고 표현한다. 그러나 고객 설문 방법이 점점 더 고객을 괴롭히는 것이 되면서 응답률이 낮아지고 있으며, 종종 **5~10%**에 불과하다. 고객들은 끊임없이 피드백을 요청받는 것에 피로감을 느끼기 시작했으며, 기업들은 이 설문조사 피로(survey fatigue)를 어떻게 해결해야 할지 고민하고 있다. 기타 문제점으로는 지나치게 긴 설문조사, 잘 처리된 프로세스에 편향된 설문조사, 후속 조치의 부족 등이 있다. 일부 기업들은 측정에 너무 바빠서 피드백에 대한 조치를 취할 시간이 없다.

아마도 이러한 도구들의 가장 큰 문제점은, 고객 문의나 문의를 더 잘 처리하는 방법에 초점을 맞추도록 유도한다는 점이다. 이는 왜 처음부터 이러한 접촉이 필요했는지, 더 근본적인 질문에 답하려는 노력을 방해할 수 있다. 설문조사에서는 "오늘 저희에게 문의하지 않았더라면 오히려 더 좋았을까요?" 또는 "이런 문의를 하지 않아도 되도록 저희가 무슨 일을 했어야 할까요?"와 같은 질문을 거의 하지 않는다. 이후 장에서 우리는 설문조사 없이도 고객이 무엇을 생각하는지 이해할 수 있도록 돕는 최신 분석 도구와 기타 방법들을 소개할 것이다. 이 책은 "우리가 어떻게 했나요?"와 같은 질문을 할 필요가 없는 상태를 만드는 것에 관한 것이다. 왜냐하면 기업은 당연히 이러한 답을 알고 있어야 하기 때문이다!

이제 고객의 불편이 없는 상태가 되는 방법을 알아보자!

1장

이해하기
Understanding

이러한 유형의 고객 전화 추적에 있어서 다트보드 방식이
회사 X가 발견한 가장 정확한 방법이었다.

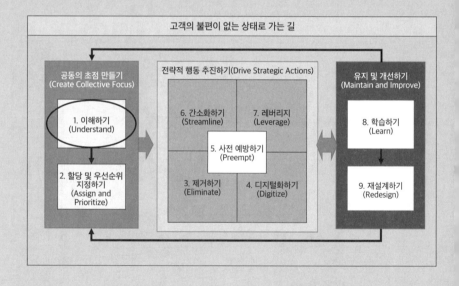

고객의 불편이 없는 상태로 가는 길

공동의 초점 만들기
(Create Collective Focus)

1. 이해하기
(Understand)

2. 할당 및 우선순위
지정하기
(Assign and
Prioritize)

전략적 행동 추진하기(Drive Strategic Actions)

6. 간소화하기
(Streamline)

7. 레버리지
(Leverage)

5. 사전 예방하기
(Preempt)

3. 제거하기
(Eliminate)

4. 디지털화하기
(Digitize)

유지 및 개선하기
(Maintain and Improve)

8. 학습하기
(Learn)

9. 재설계하기
(Redesign)

이해하기

어떤 바보도 알 수는 있다. 중요한 것은 이해하는 것이다.
—알베르트 아인슈타인

☞ '이해하기'란 무엇이며, 왜 중요한가?

대부분의 조직은 고객의 불편이 없는 상태가 되기까지 먼 길을 가야 한다. 불편 없는 상태에 얼마나 가까운지 쉽게 확인할 방법으로, 고객 서비스 부서에 얼마나 많은 사람이 있는지를 보면 된다. 다음은 네 가지 분야의 비즈니스에서 고객 서비스 직원 비율을 비교한 것이다.

■ 한 온라인 서비스 제공 업체는 직원의 44%가 고객 서비스 부서에 있다.
■ 한 통신 회사는 직원의 37%가 고객 관리 부서에 있다.
■ 한 회계 소프트웨어 회사는 직원의 21%가 고객 지원 부서에 있다.
■ 한 보험 회사는 직원의 18%가 고객 관리 부서에 있으며, 9%는 보험금 청구 지원 부서에서 일한다.

이런 조직이 고객의 불편이 없는 것과는 거리가 멀다고 확신할 수 있는 이유는 분명하다. 바쁜 고객 서비스 팀이 새로운 판매 기회 확보가 아닌 고객의 불만과 문제만을 해결하고 있기 때문이다. 이 회사들은 이제 온라인 채팅과 문자 발송과 같은 더 많은 문의 수단을 사용하고 있지만, 고객들은 여전히 어떤 문제에 부딪혀 도움을 필요로 하고 있다. 고객은 회사와 연결되면 보통 "왜 이게 안 되는 거죠?", "이게 무슨 말인가요?", "이건 어떻게 작동하나요?"라는 질문으로 시작한다. 이런 형태의 불만이 고객 연결 전체의 **60-70%**를 차지한다. **ISO 10002-2018** 표준에 따르면 '불만'은 "고객이 조직에게 제기하는 불만족의 표현"[1]이라고 정의한다. 대부분 회사의 고객센터는 다양한 형태의 불만을 처리하고 있다. 조직이 처리하는 불만족 문의가 많을수록, 고객의 불편이 없는 상태와는 거리가 멀다. 반면 이는 고객 유지율을 개선하고 비용을 줄일 기회가 더 크다는 것을 뜻한다.

고객 서비스 인력의 규모와 관련 비용을 고려할 때, 여러분은 고객 '이해하기'와 고객 불만의 원인을 줄이는 일이 최우선 과제가 돼야 한다고 생각할 수 있다. 그러나 고객 문의를 어떻게 측정해야 하는지조차 업계에서는 잘 이해되지 못하고 있다. 이사회와 경영진에게 고객의 불만 문의가 증가하고 있는지 물어보면, 대답할 수 있는 사람은 거의 없다. 극히 일부의 기업은 사업 성장의 적절한 척도로서 고객 문의율을 측정하지만, 사실상 어디도 이를 외부에 발표하지 않는다. 연례 보고서에 '낮은 고객 문의율'에 대한 언급이 실리는 경우도 드물고, 애널리스트 브리핑에서도 거의 논의되지 않는다. 그러나 고객의 불편이 없는 상태에 가까운 회사들은 예외다. 예를 들어, 아마존의 창립자이자 **CEO**인 제프 베조스는 **2007**년에 이렇게 선언했다.

경영의 초점을 어디에 둘지가 매우 중요하다. 지난 **10**년간의 재무 지표 (financial metrics)에서 이를 확인할 수 있다. 예를 들어, 판매 단위당 고객 문의 수(contacts per unit sold, CPU)를 보면 매우 명확하다. 고객들은 무언 가 잘못되지 않으면 우리에게 문의하지 않는다. 그래서 우리는 이 숫자 가 줄어들기를 원하며, 지난 **12**년 동안 매년 감소해 왔다.[2]

아마존은 오랫동안 판매 관련 단위당 고객 문의(contacts per unit shipped, CPU) 수를 보고하고 관리해 왔다. 주문이 커질수록(즉, 주문받 은 항목 또는 단위의 수가 많을수록) 문제가 발생할 위험이 커진다는 점을 인식하고 있다. 아마존은 오늘날에도 **CPU**를 측정하고 있지만, 이 방식을 따르는 조직은 거의 없다. 고객 채널의 수가 증가함에 따라 문의율을 추적하는 것이 더 어려워졌다. 대부분의 기업은 채팅, 전 화 통화, 이메일, 문자 메시지 등을 묶은 문의율은커녕 전화 통화율 조차 거의 밝히지 않고 있다.

이러한 고객 문의를 제품과 서비스 개선에 활용하기보다, 기업들 은 저렴한 지원 방법을 찾는 데 집중해 왔다. 많은 기업이 고객 대응 부문을 더 저렴한 곳(예: 노동 비용이 낮은 국가로의 오프쇼어링)으로 옮기 거나, 고객에 대한 영향을 고려하지 않고 자동화 형태를 모색해 왔 다(이는 4장 '디지털화하기'에서 탐구할 것이다). 자동화와 디지털화는 잘 실 행될 경우 불편 없애기 전략의 일부가 될 수 있지만, 무엇을 자동화 하고 디지털화할지, 그리고 어떻게 그렇게 할지 알기 위해서는 고객 이 왜 문의를 하고 무엇을 찾고 있는지에 대한 충분한 이해가 필요 하다. 따라서 '이해하기(Understand)' 전략은 후속 전략을 추진하는 데 필수적인 단계이다.

고객 문의의 비율과 원인을 이해하는 것은 고객의 불편이 없는 조직이 되는 첫 번째 단계이다. 고객 문의 비율은 우리 내부의 기회의 규모와 결함의 범위를 보여준다. 고객 문의의 원인은 어떤 문제를 분석하고 고쳐야 할지 보여준다. 고객이 무언가 잘못되었다고 알리기 위해 전화, 이메일 쓰기, 문자 메시지로 시간을 내고 노력하고 있다는 점에서 이는 훌륭한 고객 연구가 된다. 모든 고객 문의는 귀중한 이야기를 들려준다. 이를테면 100명의 상담원이 있는 고객센터가 매주 약 3만 1,200번의 고객 대화[3)]를 통해 회사의 제품과 서비스에 대해 고객이 좋아하거나 싫어하는 점에 대해 이야기한다고 생각해 보라. 고객에 대한 통찰력을 얻을 거대한 금광이다! 3만 1,200명의 고객을 인터뷰하기 위해 시장 조사 회사를 고용하면 얼마나 많은 비용이 들지 상상해 보라.

최근 비즈니스 트렌드는 설문조사를 통해 고객에게 "우리가 일을 잘 처리했습니까?"라고 묻는 것이다. 이러한 설문조사의 응답률은 1~10% 수준에 머문다. 그러나 '이해하기' 전략의 더 근본적인 질문은 "왜 고객이 우리에게 문의해야 했는가?"이다. 고객 문의의 원인을 이해한다면 더 많은 것을 배울 수 있다. 데이터만 보면 되기에, 고객에게 추가적인 노력을 요구하지도 않는다.

이해하기의 방법에는 네 가지 수준이 있다.

고객들이 여러 채널을 통해 얼마나 자주 문의하는지 추적하고 계산한다

이는 고객 문의의 양(volume)뿐 아니라 문의 비율(rate)을 이해하고 그 비율이 어떻게 변화하는지를 파악하는 것을 의미한다. 사업이 하향세를 보이거나 비수기에는 문의량이 줄어들 수 있고, 사업이 급속히 확장될 때는 증가할 수 있다. 하지만 문의 비율은 기업의 고객 규모가 성장 또는 감소하는 데 발맞춰 상대적으로 고객 문의가 어느 정도인지 보여준다. 이해하기 전략을 사용하면 대부분의 문의가 가치가 없다는 것을 알 수 있으며, 따라서 기업의 목표는 문의 비율을 점차 줄여나가는 것이 돼야 한다. 문의 비율을 추적하는 것은 고객 경험과 관련된 두 가지 중요한 질문에 답한다. 첫째, 우리 프로세스가 고객 관점에서 더 다루기 쉬워지고 있는가 아니면 더 어려워지고 있는가? 둘째, 우리는 고객의 불편이 없는 상태에 가까워지고 있는가?

고객 문의의 원인과 관련 비용을 파악한다

고객 문의의 양과 추세를 이해하려면, 기업은 고객이 무엇 때문에 이러한 문의를 했는지 이해해야 한다. 그런 다음 문의의 근본 원인을 분석하고 이와 관련된 문제를 해결할 수 있다. 이런 의사결정은 각 문의 원인의 총 비용을 이해한다면 더 쉬워진다. 총 비용에는 문제 해결 시간, 문제 해결의 지원에 추가로 들어갈 인건비, 이 밖에 다른 비용(이를테면 환불 또는 교체, 수리 팀 파견 비용 등)이 모두 포함된다.

채널별 반복 문의의 비율과 원인을 확인한다

반복 문의는 고객을 무척 화나게 만든다. 많은 노력을 쏟았기 때문이다. 첫 번째 문의로 불만이 해결되지 않았고, 같은 일로 두 번째 또는 세 번째 문의를 한다면 더욱 화가 날 것이다. 반복 문의는 채널을 넘나들 수 있다. 예를 들어, 고객이 챗봇을 사용하려고 시도했으나 실패하고, 앱을 확인하려고 시도했으나 또 실패하고, 결국 고객센터에 전화를 건다면, 이는 이미 두 번의 반복 문의가 사전에 있었던 것이다. 기업은 이러한 반복을 이해함으로써 보다 쉽게 고객의 주요 고충 지점(pain point)을 파악할 수 있다.

고객 문의가 미치는 영향을 가늠한다

고객 문의는 매출과 고객 관계에 영향을 미치며, 기업에 많은 비용을 발생하도록 만든다. 이러한 '부정적 요인'은 고객이 기업을 떠나거나 기업과 거래를 줄이는 원인이 될 수 있다. 따라서 기업은 '이해하기'를 통해 고객 문의와 고객의 다른 주요 행동(예를 들어 이탈, 새로운 주문, 조직에 대한 평가)의 관계를 살펴볼 수 있다. 이는 고객 문의의 전체적인 영향을 보여준다.

고객 상호작용을 이해하는 것은 고객의 불편이 없는 기업이 되기 위한 첫 번째 필수 단계이다. 이는 기업 활동 개선을 위한 체계적이고 사실 기반의 접근 방식을 가능하게 한다. 더 간단히 말해, 기업은 '이해하기' 능력을 통해 어떤 전략적 행동을 취할지 결정할 수 있다. (8장 '학습하기'에서 기업이 '이해하기' 방법을 지속적으로 적용하는 방법을 더 자세히 설명한다). 비즈니스 세계에는 셀프서비스, 디지털화, 단순화에 많은 투자를 했음에도 기대했던 성과를 성취하지 못한 사례가 많다. 이를테면 최근 한 회사는 챗봇이 고객 통화의 40%를 자동화할 수 있도록 했지만, 이는 고객 통화 원인에 대한 모호한 분석에 근거한 것이었다. 결과적으로 이 회사는 20%의 성공률만 달성했는데, 이는 문의 원인을 충분히 이해하지 못했기 때문이다.

앞서 언급했듯이, 고객이 여러 채널에서 불만을 표현할 수 있기 때문에 '이해하기'를 적용하는 것이 점점 더 복잡해지고 있다. 그러나 좋은 소식은 최신 분석 및 인공지능(AI) 기술이 이 분석을 자동화하고, 풍부하고 지속적이면서도 포괄적인 통찰력을 제공할 수 있다는 것이다. 기업은 '이해하기' 행동을 올바르게 실행한다면 다음을 보다 쉽게 수행할 수 있다.

- 기회가 얼마나 큰지 가늠하기.
- 근본 원인과 기회를 정량화하기.
- 이러한 기회를 활용하기 위해 필요한 전략 분석하기.
- 기업이 참여해야 할 영역 식별하기.
- 고객이 왜 덜 구매하거나 떠나는지 파악하기.
- 투자와 개선의 영향을 추적하기.
- 소규모 샘플 설문조사 및 연구 비용을 절감하기.

다음 이야기는 기업이 어떻게 이런 일을 수행해 왔는지 보여준다.

☞ 좋은 사례

:: '30가지 원인'의 중요성

아마존은 한때 고객 문의의 원인을 기준으로 하는 분류값이 이메일
은 300개 이상, 전화 통화는 60개 이상으로 사전에 분류한 적이 있
다. 전화 통화 원인에 대한 분류 체계가 이메일 원인 분류 체계와 달
랐고, 양쪽의 원인은 각각 별도의 표로 집계했다. 더 나쁜 것은, 새
로운 제품 카테고리가 출시될 때마다 또는 임원이 특정 문제를 추
적하기를 지시할 때마다 고객 문의의 원인이 추가되었다는 점이다.
아마존은 고객들이 왜 도움을 요청하는지 이해한다고 생각했지만,
실제로는 양쪽을 합한 360개의 원인이 통찰력을 제공하거나 변화
를 이끌어내지 못했다. 더 자세히 조사한 결과, 아마존 고객들이 회
사에 문의하는 주요한 원인이 "내 물건은 어디에 있나요?" 등 30개
뿐이라는 사실을 밝혀냈다. 최일선 직원(frontline staff)이 고객 문의를
두고 이렇게 30가지 원인으로 분류하면서 상황이 완전히 달라졌다.
회사는 고객 서비스 상담원들을 훈련시켜 이 30가지 원인을 두 자
리 숫자의 코드로 식별하도록 했다. 모든 상담원이 이를 빠르게 암
기했다. 상담원들이 고객 문의의 원인을 익숙하게 다룰 수 있게 되
면서, 나중에 고객 문의에 대한 분석도 더욱 정확해질 수 있었다.

　　30이라는 숫자의 중요성이 확인됐다. 원인이 너무 많으면 각 원
인이 문의의 1% 미만을 차지하여 해결할 가치가 없어 보일 수 있고,
너무 적으면 고객 문제의 근본적인 원인이 명확하지 않게 될 수 있

기 때문이다. 30가지 원인의 각각에는 "나는 X를 반환하려 한다"와 같은 명확한 고객 진술이 첨부되어 있어, 최일선 직원이 고객의 요구를 쉽게 특정 원인으로 분류할 수 있었다.

각각의 원인은 단일한 책임자(owner)에게 할당되었으며, 그의 팀은 해당 원인을 해결하고 해결책을 제공하는 책임을 맡았다. 제프 베조스는 각 원인을 담당한 책임자가 자신이 맡은 문의 원인이 증가하거나 감소하는 원인을 설명할 수 있기를 원했다. 이들 책임자는 이에 따라 해당 이슈를 더 잘 이해하기 위해 고객 서비스 팀과 더 긴밀하게 협력할 수밖에 없었다. 아마존은 매주 금요일마다 마케팅 부사장이 주도하는 회의를 통해 모든 고객 문의 원인을 검토했으며, 각 책임자는 자신에게 할당된 원인이 어떤 추세를 보이고 있는지, 또는 그렇지 않은지 공유했다. 진행 속도를 높이기 위한 세부 사항도 보고했다. 그 결과 아마존은 고객 경험을 개선하고 단순화했다. 이후 아마존은 해마다 고객 문의율(contacts per order, CPO)을 줄여 제프 베조스가 2007년에 발표한 주문당 고객 문의율의 지속적인 감소를 이루었다.

:: 글로벌 표준화

보다폰(Vodafone)은 유럽, 중동, 아프리카에 걸쳐 20개 이상의 시장(국가)에서 500개 이상의 고객 의도나 고객 문의 원인 코드를 수집하고 보고하고는 했다. 각 코드는 서로 다르게 표현돼 있어 상호 비교, 추세 분석, 공통 해결 방안 모색이 어려웠다. 이에 합리화 및 표준화

작업을 통해 모든 제품을 세 그룹(선불 모바일, 후불 모바일, 고정 브로드밴드)으로 분류한 뒤 코드를 기존의 500개 이상에서 102개로 축소했다. 최일선 직원은 모든 시장에서 이렇게 간소화한 코드를 기반으로 데이터를 수집하기 시작했다. 보다폰은 이러한 글로벌 표준화를 통해 고객 문의의 근본 원인과 해결 방안을 공유함으로써 전략적 행동의 속도를 높이고 시장 간 성과를 벤치마킹할 수 있도록 했다. 각 제품 그룹의 지원 팀은 이제 30-50개의 원인만 관리하면 됐기에, 이전의 수백 개에 비해 훨씬 관리하기 쉬웠다.

보다폰은 각각의 고객 문의 원인에 대한 비용과 핵심 성과 지표(key performance indicators, KPIs)를 계산했다. 여기에는 직접 비용 및 후속 비용(downstream cost), 거래별 순 고객 추천 점수, 최초 문의 해결(first-contact resolution, FCR), 고객 이탈률(churn) 등이 포함되었다. 부서 합동 워크숍에서는 몇 가지 더 짜증나는 원인을 설명하기 위해 일부 고객 통화 녹음을 선택해 검토함으로써, 임원과 부서장이 그 원인 및 관련 비용을 이해할 수 있도록 했다. 이를 통해 각 원인 코드를 해당 책임자에게 할당할 수 있었고, 책임자는 비용과 고객 영향(customer impact)에 대한 명확한 통찰을 가지고 관련 문제를 해결할 수 있었다.

: : 고객 요구 간소화

OLX는 글로벌 선두 온라인 마켓으로 40개국 이상에서 부동산, 차량, 일상 용품의 판매자가 적절한 구매자를 찾을 수 있도록 돕는다.

OLX는 포르투갈에서 고객 문의의 원인을 이해하고 고객 불만이 터져나오는 대목을 해결하도록 해당 책임자에게 배당하는 파일럿 프로그램을 시작했다. 전화, 이메일, 웹 게시판 등을 통해 제기된 문제를 광범위하게 분석한 후, OLX 포르투갈은 원인 코드를 다음과 같은 간단한 표현으로 완전히 개편했다.

■ "귀사의 웹사이트에서 x를 수행하는 데 도움이 필요하다."
■ "귀사의 웹사이트나 서비스와 관련해 x를 이해하지 못하겠다."
■ "이거 왜 이러나, 내 계정이 제한되었거나 차단되었다."

그런 다음 OLX 포르투갈은 A0 크기(33×47인치)의 큰 종이를 사용해 판매자와 구매자의 고객 여정(customer journey)을 추적하고, 이를 회사의 벽에 게시하여 모든 관리자들이 고객 문의의 병목 지점을 명확히 이해할 수 있도록 했다. 그 결과, OLX 포르투갈은 고객 문의 비율을 크게 줄이고, 고객 충성도를 높였으며, 수많은 상을 받았다. OLX의 고객 만족 부문 부사장인 다비드 다 코스타 모타(David da Costa Mota)는 "이 프로그램의 첫 3개월 동안 우리의 고객 만족도는 65%에서 80%로 증가했다. 1년 후에는 93%의 고객 만족도를 기록하고 있다"[4]고 말했다.

:: 균형 맞추기 또는 맞추지 않기

에어비앤비는 호스트와 게스트 모두에게 가치 있는 휴가용 임대 숙소를 찾는 가장 신뢰할 수 있는 곳 가운데 하나로 성장했다. 시간이 지남에 따라 에어비앤비는 정량적 요소(성과를 끌어올리는 데이터 및 지표)와 정성적 요소(공감을 불러일으키고 행동을 유도하는 이야기)의 균형을 맞추려는 시도가 실천 가능한 디테일을 제공하지 않는다는 사실을 발견했다. 그래서 에어비앤비는 고객 피드백 시스템을 전면 개편하기로 결정했다. 새로운 시스템은 게스트와 호스트가 실제 내놓은 코멘트를 "결제—추가 요금, 세금 및 수수료" 또는 "크루비—지식"(크루비는 최일선 팀을 지칭하는 용어)과 같은 고객 관점의 원인으로 번역했다. 그런 다음 이를 음수에서 양수까지의 펼쳐져 있는 '운영 점수'에 할당했다. 이러한 직접 인용문을 널리 수집하고 공유함으로써, 에어비앤비는 크루비, 호스트, 회사 직원 들을 더욱 깊게 이해할 수 있었다. 이에 이들의 참여도도 더욱 높아졌다.

:: 문제를 이해하고 확대를 차단하기

"지금 사고, 나중에 지불한다"는 모토를 내세운 호주의 단기 신용 제공업체 지프 코(Zip Co)는 2017-2018년에 급속한 성장을 경험했다. 이는 전형적인 혁신기업 이야기로, 애프터페이(Afterpay)와 같은 경쟁자들보다 훨씬 더 빨리 고객과 소매업체를 확보했다. 고객 수가 급증함에 따라 직원 수는 6개월마다 두 배로 증가했고, 지프 코는 1년 만에 지원 직원 수를 4배로 늘렸다. 문제는 시스템과 프로세스가 이러한 기업 성장을 따라가지 못해 고객 지원 팀이 피해를 수습해야 했다는 점이었다. 고객 지원 팀의 책임자는 몰려오는 고객 문의의 내용을 이해하고 이를 해결해야 한다는 점을 알고 있었다.

지프 코는 문제를 이해하기 위해 다음과 같은 여러 메커니즘을 도입했다.

■ 거래당 문의 비율(contacts per transaction rate, CPTR)을 추적했다. 이는 회사가 거래하기 쉬워지고 있는지 어려워지고 있는지를 큰 그림의 차원에서 보여줬다.
■ 고객 문의의 원인을 정의하고, 중요한 새로운 문제가 발생할 경우에만 원인을 추가했다.
■ 새로운 문제나 이슈를 눈에 띄는 포스트잇에 적어 붙이는 '고통의 벽 (wall of pain)'을 만들었다. 이 벽은 문제 책임자들이 모여 문제와 우선순위를 이해할 수 있는 '전투 현장(war room)'이 되었다. 책임자들은 매달 이 방에서 만나 새로운 문제를 이해하고 해결책이 어떻게 진행되고 있는지 추적했다.
■ 전체 문제를 애자일(agile) 프로세스 팀이 해결할 수 있는 문제와 더 깊고 복잡한 기술적 수정이 필요한 문제로 구분했다.

지프 코는 이러한 메커니즘을 사용하여 문제를 이해하고 더 이상 문제가 커지지 않도록 했다. 그들은 고객 문의가 앞으로 발생할 문제에 대한 중요한 통찰력을 제공한다는 점을 알게 됐다.

🏷 나쁜 사례

:: 전화-태그 매니아

한 주요 은행은 최일선 상담원들에게 고객이 전화하거나 이메일을 보내는 원인을 '태그'하도록 했다. 이들이 사용한 메뉴 시스템은 상담원들이 네 가지 단계로 원인의 조합을 선택할 수 있게 했다. 결국 총 2,000개 이상의 원인 조합이 나왔다! 간단한 검토 결과, 상담원들이 원인 선택 메뉴에서 첫 번째 옵션을 선택할 가능성이 50% 더 높다는 것이 드러났다. 결국, 누구도 정보의 정확성을 신뢰하지 않았고, 세부 사항은 너무 많았다. 매년 고객 서비스 팀은 증가하는 고객 문의와 관련 비용을 보여주며 더 많은 직원이 필요하다는 것을 정당화하고는 했지만, 왜 문의량과 작업량이 증가하고 있는지 설명할 수 없었다. 다른 부서가 유발한 고객 전화에 대해 해당 부서 쪽에 비용을 청구하려는 시도가 있었지만, 해당 부서는 적절하게 청구되고 있다고 믿을 수가 없으니 이 비용 청구를 불쾌하게 여겼다. 협력하여 원인을 해결하기보다, 각 부서들은 자신들이 너무 많은 비용을 지불하고 있다는 것을 증명하려고만 했다. 정확한 정보가 부족했기 때문에 아무도 고객 문의의 원인에 대해 분석하고 대처하려 하지 않았고, 고객 문의 비율은 계속 증가했다.

:: 숲 속에서 길을 잃다

한 주요 연금 관리 회사는 고객들이 왜 전화를 걸거나 이메일을 보내는지 알아보기 위해 분석 도구를 구입했다. 분석 팀은 8만 통의 고객 전화 내용을 분석 도구에 밀어 넣었고, 1,000가지가 넘는 문의 원인을 발견한 길고 복잡한 보고서를 받아봤다. 이는 큰 도움이 되지 않았다. 1,000개의 원인은 너무 많았고, 가장 큰 원인도 고객 통화의 1% 비중이 되지 못했다. 이는 개별 원인 중 어느 것도 조치를 취할 가치가 없다는 것을 의미했다. 분석 결과는 아무런 성과도 내지 못했다. 이는 분석 과정에 필요한 지침이 없었기 때문이다. 예를 들어, 고객의 진술 "내 연금 보험료가 잘못됐다"는 "내 연금 보험료가 누락됐다" 또는 "내 연금 보험료에 대해 문의하고 싶다"가 다르게 인식되었다. 사용한 표현이 각각 달랐기에, 지침을 넣지 않은 분석 도구는 이를 별개의 문제로 간주했다. 실제로는 이 고객 문의들은 연금 관리 회사가 연금 보험료를 처리하는 과정에서 문제가 있다는 단일한 문제로 묶어낼 수 있었다. 분석 도구는 이러한 유사한 표현을 그룹화하고 이를 동일한 문의 원인으로 보는 방법을 '훈련' 받았어야 했다.

:: 매주 같은 내용

한 주요 유틸리티 회사는 고객 문의의 원인을 매주 경영진에게 보고했다. 고객 문의의 원인은 '청구', '신용', '이사', '결제' 등 여덟 개의 큰 범주로 그룹화되었다. 이는 인터랙티브 음성 응답 시스템 (interactive voice-response system, IVR)의 메뉴에서 고객이 선택한 옵션을 기반으로 했다. 매주 각 원인의 문의량과 비율은 거의 변하지 않았으며, 어떤 조치를 취할 것인지에 대한 논의도 거의 없었다. 회사는 고객 문의가 불가피하다고 받아들였다. 그러나 통화를 시작할 때 고객이 내놓는 진술을 조사한 더 상세한 분석에서는 약 40개의 공통된 원인이 있음을 발견했다. 이 중 20%의 문의는 어떤 형태든 고객이 스스로 어느 정도 완료할 수 있는 기능이었다. '청구' 전화에는 늦게 도착한 청구서, 잘못된 청구서, 이전 통화에서 고객이 제기한 문제에 대한 불만이 포함되었다. 이러한 실제 통화 원인은 이전의 피상적인 보고보다 회사가 처리해야 할 문제를 훨씬 더 잘 보여주었다.

⌐ 이해하는 방법

이해하기 과정에는 점진적으로 더 깊은 통찰력을 제공하는 네 가지 접촉 단계가 있다(〈그림 1.1〉 참조). 각 단계는 더 구체적 소단계를 포함한다. 각 단계의 목표는 기업이 받는 고객 문의에 대해 모든 것을 이해하는 데 있다. 여기에는 고객 문의의 원인에서부터 비용까지, 그리고 그것이 고객과 기업에 어떻게 영향을 미치는지를 포함한다.

이 네 단계 접촉 방식은 1990년대 후반 아마존에서 시작되었으며, 이후 20년 동안 개선돼 왔고 효과도 입증되었다. 이 단계들의 목적은 전략적 행동을 추진하고, 적절한 책임 부서를 선정하며, 우선순위를 설정하기 위한 기초를 제공하는 것이다. 이 단계들은 오늘날의 고객 문의, 그 추세, 그리고 실제 비용과 고객 영향을 이해하는 데 중요하다. 이 과정은 하나의 고객 채널에서 시작해야 하며, 보통은 인바운드 전화 통화에서 시작하지만, 다른 모든 채널을 추가하면 더욱 의미 있고 실행 가능하게 될 것이다.

:: 1단계: 모든 채널에서 고객이 얼마나 자주 문의하는지 계산하고 추적하기

"고객이 얼마나 자주 우리에게 문의하는지 이해해야 한다"는 말은 쉽게 할 수 있다. 모든 기업이 이를 잘 파악하고 있어야 하지 않을까? 기업의 최고경영자(CEO)나 최고재무책임자(CFO)에게 이 질문

〈그림 1.1〉 이해하기 접근법

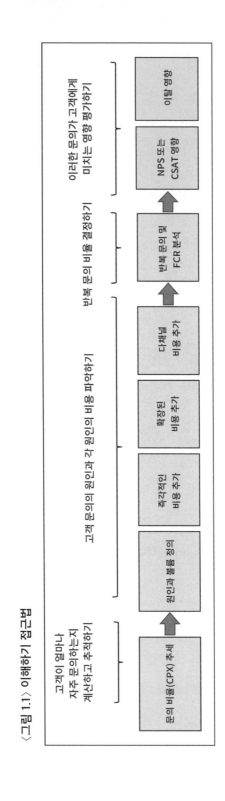

을 던진다면, 대부분은 월간 또는 연간 전화량 정도만 알고 있을 것이다. 하지만 대부분의 기업은 임원급에서 채널별 고객 문의의 양에 대한 데이터 이상을 파악하고 있다. 즉, 전화나 이메일이 왔을 때 자사가 어느 정도로 서비스를 제공해 문제를 해결해 주는지 알고 있다. 다만 개별 채팅의 분량, 고객이 앱을 사용하는 빈도, 이메일 트래픽의 추세를 아는 임원은 거의 없다. 고객 채널의 수가 증가함에 따라, 경영진이 이러한 고객 행동의 변화와 그 의미를 파악하는 것이 더 어려워졌다.

고객 및 거래의 규모가 변하고 있는 산업에서는 이런 규모 변화가 서로 비례하는지 여부를 평가하기도 어렵다. 고객 수가 1년 동안 20% 증가한다면, 문의량도 20% 증가하는 것이 당연할까? 고객과 문의량이 서로 비례해 움직인다면 좋은 결과가 아닐 수 있다. 이는 고객 수가 증가하는 속도에 맞춰 비용과 불편이 늘어난다는 것을 의미하기 때문이다. 고객 채널이 빠르게 진화하는 세계에서 각 채널에서 무슨 일이 벌어지고 있는지, 어떤 추세를 보이는지 파악해야 한다. 이를 고객, 계정, 주문 증가와 같은 경영의 주요 지표에 맞춰 이해하는 일이 중요하다.

다음 〈표 1.1〉은 빠르게 성장하는 항공사의 가상의 예를 통해 이러한 도전을 설명한다. 이 항공사는 총 고객 수가 2배로 증가한 2년 동안 전화량이 2배로 증가하고, 고유 계정 수가 2.5배 증가했으며, 총 비행 횟수가 4배로 증가했음을 알고 있다. 이 기간 동안 전화량은 250% 증가했으며, 채팅량은 훨씬 더 빠르게 증가했다. 그러나 앞서 언급했듯이, 고객 문의 데이터를 재구성해 단위당 고객 문의를 산출해야 한다. 이렇게 해야 〈표 1.2〉에서 볼 수 있듯이 사업 환경이 개선되고 있는지 아니면 불편이 추가됐는지 이해할 수 있다.

〈표 1.1.〉 항공사의 연도별 핵심 지표

지표(단위: 백만)	1년차	2년차	3년차
고객 수	1.0	1.5	2.0
계정 수	2.0	3.5	5.0
비행 수	20.0	40.0	80.0
고객 전화 수	2.0	3.3	5.0
모든 채팅 수	0.5	2.5	7.5

〈표 1.2.〉 항공사의 연도별 CPX 비율

비율(CPX)	1년차	2년차	3년차
고객당 전화 수	2.0	2.2	2.5
계정당 전화 수	1.0	0.9	1.0
비행당 전화 수	0.10	0.08	0.06
고객당 지원한 문의 수	2.50	3.87	6.25
비행당 지원한 문의 수	0.125	0.145	0.156

단위당 고객 문의의 비율을 살펴보면 매우 다른 그림이 그려진다. 비행당 전화 비율은 감소하고 있지만, 채팅을 추가하면 이야기는 조금 더 어두워진다. 이러한 분석은 사업 환경이 개선됐는지 아니면 더 어려워졌는지에 대한 훨씬 더 큰 통찰력을 제공한다(이 경우 더 어려워졌다). 따라서 세 가지 주요 조치는 다음과 같다.

1. 포함할 채널과 문의 유형을 결정한다. 이번 사례에서는 전화와 채팅을 추가한 후 봇(bot)이 처리한 자동 채팅을 제거했다.

2. 단위당 고객 문의에서 '단위'로 사용할 분모를 결정한다. 이는 어떤 지표가 사업의 성장 또는 축소를 가장 잘 나타내는지 평가하는 것을 포함한다. 해당 단위를 활성 고객, 계정, 주문, 미리 설정한 기본 단위, 거래 등의 수로 결정할 수 있다. 이번 사례에서는 비행 수가 가장 좋은 지표라고 가정했다.

3. 시각화(visualization) 도구를 사용하여 이러한 주요 비율을 시간에 따라 추세를 분석한다. 〈그림 1.2〉는 전화와 채팅 양쪽 모두에서 처리된 고객

〈그림 1.2〉 항공사의 연도별 문의 비율 시각화

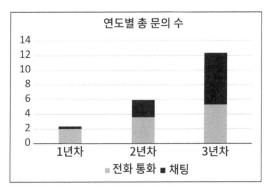

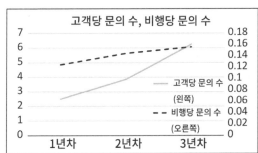

문의의 수가 크게 증가했음을 보여준다. 하지만 두 번째 그래프에서 고객 수가 덜 증가했기 때문에, '고객당 문의수'로 측정된 회사의 단위당 고객 문의(CPX)는 첫 3년 동안 크게 증가했다.

그러나 '비행당 고객 문의'로 측정한 단위당 고객 문의는 3년차에 정체되기 시작한다. 따라서 이것은 고객의 불편이 없는 기업으로 나아가는 좋은 예시이지만, 이 기업은 앞으로 더 많은 노력을 기울여야 할 것이다!

:: 2단계: 고객 문의의 원인과 각 원인의 비용 파악하기

2단계 작업을 수행하기 위한 다섯 가지 소단계는 다음과 같다.

1. 적절한 세부 수준에서 고객 문의를 이해한다.
2. 각 문의 원인과 모든 직접 비용을 연결한다.
3. 모든 간접 또는 후속 비용을 첨부한다.
4. 고객 문의량과 비용을 원인별로 보고한다.
5. 멀티채널(multichannel) 고객 문의와 비용을 원인별로 추가한다.

적절한 세부 수준에서 고객 문의를 이해한다

거의 모든 기업이 고객 문의의 원인을 수집하지만, 적절한 수준의 디테일에서 이를 수행하는 경우는 드물다. 일부 기업은 수천 개의 고객 문의 원인을 가지고 있다(우리가 본 가장 많은 원인은 4,500개였으나,

그중 **90%**는 사용되지 않았고, 나머지의 5% 이상도 1년에 한두 번 사용되었다). 반면에 '청구', '결제', '유지보수'와 같은 **8-10개**의 주요 기능 범주만 있는 기업도 있다. 불행히도 양쪽 극단 모두 잘 작동하지 않는다. 기업이 수백 개의 원인을 임의로 선택하면 누구도 그 정확성을 신뢰하지 않게 된다. 또한 관련 비용이 너무 세분화되어 행동을 취하는 데 거의 이점이 없어 보인다. 반대 극단에서 '청구'나 '결제'와 같은 일반 범주는 무엇을 수정해야 하는지, 문제를 대처하려면 어떻게 시작해야 하는지에 대한 통찰을 거의 제공하지 않는다. 우리는 이들 양 극단을 "신뢰하고 행동하기에 너무 많다" 또는 "통찰을 더하기에 너무 적다"로 평가할 수 있다. 마법의 숫자가 있다면, 이는 일반적으로 각 제품 범주나 비즈니스 기능에 대해 **25-50개** 정도의 원인일 것이다.

적절한 수준의 디테일이 중요한 이유는 다음과 같다.

■ 분석과 전략이 이 분류에 달려 있다.
■ 비즈니스의 신뢰성은 정확성 확보가 결정한다.
■ 반복 문의와 고객 영향과 같은 다른 분석도 이에 의존한다.

고객 문의를 이해하려면 고객의 언어로 표현된 문의 원인을 범주별로 구축해야 한다(예: "가장 가까운 지점은 어디인가요?"). 이는 기업이 해당 문제를 관리 차원에서 바라보는 관점과 다르다. 문의 원인을 식별하는 기술에는 전화 통화 청취, 이메일이나 채팅 내용 읽기를 통한 샘플링이 포함된다. 시작하기 좋은 방법은 최일선 직원에게 라운드테이블 면담, 설문조사, 워크숍을 통해 묻는 것이다. 독일 기반 핀테크 회사 N26의 전 글로벌 고객 담당 이사인 카르멘 베이스너(Carmen Beissner)는 이 경로를 따라 실행 가능한 고객 문의 원인을 만들었다. 그는 자사의 챗봇 상담의 결과를 바탕으로 인공지능이 추정한 원인과 상담원이 라이브 채팅을 나누면서 코딩한 자료를 바탕으로 했다.[5]

기업은 고객 문의의 원인을 각 제품 그룹 또는 비즈니스 기능에 따라 25-50개의 고유한 원인으로 통합할 수 있어야 한다. 고객 관리 차원의 문의 원인은 클레임이나 기술 지원과 같은 다른 영역의 문의 원인과 다를 것이다. 수천 개의 원인 코드를 마법의 숫자인 25-50개 수준으로 통합하는 것은 물론 쉽지 않다. 그래도 한 가지 방법으로 충분한 양을 샘플로 뽑아 가장 많이 등장한 고객 문의의 원인이 무엇인지 살펴볼 수 있다. 25-50개라는 범위는 각각의 원인을 가져오는 근본 원인을 기업이 파악해 대처할 수 있도록 하기 때문에 마법과 같다. 원인이 너무 많으면 각 원인이 비용의 1% 미만만 차지하므로 대처할 필요를 느끼지 못한다. 원인이 너무 적으면 문제를 명확히 파악할 수 없거나 너무 많은 이슈가 뭉쳐져 있어 근본 원인과 책임 부서를 명확히 규정할 수 없게 된다.

모든 직접 비용을 연결한다

각 문의 원인과 관련된 직접 비용은 처리 시간에 관련 인건비를 곱한 값이다. 그러나 이는 생각만큼 쉽지 않다. 고객센터에서는 전체 평균 처리 시간을 측정하는 것이 비교적 쉽지만, 원인별로 따지면 그렇지 않다. 소매점, 이메일 메시지, 채팅과 같은 다른 채널에서는 처리 시간이 아예 추적되지 않는 경우가 많다. 문의 원인에 대한 시간 측정이 되지 않는 채널에서는 다음과 같은 다양한 방법을 사용할 수 있다.

■ 통화 청취 샘플을 활용하여 원인별 처리 시간을 추정한다.
■ 최일선 직원에게 "매우 길다"에서 "매우 짧다"까지의 수준으로 원인별 시간을 평가해 보도록 요청한다.
■ 최일선 직원에게 일정 기간 동안 시간을 측정해 보도록 한다.
■ 분석 도구를 사용하여 시간을 계산한다.
■ QA 팀이 고객 문의를 샘플링할 때 체크리스트에 처리 시간을 입력한다.
■ 직원에게 분석 가능한 로그 기록이 태블릿PC에 남도록 요청한다.

모든 간접 또는 후속 비용을 첨부한다
문의 원인과 관련된 간접적 후속 비용을 고려하는 기업은 거의 없다. 이러한 비용은 종종 비즈니스의 다른 영역에 해당하기 때문이다. 예를 들어, 고객 서비스팀은 고객에게 수리팀이 방문하도록 조치를 취할 수 있지만, 수리 비용은 파견 또는 현장 팀의 몫이 된다. 이렇게 다르게 생겨나는 비용은 기업과 산업에 따라 범위가 달라진다. 일부 산업은 엔지니어를 고객이 있는 현장으로 보내기 위해 트럭을 보내야 하거나 에너지 네트워크 제공업체와 같은 다른 공급업체를 데려가야 한다. 이러한 후속 활동의 비용은 전화나 이메일 처리 비용보다 훨씬 클 수 있다. 추가 비용에는 수수료 포기 또는 환불과 외상 제공이 포함될 수 있다. 일부 고객 문의는 송장 재계산 또는 계약 수정과 같이 다른 팀이 새로운 작업을 시작하도록 만든다. 따라서 후속 비용은 서비스 요청 추적, 문제 수 계산, 이관되거나 에스컬레이션된 통화까지 포함해서 정량화해야 한다.

직접 비용과 후속 비용을 계산하고 적용함으로써 기업은 우선순위를 매기거나 이런 이슈를 해결하는 잠재적 이점을 파악함에 있어 커다른 성과를 낼 수 있다. 예를 들어, 케이블TV 업체인 케이블원(Cable One)은 구독자 집으로 트럭을 보내는 것이 상당한 비용을 초래한다는 것을 알고 있었다. 그러나 "우리집 케이블TV 연결이 계속 끊어진다"와 같은 특정 문의 원인 코드와 후속 비용을 연관시킨 이후에야 근본 원인을 진단하고 변화의 토대를 마련할 수 있었다.

고객 문의량과 비용을 원인별로 보고한다

기업의 모든 부서가 고객이 직면한 문제를 이해하도록 하기 위해서는 원인별 문의량, 비용, 비율에 대한 견고한 보고서를 생산하는 것이 중요하다. 꾸준히 생산되고 신뢰할 수 있는 보고서가 나온다면 임원들은 다양한 유형의 불편이 고객에게 미치는 영향을 보다 쉽게 이해할 수 있다. 또한 보고서를 통해 문제를 발생시킨 부서와 책임자들이 해당 문제와 연결한다. 처음에는 "그게 우리 부서와 무슨 관련이 있는가?"와 같은 적대적이고 부정적인 반응이 나올 수 있다. 다음 장에서 다룰 '할당하기(Assign)' 전략에 이러한 문제에 대처하는 방법이 담겨 있다.

이러한 비용과 문의량은 두 가지 핵심 요소를 추가함으로써 더욱 강력해진다.

■ 각각의 문의량 범주를 단위당 고객 문의를 계산하는 데 사용된 사업 관련 지표와 비교하여 표준화한다. 영역별로 서로 다른 단위(x's)를 분

모로 사용해 분자인 고객 문의를 나눠서 계산할 필요가 있다. 이를테면 보험 산업의 경우, 보험 계약당 고객 문의(contacts per policy)가 고객 관리 영역에서 적절할 수 있지만, 청구 영역에서는 청구당 고객 문의(contacts/claim)가 더 큰 통찰을 제공할 수 있다. 단위당 고객 문의 지표로는 거래당 고객 문의(contacts per transaction, CPT), 신규 고객당 고객 문의(contacts per new customer, CPnC), 기존 고객당 고객 문의(contacts per experienced customers, CPeC) 등이 모두 가능하다. '신규 고객당 고객 문의'는 보통 '기존 고객당 고객 문의'보다 3-5배 많다. 각 휴대전화 또는 셋톱박스를 구분해 기기당 고객 문의도 계산할 수 있고, 계정당 고객 문의(contacts per account, CPA)도 가능하다. 아마존은 주문당 고객 문의(contacts per order, CPO)와 단위당 고객 문의(contacts per units ordered, CPU)도 함께 사용한다.

■ 충분한 시간 시리즈와 비교 포인트를 포함하여 트렌드를 명확히 한다. 각각의 고객 문의 원인별로 6주간의 트렌드를 보여주면 월별 청구 주기를 포함할 수 있으며, '작년 이맘때 상황'과 같은 다른 지표와 비교하면 더 큰 통찰을 얻을 수 있다. 〈그림 1.3〉은 단위당 고객 문의 지수 기준으로 주별 트렌드를 보여준다. 대부분의 고객 문의 원인은 다행스럽게도 평탄하거나 감소하는 추세를 보이지만, 맨 왼쪽의 원인은 우려스럽게도 CPX가 가장 높게 증가하고 있다.

멀티채널 고객 문의와 비용을 원인별로 추가한다

기업은 오늘날의 분석 도구를 통해 콜센터뿐만 아니라 모든 채널에서 고객이 자사로 문의해 온 원인을 확인할 수 있다. 콜센터는 일반적으로 분석이 더 어렵고 비용이 많이 드는 채널이다. 하나 이상의

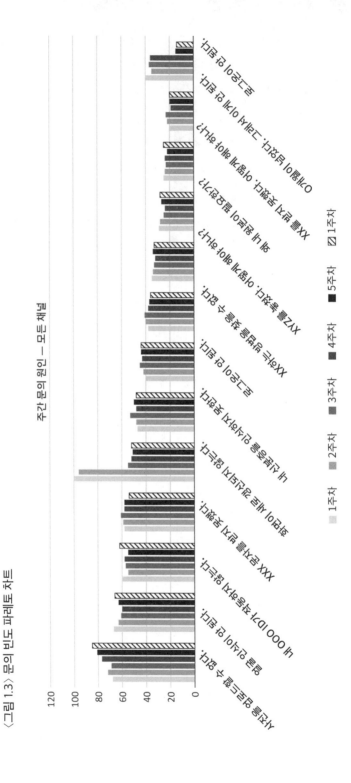

〈그림 1.3〉 문의 빈도 파레토 차트

주간 문의 원인 — 모든 채널

불편 없는 기업

74

원인을 포함하고 있으며, 대화가 음성으로 기록되기 때문에 이를 텍스트로 변환해야 하기 때문이다. 또한 고객이 말한 내용과 상담원의 응답을 분리하기도 어렵다.

이메일, 채팅, 문자 메시지는 모두 텍스트 형식이므로 기본적인 텍스트 분석(text analytics) 엔진을 사용하여 이들 채널의 원인을 식별하고, 구문을 분석해 특정 원인과 매칭할 수 있다. 이들은 보통 인바운드 전화 통화 쪽 원인과 유사하다. 앱과 웹사이트에서 채팅은 더 구체화할 수 있지만, 일반적으로 동일한 원인 코드를 약간의 변경과 각색을 통해 사용할 수 있다.

소매점(은행 지점, 제품 판매 등) 쪽은 상호작용이 어떤 형태로든 포착하기 쉽지 않아 원인을 수집하기 더 어렵다.

은행 지점 직원이 고객 관련 메모를 작성할 수도 있지만 고객과 나눈 대화를 녹음하지는 못한다. 이에 일부 기업은 일선 소매점에 콜센터 시스템을 도입해 고객 대화를 녹음하도록 하고 있다.

다른 채널에서 이뤄지는 고객 문의를 텍스트로 전환하면 분석 도구를 통해 고객 문의의 원인을 분석하고 분류할 수 있다. 더 어려운 부분은 비용을 할당하는 것이다. 많은 상호작용은 콜센터와 같이 시간 등을 따로 측정할 수 없기 때문이다. 예를 들어, 상담원이 동시에 여러 채팅 세션을 관리하기 때문에 채팅 대화에 투자한 시간을 측정하기 어렵다. 마찬가지로 이메일의 경우도 상담원의 시간이 메시지당 얼마나 투입됐는지 측정하기 곤란하다.

: : 3단계: 반복되는 고객 문의의 비율을 확인한다

3단계에서는 최초 문의 해결 문제를 다룬다. 처음에 문제를 해결하지 못할 때 발생하는 고객의 반복 문의와 최초 문의 해결은 측정하기 어렵기로 악명 높다. 고객 조사에 따르면 '나의 문의 해결'은 모든 문의에서 고객의 최다 요구 세 가지 중 하나로 꼽힌다. 고객이 전화, 이메일, 채팅을 할 정도로 노력을 기울이고 있다면, 그들은 그만큼 답변이나 해결책을 원하는 것이다. 고객의 문의를 해결하지 못하거나, 해결했다고 해도 만족하거나 이해하지 못한다면, 고객은 다시 문의할 것이다. 기업의 운이 좋다면 일부 고객은 그냥 포기할 것이다. 하지만 그는 다시 돌아오지 않을 수 있다!

반복 문의와 최초 문의 해결은 거울 이미지처럼 서로 반대이며, 역으로 연결돼 있다. 문제를 해결하지 못하면 반복 문의가 늘어난다. 고객이 하나의 문의 채널(예: 인바운드 전화)에 제한되어 있을 때는 반복 문의가 동일한 채널에서 발생하는 경향이 있었다. 하지만 오늘날과 같은 멀티채널 세계에서는 2차 또는 반복 문의가 다른 채널에서 발생할 가능성이 높다. 예를 들어, 고객이 이메일에 대한 답변을 받지 못하면, 그들은 전화을 걸거나 게시판에 글을 남긴다.

단일 채널 세계에서도 해결과 반복 문의를 측정하는 것은 어려웠다. 그래서 많은 기업이 결함이 있음에도 두 가지 방법을 사용했다.

■ 고객이 짧은 기간 내에 두 번 전화하면 동일한 원인으로 문의한 것으로 가정한다. 이것은 많은 문의가 서로 관련이 없기 때문에 근사치에 불과하다. 그리고 많은 기업이 임의로 7일 기간을 사용하는데, 이 기준 때문

에 많은 반복 문의를 놓치게 된다. 왜냐하면 고객이 그 기간 동안에 문제를 인지하기 어렵기 때문이다.

■ 설문조사에서 고객에게 해결되었는지 묻는다. 이 방법의 문제는 기업이 문제를 해결하기로 약속했더라도 실제로 해결되기까지 시간이 걸린다는 점이다. 또한 고객은 기업이 약속한 조치를 이행할지 여부를 알기 어렵다. 다른 경우에는 고객이 문제 해결을 위해 노력해야 하며, 이후에 어떤 일이 일어날지 명확하지 않을 수 있다.

최초 문의 해결을 보다 정확하게 계산하기 위한 네 가지 기법이 있다.

■ 100개 이상의 문의를 청취하여 원인을 파악한다.
■ QA 팀에게 최초 문의 해결과 반복 문의를 추정하게 하여 일석삼조의 효과를 얻는다.
■ 스노우볼(snowball), 즉 반복 문의를 처리하기 위한 관리 프로세스를 추가한다.
■ 분석을 사용하여 반복해 측정한다.

다수의 문의를 청취하여 원인을 파악한다

최초 문의 해결과 반복 문의의 실태를 파악할 때 고객 문의의 샘플링에서 시작하는 게 유용하다. 고객 문의가 처리된 과정을 지켜본 관찰자에게 통화나 이메일이 해결되었는지, 이전에 도움을 요청한 적이 있는지를 평가하도록 요청하는 것은 비교적 쉽다. 이는 고객이 이전에 문의한 적이 있다고 말했는지, 이전 기록을 분석하거나 통화

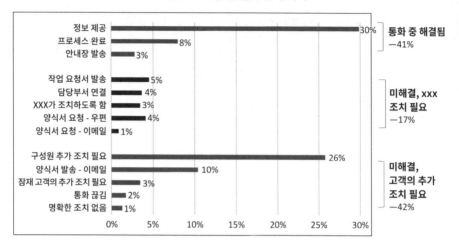

〈그림 1.4〉 해결 및 결과 분석 예시

나 이메일 종료 시 필요한 조치를 살펴보면 된다. 기업이 제시한 해결책을 '고객이 조치할 사항', '일련의 조치가 필요', '직원이 조치할 사항'과 같은 범주로 분류함으로써 각각의 비율을 측정할 수 있다. 고객 통화를 살펴볼 때는 **10-20**개의 결과로 묶어낼 수 있으며, 〈그림 1.4〉와 같이 이들 가운데 일부는 해결되었고 일부는 해결되지 않았음을 알 수 있다.[6]

양질의 샘플: 일석삼조의 효과

많은 기업이 **QA** 팀, 팀장, 제삼자 등을 통해 고객 통화의 품질을 평가하고 있다. 많은 아웃소싱 계약에서는 이를 계약의 주요 측정 기준으로 삼는다. 직원당 월 **5-10**건의 전형적 사례를 뽑는다면, **1,000**명의 최일선 직원이 근무하는 고객센터는 매월 **5,000**에서 **1**만 건의 고객 통화를 샘플로 뽑아낼 수 있다.

이렇게 뽑은 샘플은 직원의 규정 준수 여부와 프로세스의 다른 부분을 평가하는 데 사용된다. 이미 통화, 이메일 또는 채팅을 어찌됐든 분석하고 있다면, 고객 민원의 해결 또는 반복 문의에 대한 평가를 추가하지 않을 까닭이 없다. 이렇게 자명함에도, 거의 아무도 그렇게 하지 않는다.

스노우볼 관리

아마존의 빌(Bill) 팀은 매우 정교한 측정 기법을 도입했는데, 이를 스노우볼(snowball, 눈덩이)이라고 불렀다. 고객의 반복 문의를 '녹이지' 않으면 더 커지고 악화되어 '스노우볼'이 된다는 아이디어였다. 평가 결과, 고객의 반복 문의가 첫 문의보다 50% 더 길어지는 것으로 나타났다. 각각의 후속 문의는 눈덩이가 커지듯 더 나빠졌다. 상황은 악화되고 고객은 더욱 화를 냈다.

스노우볼의 아이디어에 따라 직원들은 자신이 받은 반복 문의를 모두 기록했다. 그리고 아마존의 고객 서비스 팀은 문제를 처음에 해결하지 못한 사람에게 이를 귀속시켰다. 이를 통해 네 가지 결과를 얻었다.

■ 아마존은 각 직원의 '순 스노우볼 비율'(생성된 스노우볼 vs 해결된 스노우볼)을 측정할 수 있었다.
■ 직원이 첫 문의와 반복 문의 모두를 해결하는 데 집중하도록 할 수 있었다.
■ 교육, 프로세스 개선, 품질 이슈에 대한 피드백을 제공할 수 있었다.
■ 아마존은 외주 업체뿐 아니라 내부 직원도 업무 성취를 측정할 수 있었다.

이 프로세스의 유일한 비용은 직원이 고객 문의를 스노우볼로 기록하는 것뿐이었다. 이런 작은 행동은 큰 성과로 이어졌다.

우리는 나중에 이 책에서 반복 문의의 비율을 줄이고 해결책을 개선하는 방법을 다룰 것이다.

분석 도구를 통한 해결

인공지능 기반의 분석 도구를 활용하면 반복 문의를 자동으로 감지할 수 있다. 일단 분석 도구를 통해 정확하게 **25-50**가지 원인을 추려낼 수 있게 되면, 같은 원인으로 반복되고 있는 고객 문의를 따로 걸러낼 수도 있다. 여기에 특정 기간까지 설명한다면 기업은 반복되는 고질적 문제를 정확히 짚어낼 수 있다.

다음 네 가지 개선 과정을 통해 최초 문의 해결 분석 도구를 보다 정교하게 다듬을 수 있다.

■ 반복 문의를 측정할 기간을 프로세스에 맞게 조정할 수 있다. 예를 들어, 일부 고객 문의는 요금 청구 주기와 관련이 있을 수 있다. 고객이 첫 주기에 나온 청구서의 요금에 대해 불만을 제기했다면, 다음 청구 주기가 되기 전까지 요금이 수정되지 않았다는 이야기가 된다. 측정 기간을 조정한다면 분석 도구는 청구 주기인 1-3개월 뒤에 반복된 문의를 찾아낼 것이다.

■ 첫 번째 문의에 의해 '생성된' 원인이 다른 형태로 반복될 수 있다. 예를 들어, 고객이 자신이 요청한 것과 다른 알림 내용이 왔다고 기업에 알려왔다. 그리고 한 달 뒤 청구서를 받아 보고 "청구서가 잘못 나왔다"고 다시 문의할 수 있다. 이는 첫 번째 문제의 다른 형태의 반복이다.

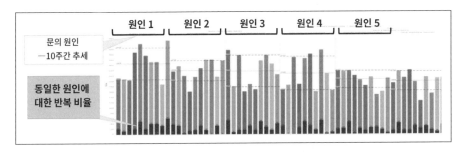

〈그림 1.5〉 문의 원인별 반복 비율

■ 서로 다른 채널에서 같은 원인의 고객 문의를 추려낼 수 있다. 채팅 요청
으로 문제가 해결되지 않으면 기업에 전화를 걸지 않겠는가?
■ 직원, 제품, 문제 처리 등 여러 측면에서 반복 문의와 문제 해결의 전반
적 상황을 살펴볼 수 있다.

일부 기업은 문의 원인을 추적하는 동일한 칼럼에 고객의 반복
문의 비율을 추가했다. 〈그림 1.5〉[7]는 전체 문의 건수를 보여주면서,
짙은 색 막대는 각 원인별 반복 문의의 정도를 나타낸다.

우리는 반복 문의를 식별하고 최초 문의 해결을 계산하는 매우
복잡한 기술을 간단하게 살펴봤다. 이 기술은 보통 많은 워크숍, 분
석, 그리고 반복 과정을 거쳐야만 계산의 정확도를 높일 수 있다. 물
론 날짜 범위 지정이나 멀티채널 관찰 등 정교한 분석 없이, 단순한
'원인별 반복' 코드 분석만으로도 유용한 통찰을 얻을 수 있다.

:: 레벨 4: 문의가 고객에게 미치는 영향 평가

기업은 이해하기 전략의 마지막 단계에서 무엇이 고객과 수익에 영향을 미치는지 보다 깊은 통찰을 얻을 수 있다.

고객 경험을 가장 잘 보여줄 수 있는 지표를 결정하라

기업은 고객 경험을 설명하기 위해 많은 지표를 사용한다. 가장 일반적인 예는 〈표 1.3〉에 나열되어 있다. 각 지표는 고객 문의 원인과 관련된 다양한 목적, 이점, 그리고 함의를 갖고 있다.

이러한 고객 경험 지표는 각각 다른 통찰을 제공한다. 분석 기술을 사용하면 기업이 가지고 있는 고객 문의 원인 데이터와 이러한 지표를 연결할 수 있다. 일부 지표의 자동화도 가능하다. 예를 들어, 많은 기업이 그렇게 하고 있듯 고객을 대상으로 설문조사를 벌이는 대신, 분석 도구를 통해 다음을 결합하여 고객 노력 점수(customer effort score, CES)를 계산할 수 있다.

■ 고객이 메뉴나 웹사이트를 뒤지는 데 걸린 시간.
■ 문의를 위해 기다린 시간.
■ 문의 지속 시간.
■ 연결된 뒤 대기한 시간.
■ 반복 문의의 범위.
■ 관련 불만의 비율.
■ 앱이나 챗봇과 같은 멀티채널에서 특정 작업을 진행한 범위.

<표 1.3> 고객 경험 지표의 이점 및 함의

고객 경험 지표	고객 문의 원인과 연결할 때 가지는 이점, 함의
순 고객 추천 지수 및 고객 만족도	고객 충성도의 지표. 문의 원인을 살피면 미래 수익의 예측에 도움이 된다.
고객 생애 가치	서로 다른 고객 세그먼트에서 같은 원인의 문의가 오는지, 따라서 고가치 또는 저가치 고객에게 영향을 미치는지 여부를 알려준다.
고객 이탈률 또는 해지율	이탈률과 연결하면 어떤 문의 원인이 이탈의 요인이 되는지, 따라서 수익과 비용에 직접적 영향을 미치는지 분석할 수 있다.
불만율	각 문의 원인이 불만으로 이어지는 정도를 나타낸다.
고객 노력 점수	특정 원인이 고객에게 미치는 총 영향을 측정하며, 고객에게 미치는 영향을 더 잘 나타낸다. 이는 회사보다는 고객이 치르는 비용을 생각하게 한다.
고객 프로세스 분석	고객 문의 원인을 회원 가입 또는 등급 변경과 같은 특정 고객 프로세스 단계와 연결한다. 어떤 프로세스를 정비해야 하는지에 대해 초점을 맞추는 데 도움이 된다.
후속 구매 수준	점수와 지표에 집중하는 대신, 각 문의 원인과 고객의 이후 실제 구매 행동을 연결해 분석한다. 이렇게 하면 해당 원인이 얼마나 큰 불만을 야기하는지 파악할 수 있다.

이러한 고객 고통 지표를 원인 코드와 연결하면 문제 해결의 우선순위뿐 아니라 해결 뒤 얻을 수 있는 수익도 결정할 수 있다. 이런 분석은 수익 차원의 예측을 추가하고, 어떤 문의 원인이 우선 대처해야 할 것인지에 대한 다른 수준의 분석을 제공할 수 있다. 고객 이탈률과 같은 지표를 연관시키면 논의를 비용에서 수익 영향으로 전환할 수 있다. 두 가지 문의 원인의 비용이 비슷할 때, 고객 지표는

우선순위를 결정하는 데에 큰 도움이 된다. 일부 기업은 이러한 분석을 통해 단순한 비용 절감에서 벗어나 고객 유지나 충성도 제고로 경영의 초점을 이동할 수도 있다.

특히 문의 원인을 이런 고객 경험 지표와 제대로 연결하면 문의 원인은 종종 고객 이탈이나 지출 감소의 초기 경고 신호로 삼을 수 있다. 예를 들어, 한 브로드밴드 제공업체에서는 TV 연결 문제로 두 번 이상 전화한 고객의 50%가 나중에 다른 업체로 옮겨가 버렸다. 이 기업은 이러한 고객 문의를 더 잘 관리해야만 문제의 확산을 막고 고객의 이탈을 방지할 수 있다는 점을 너무 늦게 깨달았다.

▶ 힌트와 팁

다음은 이해하기 전략과 관련된 다섯 가지 유용한 교훈이다.

달릴 수 있기 전까지는 걸어라

일단 한 번이라도 문의 원인을 샘플링하고 분석하는 일은 3-6개월 안에 '바다를 끓이는' 불가능한 시도에 견준다면 너무나 쉬운 일이다. 고객 문의의 빈도 및 원인을 분석해 본 적이 없는 기업이라도 샘플링 연습을 몇 주 안에 완료하여 논의를 시작할 수 있다. 적절한 샘플은 전화 이유, 최초 문의 해결, 반복률을 제대로 보여주며 우선순위 영역도 표시해 준다. 이러한 간단한 샘플링 연습은 지속적인 이해를 제공하는 분석 기술에 더 많은 투자를 할 필요가 있음도 보여준다.

기계도 가르쳐야 한다

분석 회사는 인공지능 소프트웨어가 고객 문의의 원인을 알아낼 수 있다고 말한다. 이는 사실일 수 있지만, AI가 무엇을 찾아야 하는지 가르쳐야만 더 빠르고 정확하게 알아낼 수 있다. 상위 25-50개의 원인 코드, 키워드, 다른 관련 표현의 변형 등을 정리해 AI에 집어 넣으면 분석 도구의 정확도가 크게 높아진다. 처음에 손으로 뽑은 샘플링을 사용하면 AI 분석의 낭비를 줄일 수 있다. 최악의 경우 AI는 1,000개 이상의 원인을 찾아냄으로써 적절한 세부 수준에 도달하지 못할 수도 있다. 이는 실제로 전혀 도움이 되지 않는다.

문의 이유의 적절한 수준의 숫자를 찾아낸다

고객 문의 이유의 적절한 숫자를 찾는 것은 어렵지만 필수적이다. 50개 이상이면 각각의 원인이 너무 구체적이라 비용을 들여 해결할 가치가 없는 것처럼 보인다. 25개 미만이면 너무 많은 근본 원인과 세부 정보를 포함하게 되어 기업은 무슨 일이 일어나고 있는지 이해하기 어렵다. 25-50개 범위가 효과적이다. 비용을 합리적으로 집중할 수 있고 잠재적 원인과 책임자를 구분하는 데 도움이 되기 때문이다.

'근본 원인'의 유혹을 조심하라

고객 문의의 원인 코드는 근본 원인과 다르다. 고객이 "청구서가 날 아왔는데 너무 비싸요"라고 회사에 문의를 해왔다면, 근본 원인은 여러 가지가 있을 수 있다. 각 문의의 근본 원인을 찾아보려는 마음은 굴뚝같을지라도, 그렇게 하지 말아야 한다는 데는 탄탄한 논리가 있다. 첫째, 근본 원인이 명확하지 않을 수 있다. 고객은 원인을 언급할 수도 있지만, 그렇지 않은 경우가 많다. 또한 문제를 처리하는 고객 대면 직원에게도 원인이 명확하지 않을 수 있다. 직원에게 근본 원인을 추가하도록 지시한다면 추측을 적어 넣을 것이며 이는 시간 낭비만 될지 모른다. 이 때문에 근본 원인 분석(root cause analysis, RCA)은 고객 문의의 원인, 규모, 비용이 명확해진 후에만 수행해야 한다. 비슷한 것들 사이에서 원인을 구분하는 것이 중요할 수도 있는데, 이는 담당 직원이 직접 파악할 수 있을 때만 가능하다. 예를 들어, 고객이 주문한 제품을 받지 못한 이유가 창고에서 출고가 안된 것인지, 재고가 없어서인지, 배송 회사에 문제가 있기 때문인지 구분해야 한다. 직원은 이 세 가지를 확인할 수 있는 위치에 있어야 한다.

책임 테스트를 적용하라

만약 어떤 문의 원인을 두고 여러 부서가 해결책을 내놓을 수 있는 경우(예: 비용 청구 부서 및 마케팅 부서), 이는 아마도 적절한 수준이 아닐 것이다. 단일한 책임 부서를 찾는 것이 중요하다. 기업이 고객 문의 원인을 구성할 때 논리적으로 책임자가 있는지, 가능한 책임자가 둘 이상일 때 그 원인을 어떻게 나누고 위임할지 고려해야 한다. IT 및 HR과 같은 부서는 여러 비즈니스 프로세스를 지원하는 기능을 가지고 있기 때문에 여러 부서가 책임 역할을 해야 하는 상황이 항상 존재한다. 그러나 가능한 한 각 원인을 단일 부서가 책임질 수 있도록 하고, IT 또는 HR이 보조 역할을 맡게 하는 것이 좋다.

📌 요약

'이해하기'는 기업이 고객의 불편을 일으키고 있는지, 또는 줄이고 있는지를 알기 위해 필수적이다. 단위당 고객 문의는 고객 문의 비율의 전반적 상황을 알려준다. 이에 기업은 얼마나 비즈니스하기 쉬운 환경에 처해 있는지를 알 수 있다. 이 비율을 시간에 따라 추적하면 기업이 더 나아지고 있는지 나빠지고 있는지를 보여준다. 문의가 발생하는 원인을 파악하는 것은 어렵지만, 이는 심층 분석과 개선에 필수적인 기반을 제공한다. 이러한 통찰은 또한 기업이 중요한 문제와 그 해결책에 집중할 수 있도록 핵심 이슈를 밝혀낸다. 또한 모든 관련 비용을 연결하여 해당 문제와 이슈가 어떻게 영향을 미치고 있는지 전체 그림을 완성할 수 있게 한다.

기업은 수년간 해결률과 반복 문의율에 대해 이야기해 왔고, 많은 기업이 정확하지 않은 느슨한 추정을 사용해 왔다. 이제 회사는 이러한 중요한 지표를 훨씬 더 정확하게 측정할 수 있으며, 이러한 측정값은 실제 개선을 이끌어내는 데 더 가치 있는 정보를 제공한다. 또한 사람과 프로세스의 효과성을 분석하는 여러 가지 방법을 제공할 수 있다. 이제 기업은 현대 분석 기술을 통해 데이터, 예를 들어 고객 이탈률이나 고객 만족도 등을 이전에 불가능했던 방식으로 연결할 수 있다. 기업은 이런 이해를 통해 어느 영역의 불편을 해결하기 위해 나서야 할지 가늠할 수 있다.

이해하기가 얼마나 필요한지 가늠해 보라.

다음 질문 중 하나라도 '아니오'라고 답하면, 이해하기를 위한 더 많은 노력이 필요하다.

Q1. 비즈니스의 모든 채널에서 문의의 규모, 비용, 추세에 대해 잘 이해하고 있는가?

Q2. 비즈니스 성장에 비해 문의 비율이 증가하거나 감소하는지 이해하고 있는가?

Q3. 모든 경영진과 책임자가 이해할 수 있는 고객의 문의 원인에 대해 명확한 가시성을 확보하고 있는가?

Q4. 각 원인별로 후속 비용을 측정하고 그 변화를 추적하고 있는가?

Q5. 해결률과 반복 문의율을 잘 이해하고 있으며 이를 기업 활동 개선에 사용하고 있는가?

Q6. 고객 문의가 만족도와 고객 이탈/성장에 미치는 영향을 명확히 파악하고 있는가?

Q7. 어떤 채널에서든 고객 문의량이 증가하거나 감소할 때, 왜 그렇게 된 것인지 이해하고 있는가?

할당하기와
우선순위 지정하기
ASSIGN AND PRIORITIZE

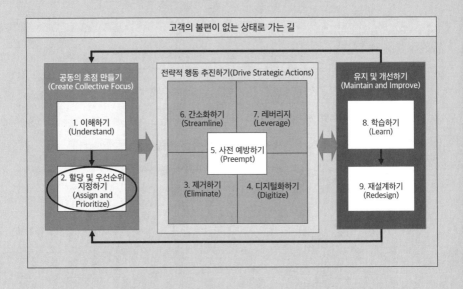

고객의 불편이 없는 상태로 가는 길

공동의 초점 만들기
(Create Collective Focus)

1. 이해하기
(Understand)

2. 할당 및 우선순위
지정하기
(Assign and
Prioritize)

전략적 행동 추진하기(Drive Strategic Actions)

6. 간소화하기
(Streamline)

7. 레버리지
(Leverage)

5. 사전 예방하기
(Preempt)

3. 제거하기
(Eliminate)

4. 디지털화하기
(Digitize)

유지 및 개선하기
(Maintain and Improve)

8. 학습하기
(Learn)

9. 재설계하기
(Redesign)

할당하기와
우선순위 지정하기

나는 내가 저지른 모든 실수에 대해 책임을 진다.
— 존 루니언, 미국 뉴저지 3지구 하원의원

🔖 '할당하기'와 '우선순위 지정하기'란 무엇이며
왜 중요한가?

기업은 고객 문의의 원인을 이해한 다음 '할당하기(Assign)'와 '우선
순위 지정하기(Prioritize)' 과정을 통해 근본적인 이슈에 대한 책임
이 누구에게 있는지, 어떤 전략을 추구할지, 어떤 조치를 우선 취해
야 하는지 명확히 할 수 있다. 이번 단계는 고객을 위해 불편을 제거
하기 시작하는 행동의 방아쇠를 당긴다. 해당 책임자에게 고객 문
의 원인을 할당하는 것은, 각 문제를 누가 책임지고 대처할 것인지
에 대해 기업 전반에 걸쳐 합의하는 일을 포함한다. 우선순위를 지
정하는 것은, 각 문의 원인 코드와 관련 원인에 대해 무엇을 해야 할
지, 각 원인이 얼마나 중요한지, 해결책을 결정하는 것이 얼마나 실
행 가능한지 판단하는 일을 포함한다.

첫 번째 단계, 즉 작업을 책임자에게 할당하는 일은 결정적으로

중요하다. 대부분의 문제는 고객 서비스 외부에서 발생하며 기업 내 해당 부서에서 책임을 져야 하기 때문이다. 이 단계는 간단해 보이지만, 그렇지 않아도 바쁜 부서장들에게 그동안 인지하지 못했던 문제에 대해 책임을 지도록 설득하는 일은 결코 간단하지 않다. 또한, 이 단계에서 대개 고위 임원들도 새로운 작업을 지휘해야 한다. 개별 문의 원인의 책임을 지도록 하는 일이 제대로 효과를 내려면, 이 단계에서 현재 비즈니스 목표와 전략을 변경하거나 재조정해야 한다. 그리고 이런 변경은 전체 경영진의 동의가 있을 때 가능하다.

할당 외에도 작업의 우선순위를 지정해야 하지만, 이전 1장에서 언급한 '이해하기' 단계에서 정립한 각 고객 문의 원인에 대한 기업 내 합의된 전략이 존재한다. 각 문의 원인에 대한 전략은 해당 유형의 문의에 필요한 결과를 포함하고 있다. 예를 들어, 일부 유형의 고객 문의는 '제거하기(Eliminate)' 전략이 필요할 수 있고, 다른 유형은 디지털화할 수 있다. 각 고객 문의 원인에는 '이 유형의 문의는 50%를 제거한다' 또는 '이 유형은 모두 제거한다'와 같은 합의된 목표가 있어야 한다.

마지막으로, 기업은 행동의 우선순위와 그 행동을 뒷받침하는 해결책의 실행 가능성에 대해 동의해야 한다. 일부 기업은 예를 들어 가장 비용이 많이 드는 고객 문의 원인을 먼저 공격하는 것을 선택할 수 있는 반면, 다른 기업은 높은 비용과 높은 고객 불편이 겹치는 문제(예: 낮은 FCR 또는 높은 고객 노력이 나타나는 문의 원인)에 먼저 집중할 수 있다. 한두 개의 '빠른 해결' 문제를 우선 도마에 올려놓고 요리를 시작하기도 한다.

두 가지 복잡한 기술을 사용하여 고객 문의 원인과 그에 따른 행동을 할당하고 우선순위를 지정할 수 있다.

■ 비용을 책임자에게 넘긴다. 비용 넘기기는 책임자의 신속한 행동을 촉
발한다. 책임자가 비용을 줄이기 위해 불을 켜고 데이터를 들여다볼 것
이다. 이 기술은 고객의 불편을 훨씬 더 빨리 없앨 수 있게 했다.

■ 멀티채널 행동 분석을 사용해 더 많은 해결책 옵션을 추가한다. 고객
문의의 채널을 늘리면 이 프로세스의 데이터 양도 늘어난다. 이에 잠재
적인 해결책도 따라서 증가한다. 고객이 시작한 모든 지원 채널(예: 인
바운드 전화, 이메일, SMS, 채팅, 문자 메시지)에 명확히 정의한 비용을
포함하는 것이 중요하다. 상담원 비지원 채널(unassisted channel)(예: 챗
봇, 인터랙티브 음성 응답 시스템(interactive voice-response system, IVR),
앱, 포털 사이트)에서도 고객의 의도나 요구에 대한 귀중한 통찰을 얻을
수 있으며 새로운 해결책을 도출할 수 있다. 일부 고객 채널을 빼놓는
다면 문제와 해결책에 대한 완전한 그림을 얻을 수 없다.

할당하기와 우선순위 지정하기 단계의 주요 과제는 기업 내 모든
조직이 할 일은 너무 많은데 이를 수행할 예산은 결코 충분하지 않
다는 점이다. 이 과정을 단순화하기 위해 기업은 다음 네 가지 질문
을 할 수 있다.

■ 누가 어떤 문제를 책임지고 있으며, 어떻게 해야 그들이 그 문제를 해
결하도록 동기 부여가 될까?

■ 개별 고객 문의 원인에 대한 전략과 모두가 달성하기로 동의한 목표는
무엇인가?

■ 현재의 우선순위는 무엇인가?

■ 해결책의 실행 가능성은 얼마나 되는가?

이 질문에 팀 단위로 답한다면 기업 전체는 같은 방향으로 나아 가게 될 것이다. 책임 있는 각 부서가 기업 공통의 목표를 향해 예산, 시간, 인력을 결집해 나가는 데 도움이 된다. 이것은 고객 이슈를 중심으로 회사를 통합하는 훌륭한 메커니즘이 될 수 있다. 사실상, 이는 비즈니스의 적절한 영역에 책임을 부여하고 그들이 고객이 말하는 것에 귀를 기울이게 만든다.

그렇다면 이 과정이 그렇게 논리적임에도 왜 어려운가?

우선, 할당은 고객 문의의 특정 부분을 '책임진다'는 것이 무엇을 의미하는지에 대한 명확한 모델을 필요로 한다. 또한 이 문제에서 자기 부서의 역할을 인식하지 못한 이해 관계자가 새롭게 참여해야 한다. 최고경영자 또는 이사회 소속 이사 수준의 고위 임원진이 전체 비즈니스의 목표와 보상을 재설정해야 할 수도 있다.

둘째, 이 과정은 많은 부서를 포함하는 비즈니스 전반에 걸친 책임의 변화를 요구하므로 C-레벨(C-level)의 관리와 지원이 필요하다.

마지막으로, 문의 원인을 해결하는 데 필요한 솔루션은 종종 복잡하다. 이는 대개 사람, 프로세스, 제품, 기술에 대한 투자를 필요로 한다. 따라서 다른 투자와 경쟁 관계에 있다. 이를 실현하려면 부서 간의 협력이 필요하다.

☞ 좋은 사례

기업이 할당하기와 우선순위 지정하기 단계를 제대로 수행하면, 다음의 핵심 특성 중 적어도 하나를 나타낸다. 때로 하나 세 가지 모두를 가질 수 있다.

- 항상 고객 문제에 대한 협력과 공유 책임을 유지하고 있다(이는 일반적으로 혁신기업에서 볼 수 있다).
- 최고경영자나 관리 이사 등 고위 임원진이 고객 대면 개선에 강력한 드라이브를 걸고 있다.
- 이러한 행동을 장려하는 공유된 목표를 가지고 있다.

:: 매장과 웹사이트를 살피다

미국 T-모바일(T-Mobile USA)이 고객 문의 수요 감소 프로그램을 시작했을 때, 회사는 고객 문의의 원인을 포착하지 않고 있었다. '이해하기' 프로세스를 통해 이를 명확히 했고, 이후 회사는 누가 무엇을 책임져야 하는지 파악할 수 있었다. T-모바일의 두 가지 사례는 할당하기와 우선순위 지정하기의 중요성을 보여준다.

소매점

T-모바일은 고객센터에서 제거하고자 했던 많은 고객 문의가 전국 각지의 소매점에서 일어난 행동(또는 무행동) 때문에 시작됐다는 사

실에 놀랐다. 이에 소매점 책임자에게 다음과 같은 고객 문의 원인에 대처하도록 할당했다.

■ "내 요금이 왜 이렇게 높나요?"
■ "어떻게 할인을 받을 수 있나요?"
■ "이것은 내가 가입한 게 아닙니다, 왜 내가 지불해야 하나요?"
■ "이 전화를 반납하고 싶어요."
■ "왜 내가 이 요금을 내야 하나요?"

이 다섯 가지 고객 문의의 근본 원인은, 소매점에서 새로운 고객을 대상으로 너무 성급하게 영업을 하거나 T-모바일 요금제나 기기를 제대로 소개해 주지 않았던 데 기인했다. 이로 인한 고객 문의 비용은 판매점 직원의 생산성과 고객센터로의 추가 문의를 회피하기 위한 프로세스 간의 이해상충을 보여주었다. 할당하기의 일관성을 위해, 동기 부여 측면에서 소매점 판매 직원에게 제공되는 판매 인센티브는 그들의 불완전 판매로 촉발된 비용을 제하고 지급했다. 할당하기 단계는 비즈니스 전반에 걸쳐 책임 소재를 변경하고 새로운 측정 지표와 목표를 추가했다. 이 밖에 다른 조치도 다음과 같이 진행했다.

■ 추가 지원 자원을 고객 가입을 돕기 위해 소매점에 할당했다.
■ 판매 대화 방법을 수정해 고객이 구매하는 기기를 정확하게 확인하도록 했다.
■ 판매 과정에 고객 가입 시 작성할 체크리스트가 추가되었다.

■ 각 가입자는 소매점에서 첫 번째 예상 청구서를 가지고 나가도록
했다.

웹 셀프서비스

한편, T-모바일의 고객 관리 팀은 고객이 사용할 셀프서비스 도구
가 웹사이트에서 충분한 주목을 받지 못하고 있음을 발견했다. 웹사
이트는 신규 가입자에게 기기를 판매하는 데 초점을 맞추고 있었다.
고객 관리 팀은 **FAQ** 및 기타 도움말 페이지를 더 높은 위치에 배
치할 것을 요구했지만, 웹사이트가 마케팅 부서의 소유였기 때문에
이 요청은 받아들여지지 않았다. 특히 격렬한 논쟁 끝에, 회사의 최
고운영책임자(COO)는 고객 관리 팀이 웹사이트를 책임지고 필요한
변경 사항을 직접 집행하는 것이 최선의 해결책이라고 결정했다. 이
에 판매 전략을 방해하지 않으면서도 지원 기능이 훨씬 더 눈에 띄
게 된 웹사이트가 최종적으로 마련됐다. 두 부서가 윈-윈할 수 있었
다. 이런 변화를 통해 셀프서비스 도구는 이용률이 크게 뛰었고, 웹
사이트의 고객 관리 팀 재배치는 원하는 결과를 얻었다.

이를 포함한 여러 변화 덕분에 T-모바일은 18개월 안에 총 고객
관리 비용을 30% 절감하고, 제이디파워(JD Power)가 수여한 고객 만
족도 1위 자리를 되찾았다.

:: 케이블원은 우선순위 지정에 과학을 더하다

미국의 광대역 및 인터넷 제공업체 케이블원(Cable One, 현 스파크라이

트 인터넷)은 고객을 위하지만 정작 고객은 관심 없는 활동과 높은 지원 비용을 발생시키고 있었다는 것을 확인했다. 그래서, '수요 도전' 전략에 착수했다. 문제는 고객센터 쪽 비용에 국한되지 않았고, 장비 수리를 위한 고가의 트럭 운행 비용과 요금 환불에 따른 후속 비용도 포함되었다.

케이블원은 고객의 첫 번째 및 반복 문의의 원인을 정의하고 정량화하기 위해 '이해하기' 프로세스에서 시작했다. 고객의 반복 문의가 비용이 많이 들고 고객을 화나게 만든다는 점을 알고 있었다. 일단 반복 문의의 원인과 비율을 파악한 후, 회사는 이를 사내 여러 영역에 책임을 할당할 수 있었다. 이후 각 책임자에게 솔루션 구현에 필요한 비용과 시간을 고려하고 그 영향을 평가하도록 지시했다. 케이블원은 이 과정에서 잠재 솔루션의 네 가지 차원을 표시하는 버블 차트를 사용했다. 가로축에는 구현 시간을, 세로축에는 구현 노력을, 버블 크기로는 혜택의 크기를, 색상 코드로는 고객/직원에 미치는 영향을 표시했다.

케이블원은 즉시 효과가 있는 프로젝트를 우선 실행할 수 있었다. 이를테면 기술자의 방문 약속을 빨리 잡을 수 있게 하고 환불 요청을 신속하게 처리하는 것은 즉시 효과를 낸다. 이런 프로젝트는 즉각적인 영향을 냈고 반복되는 고객 문의를 줄였다. 이후 이어진 여러 프로젝트는 비즈니스에 큰 영향을 미쳤다. 회사는 고객 지원 비용을 약 **40%** 절감하고 고객당 문의 비율을 **60%** 줄였다는 추정치를 내놨다. 이는 불편을 없애는 데 있어 놀라운 성과이다! 그러나 그들의 목표는 아직 끝나지 않았다. 케이블원의 전 고객 운영 수석 부사장 칩 맥도널드(Chip McDonald)는 "우리의 목표는 가입자당 문의를 0으로 줄이는 것"[1]이라고 말했다.

:: 디지털 전환의 책임: 혁신가들에게 맡긴다

미디어 산업에서 인터넷의 도래는 신문과 텔레비전과 같은 전통적인 미디어를 위협했다. 호주의 페어팩스(Fairfax) 비즈니스는《시드니 모닝 헤럴드(*The Sydney Morning Herald*)》와 같은 주요 간판 미디어를 소유하고 있었다. 최고경영자 그레그 하이우드(Greg Hywood)는 진정한 디지털 비즈니스로 나아가기 위한 전략에 대한 이사회의 동의를 얻는 데 성공했다. 그는 디지털로 전환하지 않으면 광고와 발행 부수가 감소할 수밖에 없고 그때는 회사의 생존이 문제가 된다고 이사회를 설득했다.

작은 희망의 조짐이 있었다. 페어팩스는 '도메인(Domain)'이라는 이름으로 전문 부동산 판매 비즈니스를 설립했는데 온라인 수익이 급격히 증가하고 있었다. 하이우드는 비즈니스를 '뒤집어야' 한다고 인식했다. 디지털 자산을 가진 인쇄 비즈니스가 아니라, 인쇄물을 약간 보유한 디지털 비즈니스가 미래라고 바라봤다. 그는 인쇄 간판 미디어를 책임진 임원진은 변화에 저항할 것이기에 이 과정을 맡길 수 없음을 알고 있었다. 대신 디지털 채널의 책임자들에게 전략과 더 많은 통제권을 할당했다. 요컨대 그는 비즈니스 내 혁신가들에게 회사 혁신을 맡긴 것이다. 이는 대단한 묘책이었다. 새로운 비즈니스에 권력을 부여하고 변화에 저항하는 이들을 약화시킬 수 있었다. 이 과정이 어떻게 사고의 전환을 가져왔는지 보여줄 사례로 뉴스 스토리 제작 방식의 변화를 꼽을 수 있다. 비즈니스는 디지털 스토리를 먼저 생성하고 종이 신문은 이렇게 생산된 디지털 콘텐츠를 바탕으로 제작했다. 이는 디지털 콘텐츠가 나중에 고려되던 이전 모델을 정반대로 뒤집은 것이다. 도메인 부동산 비즈니스도 주요 수입원이 되었으며, 종이 인쇄물은 추가로 나중에 제작되는 신세가 됐다.

　이러한 새로운 권력 구조에서 나온 변화 덕분에 비즈니스는 수익성과 수익 면에서 고비를 넘겼다. 독자 수, 수익, 구독자 수가 증가했다. 할당하기 프로세스는 문제에 대처해 해결책을 내놓을 책임자를 제대로 지정하는 과정이다. 이는 회사의 존립에 직결된다.

:: 블리자드의 용기

게임 대기업 블리자드 엔터테인먼트(Blizzard Entertainment)는 임원진을 한 자리에 모아 워크숍을 열어 새로 정의한 고객 문의 원인의 책임자를 결정하면서 고객의 불편이 없는 조직을 향한 여정을 시작했다. 처음에 일부 임원들은 책임을 피하고자 했지만 제품 디자인 책임자가 손을 들어 동의하기 시작하자, 물을 가두고 있는 댐이 무너졌다. 모든 부서의 다른 임원들도 동참하여 자신들의 고객 문의 원인을 책임지고자 했다. 그 결과는 놀라웠다. 블리자드의 수익은 200% 이상 증가했으며 고객 서비스 비용과 게이머들의 노력을 67% 줄여 단위당 고객 문의를 크게 감소시켰다.[2]

⬤ 나쁜 사례

:: 아직 내 문제가 아니다

호주의 한 은행도 수요 감소 과정을 시작했다. 고객센터 책임자는 대부분의 고객 문의가 자신의 팀이 촉발한 게 아니라는 점을 알고 있었고, 다른 부서의 도움이 필요했다. 고객 서비스 팀은 올바르게도 고객 문의 원인을 추적하고 발원지를 찾아 보고했다. 그들은 상위 40개의 고객 문의 원인의 빈도와 비용을 분석하고 책임자를 지정하기 시작했다. 그들은 이 책임자들을 초대하여 매월 회의를 열고 가능한 조치에 대해 논의했다. 고객센터의 예산은 매년 관련 제품 책임자에게 재할당되었기 때문에 이론적으로 그들은 이미 이러한 비용을 줄일 동기가 있었다.

겉으로 보기에는 고객의 불편이 없는 조직이 되기 위한 교과서적인 접근 방식을 취하고 있는 것처럼 보였다. 문의 원인의 명확한 이해가 있었고, 책임자가 지정되었다. 그러나 책임자들이 문제의 원인은 자신의 영역에 있다고 모두 동의했음에도 불구하고, 몇 가지 주요 원인으로 거의 아무런 조치도 취해지지 않았다.

■ 고객센터가 이 과정을 이끌었다. 고위 경영진은 이 접근 방식을 공개적으로 지지하지 않았고, 고객센터보다 상급의 수준에서는 지원이 없었다.

■ 고객센터에게는 공유된 측정 기준과 목표가 없었다. 이에 실질적 조치가 그들의 우선순위가 되지 않았다.

■ 고객센터는 기존의 다른 이니셔티브에 집중했다. 그들은 문의 수요에 관한 회의에 참석하여 관심을 보였으나 아무런 행동을 취하지 않았다.

몇 달이 지나자, 많은 다른 부서들이 회의에 참석하는 것을 중단했고, 전체 과정은 흐지부지되었다. 이것은 지속적 동력과 정렬된 측정 기준의 중요성을 보여준다. 이것이 없으면 다른 사업 영역들은 행동할 이유를 찾지 못한다.

:: 틈새에서 길을 잃다

한 주요 연금 기금은 제3자 비즈니스 프로세스 아웃소서(Business Process Outsaurcer, BPO)를 활용해 회원들의 전화, 행정 업무를 처리하도록 했다. 연금 기금은 고객 문의 관련 비용과 불만의 비율이 높고 개선되지 않는다는 사실을 발견했다. 연금 기금과 아웃소서는 함께 고객 문의의 원인을 이해하기 위해 심층 분석을 시작했다. 몇 주 안에 잘 계획된 샘플링 분석을 통해, 두 조직은 문의 원인에 대한 공유된 이해를 발전시키기 시작했다. 분석 결과 양쪽 모두 고쳐야 할 영역이 있으며 이를 해결하면 많은 고객 문의가 줄어들 것임을 알 수 있었다. 고객 문의 작업량의 70% 이상이 줄어들 가능성이 보였고, 이는 회원 경험을 크게 개선하고 비용을 절감할 수 있는 상당한 보상이었다.

이번 분석 결과에 따르면 연금 기금은 고객이 제대로 작성하기 어려운 복잡한 종이 양식에 지나치게 의존하는 등 프로세스 및 커뮤니케이션 문제를 야기하고 있었음을 확인했다. 또한 회원 포털도 복잡한 비밀번호 형식과 요구 사항으로 인해 일부 회원들이 로그인을 할 수 없었다. 이들은 연금 기금 쪽에 해결해야 할 문제였다. 아웃소서 쪽에도 많은 문제들이 있었다. 예를 들어, 고객이 제출한 양식을 처리하는 팀은 오류를 발견하면 고객에게 다시 제출하라고 그냥 이메일을 보내버리고 마는 데 거리낌이 없었다.

양쪽 모두가 행동을 취해야 하는 것이 분명했지만, 아무도 행동하지 않았다. 두 조직을 묶는 계약이 문제의 일부였다. 이는 효과적인 협업보다는 비난과 책임 전가를 조장했다. 양측 모두 불편을 제거할 명확한 인센티브가 없었다. 두 당사자가 관여되어 있으므로 이를 조정할 중재자도, 책임 있는 쪽이 행동을 취하도록 하는 합의된 측정 기준도 없었다. 데이터를 본 후에도 일부 책임자들은 문제를 해결하기보다는 추가 연구를 하고자 했다. 요컨대 효과적인 책임 할당, 이를 지휘하는 경영진, 우선순위 설정하기 과정이 없었다면 문제는 해결되지 않았다.

∷ 책임 없는 문화

호주 왕립 은행위원회(Banking Royal Commission)의 공청회 이후, 규제 기관인 호주 건전성 감독청(Australian Prudential Regulation Authority, APRA)은 감사를 통해 주요 기관들의 내부 문화를 살펴봤다. 일부 주요 은행들에는 결함을 인정하지 않고 문제를 은폐하는 문화가 형성돼 있음을 밝혀냈다. 결국 이러한 부정적인 시스템은 10억 호주달러 이상이라는 거액의 벌금으로 이어졌다. 유명한 사례 중 하나로, 한 고위 임원이 최고경영자에게 문제를 제기했을 때 "정의감을 자제하라"[3]는 말을 들었고, 이는 왕립 은행위원회에 보고됐다. 결국 해당 최고경영자와 여러 이사진의 사임으로 이어졌다.

이렇게 문제를 무시하는 문화는 문제를 책임진 사람이 공개적으로 이를 인정해야 하고 그 원인을 탐색하도록 하는 할당하기 접근법과는 정반대이다. 후자의 접근법은 실수를 해도 괜찮은 문화를 형성하기 시작한다. 문화 개선은 이 접근법이 팀 스포츠처럼 작용하기 때문에 가능하다. 즉, 한 임원이나 특정 영역을 비난하는 대신 모든 책임 영역이 참여하게 된다. 문제는 공론화되고 공유되며, 이를 통해 어느 임원이든 책임을 지기 쉽게 하는 문화를 조성하게 된다.

▎할당 및 우선순위 지정하는 방법

할당 및 우선순위 지정 프로세스는 〈그림 2.1〉과 같이 네 가지 주요
단계로 구성된다.

∷ 1단계: 고객 문의 원인 책임자 할당 및 동기부여

할당하기의 첫 번째 단계는 각 고객 문의 원인을 책임지는 사람을
결정하고, 그가 해결책을 내놓을 수 있게 동기를 부여하는 방법을
찾는 것이다.

개별 고객 문의 원인에 대해 단일 책임자를 찾아내는 책임 모델
을 설계하는 것이 중요하다. 책임자는 문제를 처음 야기한 기능을
관리하는 사람(예: "내 청구서가 잘못됐다"라는 고객 문의 원인에 대해서는 청구
부서 책임자) 또는 이를 해결하는 데 가장 적합한 위치에 있는 사람이
되어야 한다. 또한, 해결책 마련에는 한 사람만 관련되는 경우가 드
물기 때문에 각 책임자는 원인을 이해하고 해결책을 찾는 데 다른
사람들을 참여시키기 위해 노력해야 한다.

책임을 할당하는 것은 말처럼 그렇게 쉽지 않다. "내 청구서가 잘
못됐다"는 것은 명확히 요금 청구 문제처럼 들리지만, 실제는 잘못
된 검침 결과을 보내는 계량기 판독 회사를 관리하는 조달 부서 책
임자의 몫일 수 있다. 또는 일부 고객은 새로운 비즈니스 팀이 잘못
설정했기 때문에 청구서가 잘못됐다고 말할 수 있다(미국 T-모바일 소
매점 이야기처럼). 잘못된 청구서는 여러 문제가 겹쳐서 벌어진 것일

불편 없는 기업

〈그림 2.1〉 할당 및 우선순위 지정 접근법

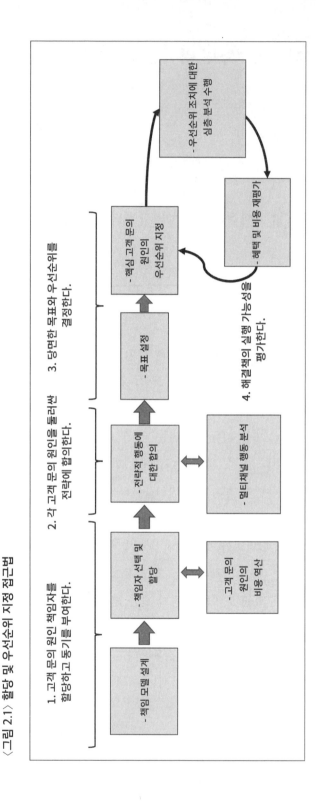

1. 고객 문의 원인 책임자를
   할당하고 동기를 부여한다.

2. 각 고객 문의 원인을 둘러싼
   전략에 합의한다.

3. 당면한 목표와 우선순위를
   결정한다.

4. 해결책의 실행 가능성을
   평가한다.

수도 있다. 그럼에도 불구하고, 첫 번째 작업은 가장 논리적으로 책임자를 설정하는 것이다. 나중에 분석을 통해 여러 당사자가 행동해야 한다는 것이 밝혀지더라도 말이다.

IT 부서에 책임을 할당하려는 유혹이 있을 수 있다. 왜냐하면 많은 솔루션이 IT 부서에서 설계되고 구현될 것이기 때문이다. 그러나 IT 부서원을 제품 책임자나 마케팅과 같은 비즈니스 기능의 책임자와 협력하도록 초대하는 것이 일반적으로 더 바람직하다. 마찬가지로, 고객 지원 부서는 종종 책임자에게 통찰력을 제공하지만 자체적으로는 어떤 원인도 책임지지 않는 경우가 많다.

경영진이 새로운 목표, 예를 들어 고객의 수고를 줄여준다는 목표를 달성하도록 행동을 취하게 하는 것은 쉬운 일이 아니다. 이는 자신의 '일상 업무'와 무관하다 생각하기 때문이다.

많은 개혁기업(Renovator)에서 마케팅 경영진은 마케팅 목표에, IT 경영진은 IT 프로젝트와 성과에 더 신경을 쓰는 등 자기 목표에만 집중하도록 한다. 혁신기업(Innovators)은 공동 책임과 고객 중심이 기업의 DNA 일부로 자리잡고 있는 경우가 많다. 스타트업 비즈니스에서는 기능별 분리가 서로에게 장애물이 되지 않기도 한다. 조직이 클수록 각 부서들이 자신들이 촉발한 문제와 멀어지기 쉽다.

고객 접촉 원인을 할당받은 책임자가 행동을 취하도록 하기 위해 사용할 수 있는 다양한 전략이 있다.

■ 최고경영자와 고위 경영진이 모두가 행동을 취해야 한다는 명확한 메시지를 내놓는다.
■ 모든 책임자가 공통의 이익을 가질 수 있도록 집합적 목표를 설정한다.

예를 들어, 단위당 고객 문의 및 비용 지표(CPX)가 줄어들면 모든 경영진에게 인센티브가 지급되도록 한다면, 모두가 행동할 이유를 갖게 된다.

■ 이를 개별 인사고과에 포함시켜 보너스와 승진에 중요한 영향을 미치도록 한다.

■ 책임자들에게 지원에 소요된 비용을 부과하고, 성공 사례를 공유하며, 경영진 회의에서 실패를 인정하게 한다.

■ 이렇게 하는 게 제대로 일하는 것이라고 생각하는 문화를 조성한다. 말하기는 쉽지만, 실행하기는 어렵다!

첫 번째 도전 과제는 적합한 사람들을 모아 자신들이 책임져야 할 일에 대해 인정하고 책임을 지도록 하는 것이다. 이 과정을 시작하기 위해 고위 경영진의 의지가 필수적이다. 특히 사업 부서장이나 최고경영자가 이 변화 프로그램에 힘을 실어줘야 한다. 고위직의 주도가 매우 중요하며, 새로운 집합적 지표나 재조정된 전략으로 이를 뒷받침해야 한다. 경영진이 회의 참석과 실행 과정을 직접 챙겨야 할 수도 있다.

일부 기업에서는 데이터로 들이미는 '충격과 경악' 전술이 필요할 수 있다. 이해하기 단계를 통해 파악한 고객의 불만과 이에 따른 회사의 비용 부담의 현실을 여실히 보여주는 것이다. 예를 들어, 아마존 초기 시절에 고객 서비스 팀은 수신한 불만 이메일을 모두 배송 책임자의 이메일로 보낸 적이 있다. "내 물건은 어디에 있나요?"라고 묻는 고객 불만 이메일을 해당 배송업체에 보는 방식이었다. 또 다른 예로, 한 수도 회사의 고객 서비스 이사는 '신통치 않은' 수도 공급에 대한 모든 고객 불만을 엔지니어링 총괄 관리자(General

Manager, GM)에게 전달하고 최고경영자를 참조로 추가했다. 두 경우 모두, 적절한 책임자가 문제 해결에 참여하게 되었고, 근본 원인을 조사한 후 신속한 문제 해결에 나섰다. 때로는 이런 충격 전술이 필요한 첫 단계일 수 있다.

책임을 할당하는 세 가지 가능한 메커니즘이 있다.

■ 모든 부서장을 모아 각 고객 문의 원인의 책임자가 누구인지 합의하도록 한다. 이는 토론과 합의가 이루어지게 한다. 하지만 시간이 많이 걸리고 이해하기 단계에서 작성한 매우 명확한 데이터가 필요하다.
■ 최고경영자나 총괄 관리자가 책임을 할당하도록 한다. 이는 빠르지만 합의를 많이 이끌어내지는 못한다. 작은 조직이나 최고경영자가 결정 과정에서 존경받고 신뢰받는 곳에서 잘 작동할 수 있다.
■ 고객 지원 팀이 책임 소재를 제안하도록 한다. 고객 지원 팀은 고객에 제기한 이슈를 먼저 처리해 봤기 때문이다. 하지만 최종 결정은 C-레벨에서 내리도록 한다. 이는 빠르지만, 호응이 적고 앞서 보여준 호주 은행의 나쁜 사례에서처럼 불만과 거부를 초래할 수 있다.

우리는 제1장 '이해하기'에서 적절한 수준의 세부 정보를 얻는 방법을 설명했다. 그러나 고객 문의의 원인을 25-50개 사이로 줄이는 것은 여전히 모호하게 들릴 수 있다. 고객 문의의 원인이 적절한 수준으로 세분화되었는지 나타내는 핵심 지표는 각 책임자를 식별해 할당할 수 있는지 여부이다. 책임자 결정에 영향을 미치는 기준은 다음과 같다.

■ 이 책임자가 이 원인에 가장 많은 이해관계를 가지고 있는가?
■ 그들이 고객 불만을 불러일으킬 수 있는 원인을 책임지고 있는가?
■ 그들이 다른 부서와 협력해 결과를 도출할 가능성이 가장 높은가?

　누가 어떤 책임을 질 것인지 결정하기 위해 집단적 의사 결정과 워크숍을 통해 고객 문의 원인과 비용을 설명할 수 있지만, 이는 과열된 토론으로 이어져 조정과 임원진의 개입이 필요할 수도 있다.

　일단 모든 주요 고객 문의 원인에 대해 책임자가 결정되면, 각 책임자들은 팀 접근 방식으로 솔루션을 만들기 위해 다른 부서에 지원을 요청할 수 있다. 일부 고객 문의 원인은 온전히 그들의 통제하에 있을 수 있지만, 종종 여러 부서가 필요할 수 있다. 다른 부서가 참여하도록 하기 위해서는 책임자가 다른 사람을 참여시킬 수 있다는 점을 명확히 해야 한다. 여러 수준의 지원이 있을 수도 있다. 그러나 중요한 첫 번째 단계는 누가 무엇을 책임져야 하는지를 결정하고 그들에게 그 책임을 지우는 일이다. 예를 들어, 한 통신 회사에서 "내 요금이 왜 이렇게 높은가요?"라는 고객 문의 원인은 요금 청구 및 수금 담당자가 책임을 진다. 여기에 IT, 영업, 소매 부서의 지원을 받고 마지막으로 고객 지원 부서의 도움을 받았다.

　책임자들이 할당된 문의 원인에 대한 책임을 지도록 강제하는 한 가지 기술은 관련된 모든 비용의 고통을 느끼게 하는 것이다. 이를 더 성공적으로 만들기 위해(단기적으로), 임원진은 책임자가 기존 예산과 사업 계획을 충족하면서도 이해하기 단계를 거쳐 할당된 고객 문의 원인에 대한 비용을 추가로 부담하도록 강제할 수 있다. 사실상, 이러한 비용은 지원 부서와 후속 작업 부서에서 새로 결정한 책임자의 부서로 전가된 것이다. 예를 들어, "이 프로모션을 이해하지 못하겠다"는 고객 문의 원인을 책임진 마케팅 임원은 여전히 신규 고객 확보 및 매출 증대 목표를 달성해야 한다. 기존 예산에서 이제 몇백만 달러가 줄었는데, 이는 할당된 고객 문의 원인에 따른 비용 때문이다. 이는 책임자들이 다른 목표가 위협을 받기 때문에 행동에 나설 수밖에 없도록 만드는 좋은 전술이다.

부서별 예산 삭감이 효과를 발휘하려면, 기업은 고객 문의 원인 및 책임자별로 신뢰할 수 있는 정확하고 상세한 비용 정보를 갖추어야 한다. 예산을 편성하는 다른 방법과 최고경영자와 최고재무책임자의 강한 의지가 있어야 한다. 예산 삭감은 책임자와 고객 지원팀을 참여시키는 강력한 도구가 될 수 있다. 하지만 이는 상당한 변화이다. 책임자는 그동안 고객 문의에 관여하지 않았는데 이제는 자신이 초래한 비용으로 인해 예산이 깎이는 상황에 처하게 되기 때문이다.

:: 2단계: 각 고객 문의 원인을 둘러싼 전략에 합의한다

각 고객 문의 원인에 대한 전략은 회사별로 무수히 다를 수밖에 없다. 콜센터를 자산으로 보는 개혁기업에서 "제품 X를 파나요?"와 같은 고객 문의는 성장시키고 활용해야 할 고객 문의 원인으로 볼 수 있다. 반면, 완전히 디지털 기반의 혁신기업에서는 웹사이트의 직관성이 부족하다는 실패로 간주돼 디지털화를 위해 더욱 노력해야 할 필요성을 제기할 수 있다. 올바른 전략을 결정하는 데 있어 부서 간 갈등이 생기기 마련이다. 예를 들어, 한 대형 은행은 지점에서 5분 이상 대기하면 5달러 보상을 제공한다는 광고를 진행하는 동안 다른 부서는 인터넷 활용을 늘리려 지점을 폐쇄하려 애쓰고 있었다. 명백히 이 전략들은 서로 상충되었으며, 어디선가 커뮤니케이션이 단절돼 있음을 알 수 있다.

전략과 목표에 대해 합의하는 한 가지 방법은 C-레벨 임원과 예상되는 고객 문의 원인 책임자들을 함께 모아 전략적 행동을 논의하고 각 원인에 대한 예비 목표를 설정하는 것이다. 이를 위한 검증된 방법은 이해하기 단계에서 발견된 고객 문의 원인을 바탕으로 두 가지 관련 질문을 워크숍에서 논의하는 것이다.

■ 이러한 문의가 고객에게 가치가 있는가, 또는 그들을 짜증나게 하는가?
■ 동일한 문의가 조직에 가치가 있는가, 또는 우리를 짜증나게 하는가?

'가치 있는'의 정의는 명확할 수 있지만, 우리가 '짜증나는'이라고 표현한 상황은 고객이 그 문의를 원하지 않거나 기업이 고객 콜센터나 소매점에서 이런 고객 문의를 처리하고 싶지 않은 상황을 의미한다. 이 두 가지 질문을 사용하여 부서장과 다른 잠재적 책임자들은 각 원인의 가치와 짜증 수준을 논의할 수 있다. 고객 관점과 기업 관점의 결합은 〈그림 2.2〉에 나와 있는 가치-짜증 매트릭스(V-I Matrix, value-irritant matrix)를 생성한다.

각 사분면은 다른 전략적 행동을 낳는다.

■ 고객과 기업 모두에게 짜증나는 문의는 이상적으로 완전히 제거되어야

〈그림 2.2〉 가치-짜증 매트릭스

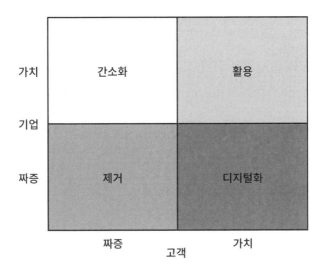

한다. 우리는 이를 멍청한 문의라고도 부른다.

■ 고객에게는 가치가 있지만 기업에는 그렇지 않은 문의는 자동화 및 디지털화의 후보가 된다.

■ 기업에게는 가치가 있지만 고객에게는 짜증나는 문의는 간소화되어 궁극적으로 제거되어야 한다.

■ 레버리지 전략은 고객과 조직 모두에게 가치 있는 문의에 해당한다. 이러한 문의는 기업이 더 많이 받고 싶은 문의이다.

우리가 사전 예방하기라고 부르는 다섯 번째 전략도 있다. 이는 제거, 디지털화, 간소화될 수 있는 문의에 대한 대안적 또는 임시 해결책이다. 이는 기업이 초기 원인 분석을 수행하고 잠재적 해결책을 모색할 때 나타난다. 우리는 이러한 다섯 가지 전략적 행동은 3장에서 7장에 걸쳐 다룰 것이다.

이런 질문을 논의하는 목적은 가장 중요한 고객 문의에 필요한 전략에 대한 합의를 확보하는 것이다. 기업은 고객 문의 원인의 중요성에 순위를 매기는데, 이해하기 과정에서 수집된 다음의 데이터는 많은 도움이 된다.

■ 개별 고객 문의 원인과 관련된 문의의 규모.
■ 직접적이거나 후속으로 들어가는 관련 비용.
■ 반복률.
■ 고객 만족도, 최초 문의 해결, 이탈 또는 해지와 같은 고객 경험에 미치는 영향.

〈그림 2.3〉[4]에서 기업은 문의 원인을 할당한 후 작업량(규모×최일선 직원의 노동시간)을 연관시켜 가장 힘든 작업에서 가장 쉬운 작업 순으로 순위를 매겼다.

각 문의 원인에 대한 적절한 전략에 합의하는 것은 말처럼 쉽지 않다. 일반적인 문제 시나리오는 다음을 포함한다.

■ 회사가 모든 문의를 가치 있다고 여긴다면, 이는 고객 문의의 수준이 낮기 때문이다. 예를 들어, 한 연금 기금은 문의 원인와 관계없이 '회원과 소통'할 수 있기 때문에 문의를 가치 있다고 여겼다. 그러나 연구에서 문의를 할 필요가 없었던 고객이 가장 충성도가 높은 것으로 나타나자 이 회사는 전략을 변경했다!

〈그림 2.3〉 가치-짜증 매트릭스 사례

가치

회사 관점

짜증

간소화	~15%
이 프로세스는 어떻게 해야 하나요?	14%
연체금이 왜 나왔나요?	1%

활용	~22%
자동 이체를 변경하고 싶어요.	5%
주소를 변경하고 싶어요.	3%
내 연금을 찾고 싶어요.	3%
기금을 인출하고 싶어요.	2%
내가 잃어버린 연금이 있나요?	2%
포기 또는 취소하고 싶어요.	1%
인출 양식을 보내주세요.	1%
프리미엄을 변경하고 싶어요.	1%
납입 방법이나 빈도를 변경하고 싶어요.	1%
기금 인출을 미루고 싶어요.	1%

제거	~34%
내 직업 상태는 어떻게 돼 있나요?	8%
XXX 안내문이 잘못 왔어요.	5%
내가 보낸 편지/양식/팩스를 받았나요?	4%
내 신청서는 어떻게 처리되고 있나요?	3%
수수료나 요금에 대해 설명해 주세요.	2%
내 돈은 어디에 있나요?	2%
XXX를 받지 못했어요.	2%
내 명세서/통지서는 어디에 있나요?	2%
내가 보낸 양식은 어디에 있나요?	1%
내가 보낸 돈을 받았나요?	1%

디지털화	~29%
내 계정에 대한 세부 정보가 필요해요.	9%
인출/부분 인출을 하고 싶어요.	4%
내 계정 상태는 어떤가요?	4%
제품 기능을 설명해 주세요.	3%
내 현재 가치는 어떤가요?	2%
내 계정 잔액은 얼마인가요?	1%
내 프리미엄 금액에 대한 문의가 있어요.	1%
양식 서류가 필요해요.	1%
XXX를 더 이상 보내지 마세요.	1%
프리미엄 또는 일회성 결제를 하고 싶어요.	1%

짜증   가치

고객 관점

- 어떤 기업은 모든 문의를 제거할 잠재력이 있는 것으로 본다(물론 일부 기능 및 제품에서 이는 사실일 수 있다).

- 어떤 기업은 모든 문제를 디지털 전략으로 대응해야 한다고 굳게 믿는다. 때때로 이러한 회사에게는 제거가 훨씬 더 깨끗하고 저렴한 전략임을 보여줄 필요가 있다.

- 어떤 회사는 모든 문의를 추가 판매 또는 교차 판매의 대상으로 여긴다. 이에 고객 문의를 제거하거나 디지털화하는 것을 꺼려한다. 하지만

2장 할당하기와 우선순위 지정하기

제거하거나 간소화할 고객 문의 원인으로 지정된 경우에는 서비스를 통한 판매(sales through service, STS)가 거의 없거나 전혀 없다.

여러 채널에 걸친 고객 문의를 고려할 때 할당하기와 우선순위 지정하기 단계가 더욱 복잡해질 수 있다. 앞서 '이해하기' 장에서 설명한 것처럼, 멀티채널 쪽은 아래와 같은 이점이 있어 더 큰 통찰을 제공한다.

■ 한 채널에서 포착한 고객 문의가 빙산의 일각임을 보여준다.
■ 특정 고객 문의 원인과 관련된 총 비용을 보여준다.
■ 특정 이슈를 해결하는 데 고객이 얼마나 노력하는지, 얼마나 고통을 겪고 있는지 보여준다.
■ 디지털 채널에서 놓치고 있는 점을 알려준다.
■ 부실한 챗봇으로 인해 고객이 겪은 나쁜 경험을 보여준다.

여러 채널을 통해 들어온 고객 문의 전부를 하나로 통합해 분석하는 일은 만만찮은 도전임에 분명하다. 기업은 이를 위해 다음 사항을 해낼 수 있어야 한다.

■ 채널 전반에 걸쳐 공통된 고객 문의 원인을 묶어낸다.
■ 문의 원인에 이름을 붙이고 이를 찾아내는 일관된 방식을 가진다.
■ 다른 채널에서 나온 성공과 실패를 파악한다.
■ 고객이 여러 채널에서 시도하고 실패하는 경우, 해당 고객의 채널별 문의를 서로 연결한다.

■ 지원 채널(전화 통화 및 채팅)에 상대적으로 높은 비용이 들어간다는 사실을 파악하고, 셀프서비스 및 디지털 채널에서 보인 긍정적인 결과를 놓치지 않는다.

이를 수행하는 방법에는 두 가지가 있다.

■ 하나의 '가치-짜증 매트릭스'만 분석하는 대신, 기업은 층층이 케이크와 같이 각 채널에 각기 다른 시각을 바탕으로 여러 매트릭스를 분석할 수 있다. 그러나 이 기법은 여러 채널에 분산돼 있는 공통 문의 원인의 결합된 영향을 평가하기 어렵게 만들고 채널 간 분리를 지속시키는 경향이 있다.

■ 단일한 시각 아래에서 채널 전반에 걸쳐 규모와 비용을 통합하는 '통합 가치-짜증 매트릭스'를 만든다. 고객센터에 들어온 고객 문의의 규모와 관련 비용만 보여주는 대신에, 통합된 가치-짜증 매트릭스는 동일한 고객 문의 원인에 대한 모든 지원 및 비지원 채널의 규모와 비용을 포함한다.

기업은 이렇게 통합된 시선을 통해 우선순위를 변경하고 일부 문의 유형을 목록 상단으로 끌어올릴 수 있다. 또한, 후속 솔루션 설계에 누가 참여해야 하는지에 대한 관점을 변경할 수 있다. 예를 들어, 많은 고객이 이전에 앱 및 채팅에서 실패한 뒤 전화 통화를 시도했다는 사실을 파악했다면, 고객 문의의 근본 원인에 대한 다른 시각을 얻을 수 있다.

:: 3단계: 당면한 목표와 우선순위 결정한다

전략이 명확해지면, 다음 단계는 각 문의 원인에 대한 예비 목표(예: "다음 회계연도 말까지 해당 원인의 비용 또는 단위당 고객 문의를 60% 줄인다")에 대한 합의를 확보하고, 어떤 고객 문의 원인에 먼저 대처할지 결정하는 것이다.

각각의 원인에 대한 적절한 목표를 결정하는 데는 마법 같은 레시피가 없으며, 문화적 규범이 상세한 분석보다 더 중요하게 작용하는 경우가 많다. 일부 임원진은 한정된 분석에도 불구하고 공격적인 목표를 설정하려고 하지만, 다른 책임자들은 달성할 수 없는 목표를 설정하는 것을 꺼려 보수적으로 접근하려 할 것이다. 이 과정 전반을 관리하는 경영진은 이런 행동을 조정 또는 통제해야 한다. 대부분의 회사에서는 더 공격적인 목표를 설정하는 것이 유용한 전략이다. 새로운 책임자들이 현 상태에 도전하도록 압력을 넣을 수 있기 때문이다.

목표는 가치-짜증 매트릭스의 각 사분면에 따라 다르게 접근할 필요가 있다. 디지털화 사분면에서 해당 고객 문의 원인에 대해 이미 자동화가 되어 있다면, 새로운 디지털화 기능이 필요한 사유와 비교해 보다 더 점진적인 목표를 수립하는 것이 좋다. 물론 기존 솔루션의 효과를 높이는 것이 새로운 솔루션을 만드는 것보다 어려울 수 있다. 간소화 사분면의 목표는 계획하기 더 어려울 수 있다. 고객 요청의 규모보다 프로세스 수행 시간의 감소에 따라 달라질 수 있기 때문이다. 제거의 대상이 되는 모든 문의 원인은 정의상 공격적인 목표를 설정할 가치가 있다.

대부분의 기업은 모든 문제에 동시에 대처할 수 있는 자원이 없다. 따라서 다음을 위해 원인 중 일부에 대해 우선순위를 정하는 것이 합리적이다.

■ 중요한 영역에 주의력과 자원을 집중하기 위해.
■ 즉각적인 결과를 얻고 기업 안팎의 회의론을 극복하기 위해.
■ 후속 투자를 정당화할 즉각적인 수익을 얻기 위해.
■ 오래 걸릴 수 있는 핵심 문제의 해결책을 마련하는 데 도움이 될 심층 조사 및 분석을 위해.

임원진과 부서 책임자들은 **6-8개**의 고객 문의 원인을 최우선 순위로 꼽을 수 있어야 한다. 이를 통해 우선순위의 범위를 설정할 수 있다. 비용과 규모만 따져봐도 어디에 문제 해결의 기회가 있는지, 어디에 우선순위를 둘지 결정하는 데 큰 도움이 된다. 그러나 고객 이탈률 및 고객 만족 수준과 같은 고객 영향은 특정 원인에 대한 긴급성 그리고/또는 수익을 증가시켜 목록에서 상위로 끌어올릴 수 있다.

우선순위 설정은 반복적인 과정이 필요할 수 있다. 이런 유형 분석의 초기 단계에서 책임자들은 고객 문의의 근본 원인에 대해 많이 이해하지 못할 수 있다. 그들은 특정 원인을 우선순위에서 먼저 고려했다가 그 해결책이 비용이 많이 들거나 매우 달성하기 어렵다는 것을 깨달을 수 있다. 다른 원인들은 이점이 적지만 확실성이 높을 수 있다. 이런 유형의 우선순위 설정은 크기, 노력, 위험, 고객 영향을 결합한 4차원 분석을 통해 완성도를 높일 수 있다.

:: 4단계: 해결책의 실행 가능성을 평가한다

할당하기의 마지막 단계는 우선순위 원인(그리고 나중에는 모든 고객 문의 원인)에 대한 해결책의 실행 가능성을 판단하는 것이다. 제거, 단순화(Simplify), 디지털화에 할당된 모든 원인에 대해 이 단계의 첫 번째 부분은 이러한 고객 문의의 근본 원인을 찾기 위해 심층 분석을 수행하는 것이다. 이시카와 피쉬본 다이어그램(Ishikawa fishbone diagram)은 〈그림 2.4〉와 같이 책임자 및 다른 팀 구성원이 근본 원인을 분석적으로 파고드는 데 도움을 주는 탁월한 도구다.

근본 원인 분석의 또 다른 방법으로 다섯 번의 왜(five whys) 기법도 있다. 이는 특히 제거 사분면에 잘 맞는다. 이 기법은 '왜 이런 일이 벌어지는가?'를 점점 더 자세히 묻고 답변하여 원인과 하위-원인을 밝혀낸다. 예를 들어, "내 ○○신청서는 어디에 있습니까?"라는 고객 문의 원인에 대해 다섯 번의 왜 기법은 다음과 같은 질문과

〈그림 2.4〉 이시카와 피쉬본

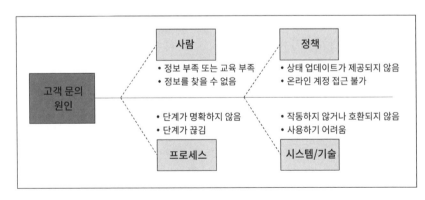

답변을 할 수 있다.

1. "고객들은 왜 그들의 신청서가 어디 있느냐고 묻는가?"
   ○ 우리는 그들에게 5일이 걸린다고 말하지만, 실제 서비스 수준은 최대 10일이기 때문이다.
2. "우리는 왜 답변이 더 오래 걸림에도 5일이라고 말하는가?"
   ○ 영업 팀 직원들은 그렇게 말하면 더 팔린다고 생각하기 때문이다.
3. "왜 5일 이상 걸리는가?"
   ○ 두 개의 다른 대기줄에 각각 4일 동안 묶여 있기 때문이다.
4. "왜 4일 동안 대기하는가?"
   ○ 항상 그렇게 해왔기 때문이다.
5. "왜 두 개의 다른 대기줄에 순차적으로 묶이는가?"
   ○ 두 번째 프로세스를 통해 첫 번째 프로세스를 확인하기 때문이다.

일단 심층 분석이 시작되면 책임자와 공격 팀(attack squads)은 각 근본 원인의 상대적 중요성을 추정할 수 있다. 이는 각 근본 원인을 해결하기 위해 무엇이 필요하고, 그 영향이 어떠할지 이해하고 정량화하는 데 도움이 된다.

디지털화 원인들에 대해 책임자와 분석 팀은 문제를 다른 방식으로 바라볼 수 있다. 디지털 채널에 의해 이미 어느 정도 지원되고 있는 고객 문의 원인과, 고객 스스로 해결할 수가 없는 원인을 명확히 구분하는 것이 좋다. 먼저 디지털 옵션이 이미 존재한다면, 이러한 옵션이 왜 더 많이 사용되지 않는지, 어떻게 더 많이 사용될 수 있는지를 살펴보아야 한다. 혹시 디지털 옵션이 없다면, 솔루션을 구축하는 것이 실행 가능하고 비용 효율적인지, 그리고 고객이 사용하기에 가장 적합한 채널이 무엇인지를 중점적으로 다루어야 한다.

가치-짜증 매트릭스의 각 사분면에서 근본 원인이 명확해지면 실행 가능성 분석을 통해 잠재적인 솔루션, 비용, 성공 가능성을 평가할 수 있다. 하지만 이는 복잡한 과정이다. 일부 솔루션은 꽤 기계적이다(예: "비즈니스 규칙 A를 X에서 Y로 변경한다"). 반면, 다른 솔루션은 다음과 같은 작업이 필요할 수 있다.

- 최일선 직원의 재교육과 교육 프로그램의 업그레이드.
- 고객이 디지털 도구를 더 많이 사용하도록 인센티브 제공 또는 추가 마케팅.
- 프로세스 재구축.
- 수동 전송 및 복사-붙여넣기 작업을 로봇 프로세스 자동화(RPA)와 같은 자동 솔루션으로 대체.

어떤 경우에는 솔루션의 실행 가능성을 평가하기 위해 파일럿 또는 통제된 테스트로 시작할 수 있다. 이는 기업이 어떤 접근 방식이 효과가 있는지, 어떤 솔루션이 이익을 가져올 수 있는지 점검하는 데 도움이 된다. 많은 기업은 최근 들어 대규모 투자에 나서기 전에 '저스펙(low-spec)' 또는 최소 기능 제품(minimum viable product, MVP) 솔루션을 구축하기 위해 애자일 기법을 사용한다. 이러한 임시 솔루션은 완전한 솔루션의 실제 결과를 테스트하기에 충분하지 않을 수 있지만, 적어도 리스크를 줄일 수 있다.

앞서 언급했듯이, 이번 단계에서 조정 그룹 또는 핵심 팀은 여러 해결책이 어떻게 서로 맞물리는지를 가늠해 볼 수 있다. 예를 들어, 영업 팀을 위한 새로운 프로세스와 교육은 많은 후속 비용이 들어가는 복수의 고객 문의 원인을 해결하는 데 도움이 된다. 영업 팀 단계에서 "왜 청구서 요금이 이렇게 높은가?" 또는 "이 기능을 쓰려면 어떻게 해야 하나요?"와 같은 고객 문의 원인에 대처할 수 있기 때문이다.

우선순위 설정 및 비용-편익 분석은 상호 영향을 미치므로 반복적이다. 일부 기업은 한번 반복으로 사태를 해결하지만, 다른 기업은 제8장 학습하기에서 논의할 것처럼 수시로 반복이 계속된다.

힌트와 팁

임원진의 강력한 드라이브

최고경영자나 직속 상관이 강력한 드라이브를 걸지 않는다고 상상해 보라. 기업은 여러 방향으로 움직이거나, 최악의 경우 아무 방향으로도 움직이지 않을 것이다. 고객의 불편이 없는 조직으로 가는 길은 조직 전체에서 최우선순위, 또는 최우선순위 과제 가운데 하나로 간주되어야 한다. 그럴 때 비로소 적절한 관심, 시간, 투자 등 기업 내 자원이 투입될 것이다. 만약 상위 다섯 개의 우선순위 밖에 있다면, 필요한 자원을 얻지 못할 가능성이 크다.

분야를 망라하는 적절한 팀의 구성

할당하기와 우선순위 지정하기의 각 단계에서는 서로 다른 기술이 필요하다. 고객 서비스, 마케팅, IT 담당자는 이해하기 프로세스에서 얻은 데이터를 근본 원인과 솔루션을 분석하는 데 적용한다. 특정 이슈를 책임지는 팀을 지원하기 위해서는 강력한 프로세스, IT, 변화 관리 기술이 필요하다. 할당하기와 우선순위 지정하기 단계에서 성공한 기업들은 대부분 프로젝트 담당 임원 아래 이러한 핵심 팀을 제대로 구성해 운영하고 있다.

고객 그리고 비용 혜택의 고려

할당하기와 우선순위 지정하기 프로세스가 비용 절감 운동으로 변질될 위험이 있다. 특히 비용 영향이 전체적으로 어떠할지 파악하고 있다면 더욱 그러하다. 고객 경험 및 수익 측면을 추가하면 초점을 바꾸고 비즈니스 전반에서 고객에게 더 종합적인 접근 방식을 취할 수 있다. 금융, IT, 제품 디자인과 같은 부서는 직접 고객과 접촉하지 않는데, 새로운 과정을 통해 자신들이 고객에게 미치는 영향을 더 명확히 이해할 수 있게 된다. 또한 자기 부서가 담당하는 기능 및 프로세스와 이탈 및 만족도와 같은 고객 행동 사이의 연관성을 이해하는 데도 도움이 된다.

반복의 허용

기업은 곧바로 솔루션 마련 작업에 뛰어들고 모든 것의 우선순위로 정하겠다는 유혹에 빠질 수 있다. 그런 발 빠른 접근 방식은 변화의 규모가 너무 크고 부서 간 주도권 충돌의 위험도 있다. 프로세스를 시작하면서, 이는 반복적인 프로세스가 될 필요가 있다는 점을 명확히 하는 것이 중요하다. 예를 들어, 근본 원인과 솔루션의 실행 가능성을 고려하면 초기 우선순위가 변경될 수 있다는 점을 인식하고 있어야 한다.

'큰 것'만 추구하지 않기

또 다른 경향은 가장 큰 기회에만 집중하는 것이다. 프로세스를 빠르게 진행할 작은 기회를 선택하여 '성과를 거두는' 사례를 창출한다면 모멘텀을 구축할 수 있다. 기업의 리더는 이러한 작은 승리를 통해 프로세스의 유효성을 확인하고, 직원 및 주주와 소통할 근거를 마련하며, 더 큰 변화를 위한 역량을 끌어낼 수 있다.

요약

할당하기와 우선순위 지정하기는 고객의 불편이 없는 조직으로 가는 중요한 단계이다. 이는 책임을 올바른 사람에게 맡기고 구성원 모두를 공동 목표 아래 결속시킨다. 책임을 할당하는 데는 많은 전술이 있지만, 강력한 추동력이 없으면 거의 작동하지 않는다. 고객 문의 원인의 책임에 대한 합의가 이루어지면 실제 근본 원인과 가능한 행동의 실현 가능성에 대한 분석이 가능하다. 가치-짜증 프레임워크는 어떤 종류의 전략을 적용할 수 있는지를 결정하는 데 도움이 된다. 이해하기 과정에서 수집한 데이터를 사용하면 보다 효과적으로 우선순위를 정할 수 있다. 할당하기와 우선순위 지정하기 단계는 조직이 고객의 불편을 줄이는 데 모멘텀을 구축할 수 있지만, 개선의 실현과 관련된 실제 작업은 다음 장에서 설명한다.

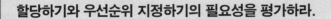

할당하기와 우선순위 지정하기의 필요성을 평가하라.

다음 질문 중 하나라도 '아니오'라고 답하면 할당하기와 우선순위 지정하기를 더 해야 한다.

Q1. 비고객 서비스 부문이 고객 지원 채널에서 발생하는 고객 문의 원인에 대해 책임을 지는 데 동의하는가?

Q2. 기업의 모든 부문이 고객 목표를 달성하기 위해 고객 문의를 줄이거나 단순화하는 데 도움을 주어야 한다는 점을 인식하고 있는가?

Q3. 임원진이 고객 문의 감소, 전환, 단순화를 최우선순위로 삼아왔는가?

Q4. 기업이 먼저 해결해야 할 고객 접촉의 우선순위에 대해 합의했는가?

Q5. 기업이 고객 문의의 근본 원인을 분석하고 적절한 전략을 수립해 왔는가?

Q6. 고객 문의 책임자들이 행동할 명확한 이유를 가지고 있는가?

Q7. 이러한 문제를 해결하기 위해 적절한 기술과 자원이 동원되어 왔는가?

3장

제거하기
ELIMINATE

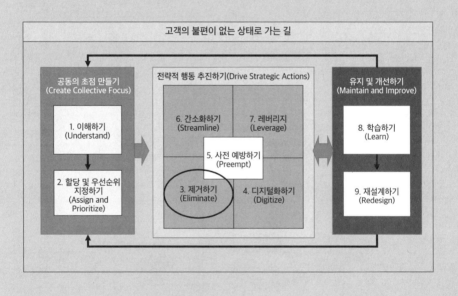

제거하기

전멸하라! 전멸하라!
—「닥터 후」에 등장하는 로봇 달렉(Daleks)

'제거하기'란 무엇이며, 왜 중요한가?

고객의 불편이 없는 조직의 다섯 가지 전략 행동 가운데 제거하기(Eliminate)는 가장 큰 영향을 미친다. '제거 가능한' 고객 문의는 고객을 짜증나게 하고 기업에 비용과 문제를 추가하는 문의이다. 어떤 고객도 제품이나 서비스가 불만족스럽거나 혼란스럽거나 늦게 배달돼 기업에 문의를 해야 하는 일을 당하고 싶지는 않다. 이러한 고객 문의는 가장 심각한 마찰을 일으킨다. 이는 고객 이탈이나 인터넷상의 부정적 댓글로 이어진다. 심지어 기업 외부의 고객 불만 기관 또는 단체로 불길이 번질 위험도 있다. 결과적으로, 제거하기 대상이 되는 고객 문의는 종종 '멍청한 문의(dumb contact)' 또는 '실패 수요(failure demand)'라고 불린다.

제거하기 대상 고객 문의는 종종 가장 많은 비용이 들어간다. 수리, 환불, 재작업, 기타 비용이 많이 드는 후속 작업이 필요하기 때문이다. 이러한 제거하기 대상 고객 문의와 관련된 원인을 해결하는 총 비용은 전체 고객 문의 관련 비용의 **40-75%**를 차지할 수 있다. 이러한 후속 비용에는 다음이 포함된다.

- 최선의 해결책(종종 요금 청구 관련)을 결정하기 위해 기업 내부를 조사하는 비용.
- 증상을 진단하기 위해 고객의 집이나 회사 사무실로 기술자를 파견하고, 장비를 수리하거나 교체하는 비용.
- 환불 및 외상 처리 비용.
- 부품 또는 제품 전체 교체 비용.
- 실수를 반복하지 않도록 다른 부서를 움직이는 비용.

보험 및 기타 사업에서는 처음 보험금을 청구한 뒤 이어지는 거의 모든 고객 문의는 제거하기 문의 대상이 될 수 있다. 이론적으로 디지털 사업은 고객 문의가 추가로 이뤄지는 일이 없어야 한다. 따라서 거의 모든 고객 문의는 제거 대상으로 간주할 수 있다. 에어비앤비, 아마존, 우버, 제로와 같은 혁신기업은 고객 문의가 없는 사업으로 설정되어 있으며, 실제 대부분의 문의를 제거 대상으로 간주한다. 물론 이들 네 회사는 모두 자사의 웹사이트나 앱에서 고객 스스로 해결할 수 있도록 디지털화 솔루션(4장에서 논의함)를 제공하는 데 뛰어난 역량을 발휘하고 있다.

제거하기 대상 고객 문의는 고객 관련 최악의 지표와도 상관관계가 있다.

■ 평균 고객 이탈률의 3-6배에 달하는 높은 고객 이탈률

■ 직원이 문제의 밑바닥을 파악하지 못함에 따른 낮은 해결률(낮은 최초 문의 해결 비율). 이는 고객의 반복 문의 비율을 최고 수준으로 끌어올린다.

■ 고객 불편의 악화. 처음 불만족스럽게 출발해 이후 모든 면에서 불편함을 느낀다.

■ 가장 높은 악화 비율.

■ 가장 낮은 만족도와 가장 부정적인 고객 감정.

■ 낮은 서비스를 통한 판매, 교차 판매 또는 상향 판매(upselling) 포함.

■ 최일선 직원의 깊은 좌절. 이는 이직으로 이어진다.

제거하기 대상 고객 문의 원인의 고전적인 예는 다음과 같다.

■ "요금 청구서가 왜 틀렸나요?"

■ "내 물건/청구/신청/환불은 어떻게 됐나요?"

■ "청구서 요금이 왜 이렇게 높죠?"

■ "왜 이걸 내게 보냈나요?"

■ "제품이 고장났어요(서비스가 안 돼요), 환불해 주세요."

■ "기사님이 아직 안 왔어요."

■ "X 또는 Y를 이해할 수 없어요."

■ "Y가 된다고 했는데 안 돼요."

■ "연락 주신다고 했는데, 왜 안 했죠"

■ "Z를 어떻게 해야 할지 모르겠어요."

이러한 고객 문의 원인들은 모두 서로 다른 유형의 결함을 나타낸다. 결함 있는 제품, 늦은 서비스, 해결되지 않은 버그, 프로세스 실수. "내 물건은 어떻게 됐나요?"와 같은 고객 문의에서 볼 수 있듯이, 제품이 제때 배달되지 않는 일조차 배송 또는 고객 관리 시스템이 원활하게 돌아가지 않음을 나타낸다. 거꾸로 이는 물류 프로세스를 개선하고 고객 만족도를 높이며 비용을 절감할 수 있는 훌륭한 기회이다. 이것이 바로 제거하기 대상 고객 문의가 다섯 가지 전략적 행동의 출발점인 이유이다. 최상의 시나리오에서는 이러한 문제의 최대 **80%**가 제거되어 극적인 이익을 얻을 수 있다. 고객의 불편을 줄이려는 기업은 이런 방면의 노력을 기울여 이런 유형의 문의를 훨씬 더 적게 받고 있다. 예를 들어, 전자제품 제조업체 다이슨은 직관적이고 결함 없는 제품 덕분에 몇 년 전 영국에서 고객 불만 접수 센터 중 하나를 폐쇄할 수 있었다. 모든 것이 제대로 작동했다! 마찬가지로 애플도 심플한 사용자 인터페이스와 직관적인 사용성을 통해 고객 관련 불편을 크게 줄였다.

고객 문의를 올바르게 분류하면 이런 문의를 쉽게 식별할 수 있지만, 해결책을 마련하는 일은 별개의 문제이다. 불합리한 프로세스를 재구축하거나, 제품을 재설계하거나, 전체 영업 팀을 재교육하거나, 심각하게 고장난 요금 청구 시스템을 고치는 것만으로도 충분히 어렵다. 문제의 근원이 조직의 일부 또는 누군가에 대한 비판과 연결되는 경우, 이는 해결책 마련에 있어 장벽이 될 수 있다. 문제를 찾거나 인정하기보다 자신을 보호하는 문화를 가진 기업에서 장벽은 더욱 높고 두꺼울 것이다. 어느 기업에서나 일부 구성원은 이해하기 단계에서 진행한 분석의 결과를 불쾌하게 받아들일 가능성이 있다. 예를 들어, 마케팅 또는 영업 부서의 책임자는 자신의 팀이나 자신이 관장하는 프로세스로 인해 야기된 문제에 대해 전혀 알지 못했을 수 있다. 이러한 문제가 표면화되면 그는 부정하거나 분노할 것이다.

이와 별도로 어떤 고객이 불만을 제기하고 의견을 제시했다면 그는 이런 문제를 경험한 많은 고객의 일부에 불과할 수 있다는 점을 기억해야 한다. 일부 고객은 지금 당장, 또는 나중에, 떠나갈 것이다. 다른 고객은 소셜 미디어를 통해 회사에 대해 나쁘게 말할 것이다. 불만을 제기하는 고객은 목소리 높은 소수에 불과하며 실제 문제는 보이는 것보다 훨씬 클 수 있다는 연구 결과도 있다. "불만이 있을 때 26명 중 1명만이 불만을 제기한다. 나머지 모두는 말 한마디 없이 이탈하거나 고객 피드백을 제공하지 않는다."[1]

다행히도 이러한 고객 문의의 근본 원인 및 관련 솔루션 가운데 일부는, 여러 문의 원인에 걸쳐 서로 매우 유사하거나 동일하다. 따라서 이러한 근본 원인을 대처하고 솔루션을 설계하면 동시에 여러 문의 원인에 영향을 미칠 수 있다. 이를 공통점 찾기(look for common)라고 한다. 기업은 이를 통해 문제 해결 과정을 엄청나게 단순화함으로써, 경쟁자들이 따라잡기 힘든 유리한 위치를 점할 수 있다.

◤ 좋은 사례

많은 혁신기업은 고객의 불만 신고를 피하기 위해 노력하고 있으며, 다양한 기업들은 혁신 전략의 핵심 부분으로 제거하기를 추구하고 있다. 다음은 그 몇 가지 예시이다.

:: 가전업체 위닝스의 혁신

백색 가전제품(예: 냉장고, 식기세척기, 세탁기)을 온라인으로 구매하는 것은 15년 전까지도 불가능해 보였다. 전통적으로 고객은 대형 매장을 찾아 직접 비교하고, 만져보고, 직원의 안내를 받은 다음에 이런 제품을 구매했다. 원하는 시간에 배송 및 설치를 받는 것은 항상 문제가 있었고 대부분의 소매업체들은 이를 아웃소싱하고 추가 요금을 부과했다. 위닝스(Winnings)는 호주의 주요 백색 가전 도매업체로서 소매점이 없었다. 창립자의 2세인 존 위닝(John Winning)은 회사에 합류한 뒤 온라인 사업에 착수하기 위해 이사회 승인을 요청했다.

존 위닝은 일부 고객들이 고장 난 가전제품을 빨리 교체하고 싶어도 돌아다니면서 쇼핑하거나 전시장을 찾을 시간이 없다는 점을 파악하고 있었다. 그들은 또한 오래된 가전제품을 처리하는 일도 난감해했다. 이렇게 해서 어플라이언스 온라인(Appliances Online)은 곧 성공을 거두었다. 새로운 비즈니스 모델은 전시장을 찾는 것보다 훨씬 개선된 고객 경험을 다음과 같이 제공했다.

- 스마트 검색 및 비교 기능을 통한 제품 선택. 고객은 이를 통해 쉽게 필요에 맞는 제품을 선택할 수 있다.
- 상담원의 도움말 제공. 이들은 개별 카테고리 전문가로서 전화 및 채팅을 통해 고객을 돕는다.
- 경쟁력 있는 가격. 건물 임대료와 판매 수수료 기반의 판매팀이 없기 때문에 가능하다.
- 주요 도시의 무료 다음날 배송. 냉장고나 세탁기 고장으로 마음이 급한 고객의 만족도가 높아진다.
- 고객이 업무를 보거나 아이를 픽업할 수 있도록 시간대를 정한 배송.
- 무료 설치 서비스.
- 배송 기사의 지속적 배송 상황 안내.
- 오래된 또는 고장난 가전제품의 수거.

위닝은 이 비즈니스와 관련해 피드백과 고객 경험 측정에 집착에 가까울 정도로 역량을 기울였다. 심지어 배송 기사들까지도 이에 대한 직무 평가를 받았다.

이 비즈니스 모델은 가능한 모든 불만 요소를 효과적으로 제거했다. 대부분의 고객은 더 이상 "내 제품은 어떻게 됐나요?"라고 묻지 않았다. 전체 프로세스가 고객에게 투명하게 진행됐으며, 업데이트도 자주 이루어졌기 때문이다. 문제가 발생할 시간이 거의 없었다. 고객은 잘못된 설치나 무례한 기사에 대해 회사에 불만을 제기하지 않았고, 제품에 대한 충분한 안내를 통해 오해의 소지를 없앴다. 그 결과, 위닝은 추가 마케팅 비용을 거의 쓰지 않는다. 평판, 입소문, 소셜 미디어가 그들의 이야기를 전해준다. 이 비즈니스는 너무 성공적이어서 다른 시장 세그먼트(예: 할인율이 높아 리퍼 제품이나 전시 냉장고도 감수는 알뜰 구매자)를 위한 세 가지 다른 온라인 브랜드를 새로 론칭했다. 물류가 너무나 원활하게 작동해 위닝은 이제 창고 및 배송 서비스를 다른 기업에게도 제공한다. 이는 혁신기업이 실패 수요를 방지하고 고객 문의를 제거하도록 설계한 프로세스를 보여주는 좋은 예이다.

:: 프로모션 위원회

아마존 초창기 시절, 수많은 가상 상점(예: 서적, 음악, 비디오)이 등장해 고객의 사이트 방문과 상품 판매에 공격적으로 나섰다. 당시 고객 서비스 팀은 고객들이 전화나 이메일로 할인 프로모션의 작동 방식, 만료된 프로모션의 적용 여부, 특정 프로모션의 조합 가능성 등에 대해 문의한다는 사실을 파악했다. 어떤 프로모션과 제품에 고객의 문의가 몰리고 있는지 검토한 후, 고객 서비스 팀은 그 결과를 총괄 매니저에게 알리고 프로모션 위원회를 통해 대처할 것을 제안했다. 프로모션 위원회가 매주 회의를 열어 프로모션 내용을 검토하고, 광고 표현을 승인하며, 프로모션에 간격을 두거나 조합할지 여부를 결정하는 게 좋겠다는 것이다. 아마존의 강력한 고객 우선 정책 및 문화 덕분에 총괄 매니저들은 고객 서비스 팀에게 고객들에게 제공될 프로모션에 대한 최종 승인 및 거부권을 부여했다. 또한 아마존의 최고재무책임자가 매달 이러저러한 사유로 발생한 고객 서비스 비용을 상점 총괄 매니저를 포함한 부서 책임자들에게 부과한 일도 도움이 됐다. 부서 책임자는 자기 부서 예산에 매겨지는 '세금'을 줄이는 데 이해당사자가 됐기 때문이다.

:: 결함의 우버화(Uberizing)

지난 4년 동안, 우버는 수익이 4배 증가했지만 고객 지원 직원 수는 25% 줄이는 데 성공했다. 단위당 고객 문의에서 큰 개선을 이루었다. 이러한 성공은 특정 결함에 한정해 이를 제거하는 데 초집중했기 때문에 가능했다. 우버는 자사의 원래 비즈니스 모델에서 운전자나 승객에게, 우버이츠(UberEats) 모델에서 배달원 및 소비자에게 문제가 발생하는 상황에 집중했다. 우버의 커뮤니티 관계(Community Relations) 담당 부사장 겸 글로벌 책임자 트로이 스티븐슨(Troy Stevenson)에 따르면, 회사는 이 부분 결함률을 90% 줄이는 데 성공했다. 솔루션 중 하나는 승객이 예약할 때 올바른 신용카드(예: 법인 카드 대 개인 카드)를 사용하고 있는지 묻는 것이며, 다른 하나는 우버이츠 주문에서 "내가 주문한 X는 어디 있나요?"라는 고객 불만을 방지하기 위해 소비자가 제대로 주문을 했는지 확인하도록 한 것이었다.[2]

:: 트럭 출동 없음

미국 기반의 광대역 케이블 제공업체 웨이브(Wave)는 강풍이 걱정이었다. 강풍으로 전원이 차단되면 기술 지원 센터로 농촌 지역 고객들의 전화 문의가 쏟아져 들어왔다. 농촌 지역에 별장을 이용하고 있는 일부 고객은 주말에 도착해 케이블TV 시스템이 다운된 것을 발견하고 불만을 쏟아냈다. 웨이브는 셋톱박스와 모뎀 업그레이드를 포함해 이 문제에 대한 여러 해결책을 검토했다. 이를 통해 웨이브는 훨씬 더 저렴하고 기발한 해결책을 내놓을 수 있었다. 과거에 전원 차단에 대해 불만을 제기한 고객들에게 순간 승압 보호 장치(surge protector)를 제공하고, 인공지능을 이용해 유사한 영향을 받을 수 있는 다른 고객을 파악했다. 이는 저렴하지만 효과적인 장치였음이 확인됐고, 고객은 케이블TV뿐만 아니라 다른 전기기기도 계속 사용할 수 있었다.

🚩 나쁜 사례

대부분의 기업은 짜증 내는 고객의 문의를 많이 받고 있지만 이를 평가하거나 제거하지 못하고 있다. 대신 이런 고객 수요에 대응해 고객 서비스의 비용을 늘림에도 불구하고 고객의 짜증과 이탈은 계속 이어진다. 다음 사례들은 이를 잘 보여준다.

:: 배송은 어떻게 되고 있나요?

한 대형상자 소매업체는 온라인 소매 채널 구축에 늦게 참여했다. 대형상자 오프라인 소매점은 매우 성공적이었기에 가정 배달과 클릭 앤 콜렉트(click and collect)를 포함한 온라인 채널을 구축하는 데 시간이 걸렸다. 이들은 고객에게 배송 진행 상황을 알림으로 여러 차례 보내는 등 모범 사례를 따르려고 했다. 그런데 일부 배송은 고객이 집에 있어야 했기 때문에 배송 시간대를 예약하는 절차가 있었고, 고객이 집에 있는지 확인하기 위해 여러 차례 이메일과 문자 메시지를 보냈다. 이들은 고객 문의 원인을 분석한 뒤, 제거하기 대상 고객 문의의 1위가 "배송 물건이 왜 도착하지 않고 있나요?"였다는 점에 놀라지 않을 수 없었다. 고객들은 분명히 불만이 있었지만, 회사는 배송하기 며칠 전뿐 아니라 전날에도 고객 알림을 보냈기에 안심하고 있었다. 고객 문의 원인에 대한 데이터는 다른 이야기를 전하고 있었다. 왜 이렇게 많은 고객이 예정된 배송 시간대에 물건이 도착하지 않았다고 화를 내며 문의를 했을까?

고객 문의를 더 깊이 조사해 보니, 회사는 이미 고객이 전화하기 이전에 해당 배송이 늦어진다는 사실을 알고 있었다. 고객 지원 담당 직원은 회사의 물류 팀이 때로 며칠 전에 배송 시간을 이미 조정해 뒀다는 것을 알 수 있었다. 그러면 왜 고객들은 여전히 원래 일정대로 배송이 이뤄질 것이라 기다리고 있었을까? 근본 원인 분석 결과, 이러한 배송에 대한 이메일과 문자 알림은 주문이 처음 접수될 때 설정되었고, 이후 일정 변경이 있더라도 처음 메시지를 그냥 고객에게 보냈다. 다시 말해, 회사가 일정을 변경해야 할 때마다 관련 업데이트가 메시지에 반영되지 않았다. 이에 고객은 회사가 내부 시스템에서 배송 시간을 연기하거나 변경했음에도 불구하고 원래의 배송 시간대에 집에 있어야 한다는 요청을 받았다. 이는 회사가 내부 시스템, 프로세스, 고객 커뮤니케이션의 불일치를 이해한다면 곧바로 제거할 수 있는 고객 문의의 고전적 사례라 할 것이다.

:: 품질은 버전 2.1 또는 2.2부터

모든 소프트웨어 제공업체는 새로운 소프트웨어의 신속한 시장 출시와 완전한 버그 제거 사이에서 균형을 맞춰야 한다. 고객이 새로운 기능을 요구하거나 사내 영업 팀이 새로운 모듈과 기능에서 수익을 기대할 때 이러한 균형을 맞추는 것은 쉽지 않다. 한 대형 회계 소프트웨어 제공업체는 이 균형을 잘못 잡은 것처럼 보였다. 고객 문의 가운데 거의 20%가 새로 발매한 소프트웨어에 문제가 있다는 내용이었다. 주요 고객 중 일부는 인터뷰에서 첫 번째 또는 두 번째 버전(버전 1.0 또는 2.0)을 다운로드하지 않았다고 전했다. 대신 그들은 그때쯤이면 버그가 대부분 해결될 것이라고 예상해서 버전 2.1 이상을 기다리고 있었다. 고객 지원 팀은 새로운 주요 소프트웨어를 발매할 때마다 수많은 고객 이슈가 발생한다는 점을 알고 있기에 두려움 속에서 더 많은 직원을 배치해 왔다. 이 경우 개발 및 제품 팀은 최일선 고객 지원 직원이 겪는 고통을 거의 느끼지 못했다. 고객 지원 팀은 화난 고객을 상대하면서 개발자들에게 문제를 해결하도록 요청해야 했다. 이는 품질 및 테스트 프로세스가 불완전해서 발생한 불편이다.

:: 새로운 연결에서의 단절

한 통신 및 인터넷 서비스 제공업체는 빠른 성장을 기록했지만, 고객 수의 성장 속도보다 더 빠르게 고객 서비스 및 기술 지원 직원이 늘어나고 있음을 발견했다. 초기 분석 결과, 고객들은 새로운 인터넷 또는 모바일 연결을 위해 평균 3.5번의 전화를 해야 했으며, 이는 고객과 회사 모두에게 많은 불편을 일으켰다. 분석 결과, 새 계정의 20%가 두 달 이내에 해지되었다.

고객 문의에 대한 1차 분석 결과, 고객 문의의 70% 이상이 고객과 회사 모두에게 짜증 나는 일이었다. 예를 들어 "내 인터넷이 작동하지 않아요", "X를 활성화할 수 없어요", "내 주문은 어떻게 되고 있나요?" 등의 사유가 이어졌다. 또한, 반복 문의율이 거의 40%에 달했다.

분석 팀이 영업 관련 고객 전화에 대한 심층 분석을 벌인 결과, 영업 팀의 안내와 고객의 인터넷 연결 절차 사이에 완전한 단절이 있음을 발견했다. 영업 팀은 "모뎀이 도착하면 그냥 꽂으세요"와 같은 잘못된 안내를 해주고 있었는데, 사실 회사와 네트워크 제공업체가 활성화 과정을 완료해야 모뎀은 작동했다. 영업 팀은 또한 판매 이후 어떤 절차가 필요한지 알려주지 않았고, 고객의 결제 방식도 설정해 주지 않았다. 이에 많은 고객이 첫 번째 요금 청구서를 받을 때 다시 회사에 전화를 걸어야 했다.

회사는 많은 고객 수요를 제거할 수 있음을 깨달았다. 이를 위해서는 판매 과정에서 제대로 된 안내와 함께 설치 과정에 대한 보다 자세한 정보를 제공해야 했다. 많은 고객들이 설치 과정에서 포기하고 다른 제공업체를 찾으면서 이 회사를 외면하고 있었다. 서비스 및 기술 지원 팀에 걸려온 전화의 거의 절반이 이렇게 부실한 안내 탓에 발생했으며, 어렵게 얻은 고객의 20%가 이탈함으로써 수익 손실도 발생했다.

제거하는 방법

제거하기 전략을 실행하는 데에는 네 가지 주요 단계가 있다. 〈그림 3.1〉에 나타난 것처럼 일부 과정은 반복되기도 한다.

:: 1단계: 특정 문의 유형의 원인 파악

"내가 주문한 건 어떻게 됐나요?" 또는 "요금 청구서가 잘못됐어요"와 같은 고객 문의 원인은 여러 근본 원인을 가질 수 있다. 첫 번째 과제는 왜 이런 문의가 발생하는지 이해하는 것이다. 이는 다양한 고객 문의(예: 전화, 이메일, 채팅)를 샘플링하여 고객이 문의 과정에서 무엇을 말하고 있는지를 바탕으로 근본 원인을 찾아내는 일에서 시작한다. 최일선 직원들이 문제를 해결하는 데 사용하는 방법을 평가하는 것도 유용한데, 이는 근본 원인을 나타낼 수 있기 때문이다. 또 다른 옵션은 최일선 직원들에게 원인에 대한 의견을 묻는 것이다. 이들은 문제에 계속 부닥쳐 왔기에 어디에서 그것이 비롯됐는지 파악했을 수 있다.

데이터 마이닝 기술을 통해 기업은 수만 건의 이러한 문의를 추출하고 스마트한 방식으로 이를 분석할 수 있지만, 분석 도구로 무엇을 찾아야 하는지를 알기는 쉽지 않다. 공통 주제를 찾는 것이 가장 큰 성과를 낳을 수 있다. 예를 들어, 분석 엔진으로 "요금 청구서가 잘못됐어요"라는 전화 연락과 이메일을 모두 추출한 다음, 원인의 하위 집합을 찾아볼 수 있다. 주제와 관련해 분석 엔진에 피드백

불편 없는 기업

〈그림 3.1〉 제거하기 접근법

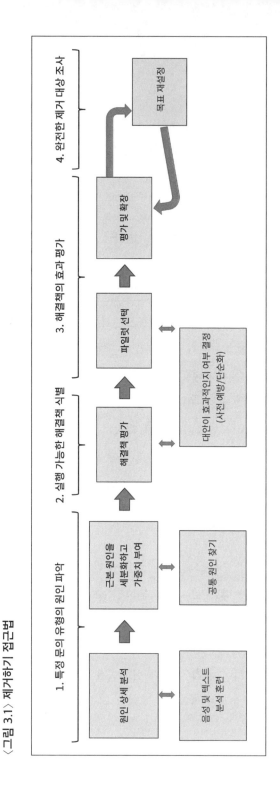

을 줌으로써, 문제를 상세하게 정량화하고 평가할 수 있도록 한다. 또한, 다양한 문의 유형에 걸쳐 공통 원인을 찾는 것도 비용 대비 더 큰 효과를 거둘 수 있어 가치가 있다. 예를 들어, 영업 프로세스에서 벌어진 잘못은 곳곳에서 여러 문제를 유발할 수 있다.

이렇게 샘플링 기법, 직원 워크숍, 분석 도구 등을 통해 알아낸 데이터는 근본 원인 파악을 위한 구조 분석 기법에 활용할 수 있다. 이런 구조 분석 기법에는 제2장 '할당하기와 우선순위 지정하기'에서 소개한 '이시카와 피쉬본 다이어그램'과 '다섯 번의 왜' 등이 있다. 이러한 근본 원인 분석은 인과 사슬을 조사하여 각 원인의 크기를 정량화하는 데 도움을 주며, 기업이 문제를 이해하고 해결책에 더 가까이 다가갈 수 있도록 한다.

이시카와 기법은 사람, 제품/프로세스, 기술 등과 같이 서로 다른 차원에서 문제를 바라볼 수 있도록 설정할 수 있다. 어떤 기법을 사용하든 다양한 분야 전문가들로 구성된 팀이 여러 차원에서 문제를 검토한다면 문제에 대한 이해는 보다 쉬워진다. 특정 기술을 가진 사람은 자신의 전문성에 맞춰 문제를 바라보고 해결책을 찾으려는 경향이 있다. 다양한 분야 전문가로 구성된 팀은 서로에게 도전하여 필요한 해결책의 범위를 정하고 훨씬 더 다양한 해결책을 식별할 수 있다.

:: 2단계: 실행 가능한 해결책 식별

실행 가능한 '제거하기' 해결책을 찾는 과정은 먼저 다양한 가능성을 식별하는 데서 시작한다. 그 뒤에 관련 비용과 다른 고려 사항을 함께 살펴본다.

■ 광범위한 해결책을 고려하고, 각 해결책이 문제를 어디까지 해결할 수 있는지 비용과 상관없이 평가한다.

해결책의 영향을 이해하면 고려할 가치가 없는 해결책을 걸러내고, 잘 작동할 수 있는 조합을 식별하며, 완벽하게 들어맞는 해결책을 찾아내는 데 많은 도움이 된다. "이 문제를 완전히 제거하려면 세상이 어떻게 변해야 할까?"와 같은 근본적인 질문을 던져보는 것도 가치가 있다. 이는 도전적 목표이지만 사람들이 다른 방식으로 생각하도록 만들 수 있다. 구글은 '10배 개선'(즉, 오늘날보다 10배 더 나은 해결책)을 찾을 때 이 기법을 사용하고 있으며, 이를 통해 보다 근본적 해답을 모색한다. 짐 콜린스는 이를 머리털이 곤두설 정도로 크고 대담한 목표(big hairy audacious goal, BHAG)**3)**라고 부른다.

■ 해결책의 관련 비용을 평가하여, 이러한 투자에 대한 수익을 가늠한다.

일부 해결책은 이미 진행되고 있는 프로젝트에서 실행 중일 수 있으며, 다른 해결책은 많은 문제를 해결하여 여러 성과를 낳을 수 있다. 예를 들어, 판매 프로세스를 재설계하고 판매 직원을 재교육하여 계정을 더 잘 설정하도록 하면 더 많은 후속 문제를 해결할 수 있다. 그러나 모든 재교육 프로그램이 100% 성공할 것이라 보장할 수는 없다. 일부 직원은 여전히 올바르게 이해하지 못할 수 있기 때문이다. 소프트웨어 버그를 수정하거나 비즈니스 규칙을 변경하는 것이 더 통제 가능한 영향을 미칠 수 있으며, 이 경우 여러 해결책을 살펴보는 것이 가치가 있다. 예를 들어, 양식의 단순화와 시스템의 더 엄격한 검증이 재교육보다 더 통제 가능한 영향을 미칠 수 있다. 여러 해결책의 조합이 더 큰 효과를 낳을 수 있다.

이러한 투자에 대한 이익에는 직접 비용(예: 전화 통화, 이메일, 채팅의 감소)뿐 아니라 앞서 이해하기 분석에서 설명한 후속 비용 및 수익에 대한 영향도 포함되어야 한다. 예를 들어, 특정 문제가 고객에게 많은 불만을 초래하거나 높은 고객 이탈과 관련이 있는 경우, 이 문제의 해결에 따른 혜택은 훨씬 더 광범위할 것이다. 최종 목표는 자체 비용과 문제 발생을 줄이는 다양한 해결책을 찾는 것이다.

문제를 제거하는 것이 실행 가능하지 않거나 비용 효율적이지 않는 상황도 있을 수 있다. 이런 경우는 5장에서 설명할 사전 예방하기 기법을 통해 이슈를 완화하는 길도 있다. 6장에서 설명할 프로세스 간소화하기를 통해 고객의 노력을 줄이는 방법도 가능하다. 4장에서 설명할 디지털화도 해결책 마련에 도움이 된다. 예를 들어, 어떤 유틸리티 회사에서 고객이 자기 예상보다 더 높은 요금을 청구받았다고 생각해 보라. 회사는 특정 금액을 넘어서는 요금 청구서에는 경고와 함께 고객이 확인해야 할 사항을 알려주는 편지를 동봉해 보낼 수 있다(사전 예방하기). 이메일을 통해 고객이 계량기 판독값을 직접 확인할 수 있도록 웹 포털 링크를 제공할 수도 있다(디지털화). 이러한 해결책은 문제를 완전히 제거하지는 않지만, 모두 문제 해결에 도움을 준다.

:: 3단계: 해결책의 효과 평가

제거하기 해결책을 테스트하는 것은 출시를 앞두고 새로운 제품이나 소프트웨어를 테스트하는 것과 다르다. 왜냐하면 회사는 제거하기 해결책과 관련해 이미 무언가 작동하지 않음을 알고 있기 때문이다. 그럼에도 불구하고, 기업이 해결책의 효과나 변화의 성공 여부를 테스트하고자 할 때 파일럿과 테스트 접근 방식이 여전히 필요할 수 있다. 먼저 최일선 직원과 함께 해결책을 테스트한 다음, 일부 고객 집단과 함께 추가 테스트를 진행하는 방법도 있다. 문제와 해결책의 유형에 따라 적절한 테스트 체제를 결정해야 한다. 예를 들어, 직원이나 고객의 행동 변화를 요구하는 해결책은 소프트웨어 패치보다 더 많은 테스트와 미세 조정을 필요로 한다. 이러한 테스트 앤 런(test and learn) 접근 방식은 세련된 해결책 마련과 함께 이러한 유형의 변경에 대한 추진력을 구축하는 데 도움이 된다. 기업이 여러 해결책을 동시에 테스트하는 데 따르는 부담도 줄여준다.

:: 4단계: 완전한 제거 대상 조사

제거하기 작업이 시작되면, 여러 부서원들을 다시 한데 모아 이들 문제에 대해 완전한 제거가 가능한지, 또는 목표 재설정이 가능한지 확인하도록 하는 것이 좋다('머리털이 곤두설 정도로 크고 대담한 목표' 참조). 문제를 잘 이해하지 못했던 초기 논의에서는 부담스러웠지만 이제는 긍정적인 변화의 모멘텀이 마련돼 있다. 〈그림 3.1〉은 목표을 재설정하고 새로운 해결책을 모색하는 반복적 과정을 보여준다. 몇 가지 아이디어가 입증되면, 그 아이디어를 다른 해결책으로 확장할 수 있다. 적어도 새로운 아이디어가 효과가 있다는 점에 대한 확신이 커진다.

제거하기에 성공한 이후 수행하는 이런 수평적 사고(lateral thinking)의 사례로, 한 부동산 유지보수 업체를 꼽고자 한다. 그들은 집수리 약속 시간이 지켜지지 않는다는 고객 문의를 제거했다. 업체 소속 집수리 기사에게 정해진 약속 시간의 한 시간 전에 자신이 어디에 있는지 고객에게 문자를 보내도록 함으로써 고객 문의를 제거했다. 이는 "수리 기사는 언제 오나요?"라는 불편을 줄이는 데 매우 성공적이었다. 그런데 그들은 이에 그치지 않고 "아직 작동하지 않는다"와 "엉뚱한 것을 고쳤다"와 같이 집수리와 관련된 다른 문의 원인을 모두 조사하기 시작했다. 각각의 고객 문의 원인은 로봇 프로세스 자동화(robotic process automation, RPA)를 포함해 다양한 해결책이 필요했다. 하지만 수평적 사고를 통해 다른 문제에 대한 해결책도 빠르게 찾을 수 있었다.

▶ 힌트와 팁

전통적으로 잘 작동했던 세 가지 제거하기 전략이 있다. 특히 다음과 같은 고전적인 제거하기 대상 고객 문의 원인을 처리하는 데 많은 도움이 된다. 첫 번째, "내 X는 어디에 있나요?", 두 번째, "내 X가 잘못됐어요", 세 번째, "나는 X에 대해 말했는데요" 또는 "왜 X를 고치지 않았나요?"

"내 X는 어디에 있나요?" 문의

"내 X는 어디에 있나요?" 문제는 기대가 빗나갔을 때 발생하며 모든 산업에서 발생할 수 있다. 특히 주문에 따른 배송 또는 약속된 서비스(예: 가정 돌봄 또는 요청된 거래)에서 가장 흔하다. 이 문제와 관련해 잘 작동했던 해결책들은 〈표 3.1〉로 요약했다.

〈표 3.1〉"내 X는 어디에 있나요?"

"내 X는 어디에 있나요?" 문제와 해결책	
해결책	예시
1. 당일 또는 다음 날 배송	당일 또는 다음 날 배송이 이뤄지면 "내 X는 어디에 있나요?"라고 묻는 고객이 줄어든다. 이는 간단해 보이지만, 다음 날 배송을 보장하는 물류 시스템을 구축하는 일은 결코 쉬운 일이 아니다. 아마존조차 모든 지역에서 이를 제공하지는 못한다.
2. 프로세스 기간 단축	보험금 청구나 대출 신청과 같은 일은 여러 단계의 프로세스를 거쳐야 하고 여러 날이 걸릴 수 있다. 이 시작에서 마지막까지 걸리는 시간을 단축하면 고객이 불만을 표시할 일이 줄어들 것이다. 또 다른 해결책은 예외적 고객을 떼어내 이들 고객을 따로 관리하거나 사전 문의를 더 높은 수준에서 진행하는 것이다.

3. 곧장 연결 프로세스 구축	곧장 연결(straight-through) 프로세스는 입력된 데이터가 필요한 시스템으로 바로 들어가는 프로세스이다. 이는 즉시 처리되며 로봇 프로세스 자동화를 통해 구축이 가능하다. 이는 고객이나 직원이 작성한 종이 양식서를 검토해 데이터를 입력해야 하는 프로세스보다 더 깨끗하고 빠르다. 고객을 위한 더 많은 디지털 솔루션의 등장으로 더 많은 자동화와 사전 검증이 가능해졌다. 로봇 프로세스 자동화를 사용하면 서류 작업이 줄어들고 오류 및 지연의 위험이 줄어든다.
4. 외부의 시선으로 살펴보고 '고객의 신발을 신고' 걸어 보기	기업은 종종 고객에게 "5-10 영업일이 걸립니다"라고 말한다. 첫째, 많은 고객은 10이 아닌 5라는 숫자만 듣는다. 또한 영업일이 아니라 달력에 나오는 날짜로 생각한다. 둘째, 이렇게 제시한 기간도 내부 처리에 걸리는 시간이지 우편 및 배송 시간은 고려하지 않았을 수 있다. 요점은 고객의 관점에서 프로세스를 생각해야 한다는 점이다. '외부의 시선으로' 살펴본 다음, '내부의 시선'으로 이를 풀어내야 한다. 만약 최대 10일이 걸리고 배송에 2일이 추가로 걸린다면, 고객에게 "받기까지 최대 12일이 걸릴 수 있습니다"라고 말하라.
5. 과도하게 소통하기!	아마존은 여러 단계에서 업데이트된 소식을 알리는 방식으로 고객 주문 처리 과정을 혁신했다. 주문이 접수되었을 때, 상품이 창고를 떠났을 때, 배송 차 차고에 도착했을 때, 배송이 출발할 때, 계속 고객에게 현 상황을 알렸다. 고객과 계속 소통함으로써 반응적(reactive) 전략에서 사전 예방적(preemptive) 전략으로 이동한다.

"내 X가 잘못됐어요" 문제

"내 X가 잘못됐어요"는 잘못된 계정 설정, 잘못 기입한 양식, 잘못된 송장 등으로 인해 발생할 수 있다. 혁신기업은 이런 분야에 장점을 갖고 있다. 근본 원인이 디지털 프로세스에 기반을 두고 있는데 이는 잘못될 가능성이 있는 종이 양식과 프로세스가 적기 때문이다. 그러나 모든 기업은 〈표 3.2〉에 나와 있듯이 이러한 고객 불만을 겪는다.

<표 3.2> "내 X가 잘못됐어요"

"내 X가 잘못됐어요" 문제와 해결책	
해결책	예시
1. 총알도 못 뚫는 프로세스 구축	정부는 (불완전하거나 읽기 어려운) 종이 양식에서 벗어나, 디지털 양식을 사용하여 빠진 곳은 없는지 검증하고 처리 시스템에 '직접 처리'될 수 있도록 하고 있다. 여기에 주요 입력값을 확인한다면 총알도 못 뚫을 정도로 빈틈 없이 프로세스를 강화할 수 있다. 한 인터넷 은행은 모든 모기지 신청서를 승인하기 전에 소프트웨어와 숙련된 인력을 사용하여 확인하는 팀을 운영하고 있다. 한 유럽 통신 회사는 고객 청구서를 발송하기 전에 샘플링하여 종종 오류를 잡아낸다. 초기 단계에서 문제를 해결하는 것이 나중에 해결하는 것보다 저렴하기 때문에 사전에 투자할 가치가 있다.
2. 진짜 범인을 찾아 그의 변화를 유도하기	영업 팀은 종종 영업 성과를 기준으로 성과가 측정된다. 이에 자신들이 나중에 어떤 영향을 미치는지 알지 못할 수 있다. 예를 들어, 고객 계정을 잘못 설정한다고 해도 그들의 판매 수수료나 영업 성과 측정에는 아무런 영향이 없다. 이를 해결하기 위해 일부 기업은 '양질의 판매' 인센티브(판매 보상에서 후속 비용 또는 고객 취소분을 뺀 것)를 적용해 영업 팀이 제대로 프로세스를 수행하도록 한다.
3. 프로모션 축소	"내 X가 잘못됐어요"는 프로모션 가격과 관련된 것이 많다. 고객은 잘못된 요금 청구를 받았다고 생각하기 때문이다. 한 미국 통신 회사는 프로모션 수를 78개에서 10개 이하로 줄이고(자신들도 이렇게 많은 줄 몰랐다!), 프로모션이 종료될 때 가입자에게 알리는 절차를 강화해 나중에 올 수 있는 충격을 줄였다.

"나는 X에 대해 말했는데요" 또는 "왜 X를 고치지 않았나요?"

요즘 고객들은 기업이 데이터 통합(Joined up)을 이루고 있다고 기대한다. 은행에 주소 변경을 알렸다면, 동일한 은행의 신용카드에도 이 새로운 정보가 반영됐을 것으로 생각한다. 마찬가지로 어떤 문제를 해결해 달라고 요청했다면, 그것이 한 번에 해결됐을 것이기에 또 다시 요청할 필요가 없을 것이라 생각한다. <표 3.3>에는 이런 제거하기 대상 고객 문의 원인에 대한 해결책을 담았다.

<표 3.3> "나는 X에 대해 말했는데요"

"나는 X에 대해 말했는데요" 문제와 해결책	
해결책	예시
1. 스노우볼을 녹이기 위한 권한 부여	반복되는 고객 문의를 처리하는 메커니즘 가운데 하나로, 1장 '이해하기'에서 다뤘던 스노우볼 프로세스가 있다. 이 솔루션은 직원들에게 반복 문의 관련 작업을 수정할 수 있는 시간과 권한을 부여하고 이를 바탕으로 성과를 측정하는 것이다. 또한 문제를 처음 야기한 사람에게 피드백을 제공하는 과정도 포함한다.
2. 비즈니스 연결	고객은 기업 내부의 데이터 통합이 이뤄져 있을 것으로 생각한다. 한 고객이 유틸리티 회사의 여러 서비스를 이용하고 있다면, 가스와 전기가 별도의 시스템으로 운영된다는 것에 신경을 쓰지 않는다. 어떤 서비스와 관련해 변경 사항을 회사에 알렸다면, 모든 서비스에도 적용될 것이라 기대한다.
3. 프로세스 진행 상황에 대한 투명한 안내	고객은 문제 해결이나 변경 사항 적용을 원한다. 웹사이트에서 세부 정보를 업데이트하면 즉시 적용되거나 적용 시기를 알려줄 것이라 기대한다. 회사가 고객의 새 주소를 적용하는 데 3일이 걸린다면, 이를 알리지 않는다면 고객은 황당해할 것이다.
4. 약속 지키기	"나는 X에 대해 말했는데요"의 근본 원인 중 일부는 기업이 고객에게 한 약속을 지키지 못하는 데 있다. 또 다른 흔한 문제는 고객이나 그들의 문제가 여러 부서를 거치도록 하는 것이다. 문제 담당자를 명확히 하는 것과 함께, 제기된 문제와 그 진행 상황을 관리자에게 알려주는 시스템을 구축해야 한다.

요약

제거하기 대상이 되는 고객 문의는 최악의 불편 유형을 나타낸다. 고객에게 가장 큰 불만을 야기하고 총 비용이 가장 높은 문제이기 때문에 개선을 시작하기에 가장 좋은 이슈들이다. 제거하기 전략이 가장 잘 작동하려면 다음이 필요하다.

- 실패 수요와 불필요한 고객 비용을 줄이기 위한, 강력한 최고경영진 (C-level)의 지시와 합의된 전략.
- 상세한 근본 원인 분석이 가능해 여러 차원의 솔루션을 내놓을 수 있는, 다양한 분야 전문가로 구성된 팀.
- 근본 원인 분석, 솔루션 설계, 시험 및 발표에 대한 책임을 기꺼이 맡으려는, 고객 문의 원인 담당자.
- 고객 이탈, 최초 문의 해결, 고객 문의의 규모와 비용 등과 같은, 고객 경험 지표에 대한 분석.
- 효과적인 솔루션을 만들고 한 번에 여러 문제를 해결하는 방법을 숙고하는, 수평적 사고.
- 모든 고객 문의의 원인을 제거하고, 시간이 지남에 따라 모든 제거 원인이 제거되는, 그런 극락의 세계에 다다를 수 있도록 기업 전체를 집중하게 만드는 목표.

제거하기의 필요성을 평가하라.

다음 질문에 하나라도 '예'라고 답하거나 답을 모른다면, 여러분은
제거하기 조치를 더 많이 수행해야 한다.

Q1. 많은 양의 고객 문의가 불만을 표시하고 있는가?

Q2. 많은 고객이 회사의 프로세스가 예상보다 느리게 작동한다고 문
의하는가?

Q3. 많은 고객이 회사의 제품, 서비스, 셀프서비스 기능에 대해 혼란
스러워하며 전화를 거는가?

Q4. 동종 업계에서 우리 회사는 다른 회사들보다 고객 불만의 비율이
더 높은가?

Q5. 예상대로 작동하지 않아 고객이 떠나고 있는가?

Q6. 고객이 문제 해결에 만족하지 않아 반복해 문의하는 비율이 높은
가?

Q7. 최일선 직원이 고객 문제를 조사하고 해결하기 위해 자신의 고객
문의 처리를 못하고 있는가?

4장

디지털화하기

Digitize

불만 접수 앱의 진정한 천재성은 그것이 작동하지 않는다는 점이다.

KUDELKA

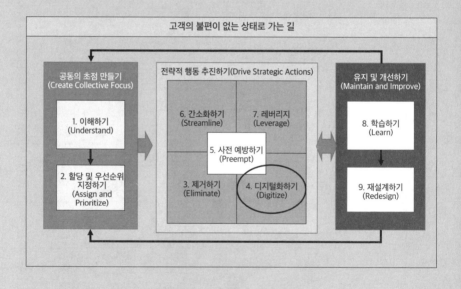

디지털화하기

중요한 것은 절대 두 번 이상 클릭해서는 안 된다.
—스티브 크러그

📝 '디지털화하기'란 무엇이며, 왜 중요한가?

디지털화하기(Digitize)는 다섯 가지 전략적 행동 중 두 번째이다. 보통 고객이 원하는 간단한 거래와 정보를 다루며, 피할 수 있거나 예방 가능한 고객 행동은 포함하지 않는다. 디지털화하기 솔루션은 자동화 또는 디플렉션(deflection)으로도 알려져 있으며, 비용 절감에 있어 제거하기 다음으로 두 번째 큰 기회를 제공한다. 디지털화하기는 고객에게 편리하고 시간을 절약할 수 있는 셀프서비스 옵션을 제공하여 고객 경험을 향상시킬 수 있다.

언제 어디서 상호작용을 할지 결정할 수 있는 것을, 고객은 강요가 아닌 혜택으로 간주한다. 이에 셀프서비스는 고객에게 긍정적인 경험이어야 한다. 그러나 일부 조사에 따르면 "**84%**의 소비자가 셀프서비스를 제공하는 회사와 더 거래하고 싶어 하지만, **61%**만이 이러한 솔루션이 쉽고 편리하다고 말한다."[1] 바로 여기에 디지털화하기의 도전 과제가 있다! 고객은 셀프서비스가 **100%** 작동하고 사용하기 쉬울 것이라 기대한다.

디지털화는 혁신기업의 차별화 요소 중 하나이다. 많은 혁신기업들은 고객이 사용하기 쉬운 앱이나 포털을 기반으로 비즈니스 모델을 구축한 반면, 개혁기업은 물리적 네트워크, 직원의 고객 응대, 오래된 웹사이트와 구식 기술 등에 따르는 비용에 얽매여 있는 경우가 많다. 에어비앤비, 아마존, 넷플릭스, **N26**, 우버, 제로와 같은 디지털 네이티브(digital native) 혁신기업들은 디지털 채널이 있기에 가능했던 낮은 비용과 광범위한 제품 및 서비스 유통을 통해 기존 기업들에게 도전할 수 있었다. 그중 일부는 새로운 제품과 서비스를 통해 산업을 혁신했다. 예를 들어, 오엘엑스(OLX), 리얼에스테이트닷컴(Realestate.com), 레드핀(Redfin), 질로우(Zillow)와 같은 기업들은 부동산 신문 광고를 디지털 목록으로 완전히 대체했다. 소비자는 이러한 디지털 비즈니스를 통해 휴대폰이나 데스크톱만으로도 전체 시장에 접근할 수 있으며, 맞춤형 검색과 같은 추가 혜택도 누릴 수 있다. 또한 이들 기업은 시장 상황과 판매 이력과 같은 추가 정보도 모든 판매자나 부동산 회사에 제공한다. 디지털의 이점은 단지 비용 절감에 멈추지 않으며 데이터, 통찰력, 편리성도 끌어올렸다. 이러한 이점이 결합하면 완전히 새로운 비즈니스 모델을 만들 수 있다.

기업이 디지털화할 필요가 있는 고객 문의는 고객에게 도움이 되는 것이어야 한다. 이를테면 일상적인 단순 조회나 구매 과정은 디지털화를 통해 고객의 편의를 높일 수 있다. 그러나 이와 관련된 고객 문의는 성격상 일상적이고, 추가 수익을 창출하지 않기 때문에 가치–짜증 매트릭스의 오른쪽 아래 사분면에 위치하게 된다(2장 참조). 디지털화할 고객 문의 원인은 제거하기 대상이 되는 사유만큼의 고객 불만족을 초래하지 않는다. 그러나 고객의 필요와 관련되어 있어 고객 이탈을 줄일 수 있다. 고객이 이러한 간단한 일로 어쩔 수 없이 회사에 전화를 걸거나 매장에서 줄을 서야 한다면, 고객은 이 부문의 디지털화에 높은 점수를 줄 것이다.

디지털화 조치로 해결할 수 있는 고객 문의 원인의 고전적인 예는 다음과 같다.

- ■ "잔액이 얼마 남아 있나요?"
- ■ "다음 결제일은 언제인가요?"
- ■ "결제하고 싶어요."
- ■ "가장 가까운 지점은 어디에 있고, 언제 문을 여나요?"
- ■ "x의 재고가 있나요?"
- ■ "주소/이름/세부 사항/신용카드를 변경하고 싶어요."
- ■ "비밀번호를 어떻게 변경하나요?"
- ■ "x를 고치는데 기술자가 언제 도착하나요?"
- ■ "새로 발급받은 신용카드를 사용 등록하고 싶어요."
- ■ "x를 거래하고 싶어요."
- ■ "내 포트폴리오를 손보고 싶어요."
- ■ "간단한 클레임을 제기하고 싶어요."

이제는 셀프서비스 옵션이 다양해졌으며 고객은 회사가 구매 및 정보 검색을 위한 다양한 채널과 솔루션을 제공할 것이라 기대한다. 이러한 메커니즘은 고객이 적은 노력만으로도 이용할 수 있도록 직관적으로 설계돼 있어야 한다. 예를 들어, 최근 들어 많은 회사들이 인공지능을 활용해 직원들의 음성 및 텍스트 안내를 흉내 내도록 하고 있다. 수준이 높아지면서 고객은 실제 사람과 상호작용을 하는지, 자동화된 시스템과 상호작용하는지 알기 어려워지고 있다. 인공지능 기반 음성 애플리케이션은 이제 아마존의 알렉사(Alexa), 구글의 헤이 구글(Hey Google), 애플의 시리(Siri)와 같이 이름을 가진 인격체처럼 사용되고 있다. 많은 고객들이 이를 가정에서 개인 비서로 사용하고 있다.

일상적 문의 사항이 있을 때 고객들은 셀프서비스를 더 좋아한다는 조사 결과가 있다.[2] 코로나19 팬데믹으로 인한 봉쇄 조치로 더 많은 고객이 집에서 쇼핑하고 거래하면서 비대면 경제 활동이 증가했다. 일부 고객과 기업의 상호작용에서 이러한 비대면 방식이 최대 80%까지 증가했다는 조사 결과도 있다.[3] 또한, 노년층 고객은 디지털 솔루션 사용에 서툴다는 인식도 변화하고 있다. 에오엔(E.ON)의 고객 및 시장 통찰 책임자 크리스티나 로디크에 따르면, 대형 에너지 제공업체의 노년층 고객이 예상보다 훨씬 더 많이 온라인 채널을 사용하고 있으며, 처음으로 에너지 구매 계약을 하는 젊은 고객은 오히려 도움을 요청하기 위해 회사에 직접 전화를 걸고 있다.[4]

반면, 디지털화의 수준이 낮은 사례도 많아 고객의 불만을 키우고 있다. 2장에서 언급한 이해하기 분석은 디지털화가 어디에서 실패하고 있는지 밝혀내야 한다. 고객이 뭔가 안 된다고 회사에 문의를 했다면 여러 표현이 가능하다. "막혀서 나가질 않아요", "나한테 너무 어려워요", "이게 어떻게 작동하죠?" 등 다양하다. 고객이 셀프서비스에서 가능한 질문을 하기 위해 지원 채널을 계속 사용하는 경우에도 이런 문제는 계속 나타난다. 이 문제는 이번 장의 후반부에 따로 다루 겠다.

디지털화가 효과적이지 않은 일반적인 이유는 다음과 같다.

- 고객을 혼란스럽게 하거나 잘 작동하지 않는 디자인. 고객이나 고객을 직접 상대하는 직원들을 상대로 테스트를 하지 않았기 때문에 주로 벌 어진다.
- 고객의 관점 대신 회사 중심의 언어나 디자인 사용한다.
- 고객이 스스로 처리할 수 있는 셀프서비스 옵션을 찾기 어려운 배치. 고객 지원 링크는 홈페이지의 페이지 상단(above the fold), 그것도 오른 쪽 상단에 눈에 띄게 배치하는 것이 좋다.
- 채널 간에 답변 또는 작업 방식이 일관성이 없다.
- 고객이 스스로 처리하는 셀프서비스가 자신의 일자리를 위협할 것이라 생각하는 직원의 태도. 이들은 셀프서비스가 얼마나 잘 작동하는지 또 는 어떤 기능이 있는지 모르고 있다.
- 고객이 스스로 처리하는 셀프서비스의 성과를 따로 측정하지 않는다.

이번 장에서 우리는 디지털화하기에 대한 네 가지 중복되는 접근 방식을 탐구할 것이다. 첫 번째 접근 방식은 현재 솔루션의 결함을 이해하는 방법을 살펴본다. 두 번째 방법은 새로운 디지털 솔루션의 기회를 살펴보며, 세 번째 방법은 유용하면서도 비용이 적게 드는 솔루션을 만드는 방법을 설명한다. 마지막으로 고객이 디지털 솔루 션을 최대한 많이 채택하도록 하는 방법을 다룬다.

좋은 사례

아래의 좋은 사례들은 디지털 네이티브 혁신기업뿐만 아니라 성공적인 디지털 및 자동화 전략을 구현한 개혁기업을 대표한다. 고객의 디지털 솔루션 사용률을 크게 끌어올린 대표적 사례이기도 하다.

:: 제로잉 인(Xeroing In)

뉴질랜드 웰링턴에 본사를 둔 제로는 소규모 사업체, 회계사 및 회계사를 위해 "모든 일상적인 비즈니스 작업을 간소화"[5]하는 것을 목표로 내걸고 있다. 그리고 현재 전 세계적으로 300만 명 이상의 고객을 보유하고 있다. 이 회사의 사업 목적은 "훌륭한 소프트웨어, 컨설팅, 네트워킹을 통해 소규모 사업체 생태계가 번창할 수 있도록 하는 것"이다. 제로는 현지 클라우드 서비스 제공업체로서 어떻게 혁신기업들이 고객의 불편을 빚지 않고 운영되고 있는지 실제 사례를 보여준다. 제로는 소규모 사업체들이 항상 시간에 쫓기며 회계 전문가가 아니라는 점을 잘 알고 있기에 자사 제품의 사용 용이성에 집착에 가깝게 집중한다.

제로는 고객이 앞으로도 계속 회사의 지원을 필요로 할 것이라는 점을 알고 있었다. 그러나 제로는 고객 상담 전화번호 또는 이메일 주소를 제공하는 대신, 제로 센트럴(Xero Central)에서 온갖 문의에 대한 답변을 올려놓고 "디지털 회사에 맞는 디지털 고객 지원"을 한다고 홍보한다. 여기에는 1,900시간 분량의 비디오 콘텐츠도 준비돼 있다. 제로는 이와 같은 온라인 포털을 통해 고객 문의의 **96%**를 처리한다. 나머지 **4%**에 대해서는 문제를 시원하게 해결해 줄 담당 직원이 2시간 이내에 고객에게 문의를 주도록 했다. 제로 센트럴은 또한 고객이 다른 고객과 질문이나 사용 경험을 공유할 수 있는 '고객 대 고객' 형식의 커뮤니티 플랫폼으로 운영된다. 제로는 제로 센트럴에서 고객이 앞으로 제기할 질문이나 이슈를 예측할 수도 있다. 기계학습(machine learning, ML)과 인공지능을 활용해 고객들의 행동을 관찰하고 비교하고 있기에 이런 예측이 가능하다.

제로의 최고 고객 책임자인 레이첼 파월에 따르면, 제로는 "고객 경험이 놀라울 정도로 긍정적이길" 원한다. 이어 제로는 "축구 골대가 계속 움직인다"는 점을 잘 알고 있기에, "미래에 고객이 필요로 할 것을 예측해야 한다"고 전했다. 제로는 디지털 수단을 통해 도움과 지원을 최대한 간소하게 만든 회사의 좋은 사례이다.[6]

:: 온라인에 줄서게 하기: 다른 대기줄 말고

다른 많은 대규모 **B2C** 기업처럼, 유나이티드 항공(United Airlines)은 고객들을 위해 온라인 셀프서비스 기능을 구축한 뒤 이를 꾸준히 개선해 왔다. 브라이언 스톨러가 고객 관리 글로벌 책임자이자 선임 고객 경험 임원으로 합류했을 때, 그는 팀과 함께 새로운 질문에 도전했다. 그들은 "우리의 직원들이 무엇을 잘했는가?"에서 "왜 고객이 처음에 우리에게 전화를 걸어야 했는가?"로 질문을 바꿨다.[7]

브라이언 스톨러는 관찰을 시작하면서 고객의 **50%**가 최근 온라인에 접속했거나 회사로 전화를 걸 때 온라인에 접속해 있음을 알게 됐다. 고객 서비스 팀은 IT 동료들과 고객 문의 원인과 각각의 규모를 공유했으며, 이는 자사의 온라인 셀프서비스가 최고 수준에서 한참 멀다는 것을 보여줬다(이는 유나이티드 항공의 IT 팀의 목표였다). 유나이티드 항공은 고객당 탑승 비율(단위당 고객 문의, 단위당 고객 연락 지표)를 통해 여러 해에 걸쳐 고객을 웹사이트나 앱을 사용하는 대신 도움을 요청하기 위해 직접 항공사로 전화를 걸도록 유도했음을 알게 됐다. 이에 항공사는 고객과 통화하면서, 또는 다른 마케팅 수단을 통해 고객에게 전화를 걸 필요가 없다고 열심히 설득했다. 그리고 IT 팀의 웹사이트 개선 작업을 통해 온라인 셀프서비스를 통한 처리 완료 비율을 25% 증가시키는 데 성공했다. 여기서 방어 비율은 고객이 온라인 채널에서 시작해 거기서 자신의 목적을 달성한 비율을 말한다.

유나이티드 항공의 챗봇도 성공적이었다. 일단 단순한 형태로 시작해 처리 완료율(containment rate)이 증가함에 따라 기능을 추가했기 때문이다. 회사는 또한 각 단계에서 봇에서 벗어날 수 있는 탈출구를 제공하여 고객이 특정 단계에 갇혀 있지 않도록 했다. 결과적으로 유나이티드 항공은 고객의 불편이 없는 기업으로 한 걸음 더 나아가고 있으며, 고객 중심적인 문화를 강화하고 있는 것으로 보인다.

:: 통합 온라인 지원

멀티플레이어 게임 업계의 거대 기업인 블리자드 엔터테인먼트는 게이머(고객)들이 플레이 도중 회사에 자꾸 연락해 "어떻게 ……를 해야 하나요?"[8]와 같은 질문으로 게임 관련 팁을 요청한다는 사실을 확인했다. 이 때문에 고객 자신은 플레이에 집중하고 못하고, 블리자드도 어쩔 수 없이 회사의 자원을 고객 지원 쪽으로 돌려야 했다. 게다가 이는 "전에 없이 장대한 엔터테인먼트 경험을 체험하도록 헌신한다"고 한 블리자드 자사의 미션을 위협했다. 고객 문의 원인을 분석한 결과, 블리자드는 게이머들이 정보를 찾기 위해 4-5개의 서로 분리된 고객 채널을 사용하고 있다는 점을 알게 되었다. 블리자드의 글로벌 고객 서비스, 기술, 라이브 경험 담당 수석 부사장인 토드 파울로프스키(Todd Pawlowski)는 이 문제를 해결하기 위해 분야별 전문가를 모두 한 팀으로 묶어 대응하도록 했다.

블리자드는 타운홀 미팅 형식으로 서른세 번의 회의를 열어 게이머들이 무엇을 찾고 있는지, 특히 어떤 채널을 사용하고 어떤 채널은 사용하지 않는지, 널리 공유했다. 그 결과, 블리자드는 여러 새로운 디지털화 조치를 도입했다.

■ 여러 개의 분리된 고객 셀프서비스 채널을 통합하여 하나의 지원 포털로 만들어 게이머들이 하나의 진입점을 갖도록 했다. 블리자드는 올바른 답변이 한곳에 모여 있도록 채널을 의도적으로 축소했다.

■ 지원 팀이 동적으로 업데이트할 수 있는 위키(Wiki)로 게이머들에게 구식이 되어버린 글을 대체했다.

■ 게이머들에게 언제 플레이에 영향을 미칠 수 있는 네트워크 장애가 발생하는지 미리 알렸다.(사전 예방하기 조치).

■ 게이머 커뮤니티에서 나온 솔루션(C2C)을 제공하여 소프트웨어 버그

나 일반적인 문제를 해결하도록 했다. 이런 솔루션은 간단한 게임 이용법을 담고 있는데, 이전까지 지원 팀이 이를 담당하면서 고생해 왔다.

블리자드는 5년 동안 다음과 같은 놀라운 성과를 거두었다.

■ 고객 노력 점수를 개선했다. 게이머 노력을 최저로 평가한 게이머는 더 많은 돈을 게임에 썼다.
■ 게임과 게이머 수가 증가하는 동안 고객 지원 팀의 규모를 67% 줄였다(따라서 단위당 고객 문의 측면에서 더욱 바람직한 결과이다).
■ 지원 팀이 대처하는 문제의 성격이 바뀜에 따라 더욱 도전적인 문제를 다룰 수 있게 됐다. 이는 일상적인 질문보다 처리하는 것보다 더 바람직했다.[9]

:: 빨간 모자에서 '고객 지원 토끼'를 꺼내다

미국 기반의 레드햇 소프트웨어(Red Hat software)는 '시장을 선도하는 기업용 오픈 소스 솔루션 제공업체'이다.[10] 이 회사의 고객 셀프 지원 웹사이트와 고객 포털은 다수의 상을 받았으며, 이 중에는 전문가 지원 협회(Association of Support Professionals)가 주는 '최고 지원 웹사이트' 상도 포함된다.[11] 레드햇은 12개의 고객 페르소나(persona)를 프로파일링하는 기계언어와 인공지능 도구를 적극 활용했다. 이로써 레드햇은 다음의 다섯 티어(Tier)에게 맞춤형 온라인 지원을 제공할 수 있었다.

- 티어 0: 제품 자체에서 문제가 해결되는 폐쇄 루프.
- 티어 1: 큐레이션된 솔루션을 제공하는 레드햇 인사이트(Red Hat Insights).
- 티어 2: 고객이 직접 해결. 자동화된 규칙, 문제 해결 도구, 실험, 문서 및 기타 솔루션을 사용.
- 티어 3: 잘 정의된 솔루션.
- 티어 4: 개별적 지원 사례.

레드햇의 고객 경험 및 참여 부문을 이끄는 스콧 프로일리히에 따르면, 회사의 고객 포털은 "고객에게 시간을 돌려준다"와 함께 "인바운드 고객 전화를 대폭 줄인다"를 목표로 한다.[12] 레드햇은 검색 결과 없음(null search)이 나온 고객들의 검색 결과를 모두 살펴본 뒤 중요한 통찰을 얻었다. 이는 고객 셀프서비스 콘텐츠의 부실함을 드러내기 때문이다. 또한 레드햇은 고객 셀프서비스를 개발하면서 디자인 사고(design thinking)와 애자일 방법론을 결합했다. 이를 통해 스토리보드 방식으로 콘셉트를 설계한 뒤 여러 차례 반복 테스트를 빠르게 진행했다.

레드햇은 전체 관계를 평가하는 순 고객 추천 점수와 거래를 평가하는 고객 노력 점수 등 두 가지 지표로 고객 셀프서비스의 성과를 측정한다. 고객은 온라인 문서의 특정 대목에 대해 "이건 뭔 말인지 모르겠다" 등의 의견을 남길 수 있다. 이는 콘텐츠를 개선하는 데 더 없이 소중한 피드백이 된다. 레드햇은 이제 고객 이슈를 사전 예방함으로써 수동적 고객 대응에서 능동적 고객 대응으로 이동하려고 노력하고 있다. 이러한 사고방식은 훌륭한 디지털 지원에 대한 그들의 명성을 유지하는 데 도움이 될 것이다.

:: 보다폰 이탈리아, 디지털 케어(Digicare)로 팬들을 사로잡다

보다폰 이탈리아(Vodafone Italy)는 고객 셀프서비스의 성과가 신통치 않았다. 고객의 전화 문의를 분석해 보니, 직원들이 디지털 솔루션을 홍보하지 않고 있었다. 이를 자신들의 역할로 생각하지 않았기 때문이다. 오히려 직원들은 생산성을 높여야 한다는 압박에 고객 셀프서비스를 일부러 감추려는 경향마저 엿보였다. 이에 보다폰은 고객 전화 응대 프로세스를 재설계했다. 고객과 최일선 직원들 양쪽 모두에게 도움이 되도록 디지털 솔루션을 고객에게 적극 홍보하도록 한 것이다. 그들은 다음과 같은 다양한 방식을 채택했다.

■ 고객이 정기적으로 필요로 하는 거래의 경우, 직원들에게 함께 하기(do it with me, DIWM) 접근법을 활용하도록 교육했다. "지금 이것 하는 방법을 보여드릴까요?"와 같은 문구를 써보게 한 것이다.
■ 웹사이트나 앱의 고객 셀프서비스 관련 항목을 링크로 고객에게 보낼 수 있도록, 직원들에게 텍스트와 이메일을 제공했다. 이제 직원들은 고객에게 "지금 링크를 문자로 보내드릴까요?"라고 말할 수 있게 됐다.
■ 모든 고객 대상 서비스의 사용법을 직원에게 교육했다. 그들에게 앱과 포털 접근 권한을 부여했고, 그 기능을 사용해 보도록 했다. 이제 직원들은 고객에게 "저도 항상 그걸 사용해요, 정말 좋아요!"라고 말할 수 있다.

■ 직원들이 고객을 상대하면서 언제 어떻게 디지털 솔루션을 사용하는지 구체적으로 알려주도록 한다. 자칫 천편일률적 사용법 안내에 그칠 수 있기 때문이다. 양질의 고객 응대는 고객 상대 추가 안내가 필요한 경우와 그렇지 않은 경우를 분명하게 구분할 수 있어야 한다. 이 단계는 무척 중요했다. 문제 해결이 제품 프로모션보다 우선하며 상황에 맞게 조정되어야 한다는 것을 직원들에게 보여주었기 때문이다.

직원들은 새로운 지침이 합리적이라는 점을 알고 안심했다. 고객 셀프서비스를 직접 사용하면서 그 가치를 제대로 느낄 수 있었고, 고객을 더 잘 도울 수 있게 되었다. 프로세스가 도입된 뒤, 회사는 다음과 같은 상당한 혜택을 경험했다.

■ 앱 사용 증가와 이에 상응하는 고객 문의 통화량이 감소했다. 6개월 이내에 고객 통화량 감소는 교육 추가로 인한 처리 시간의 약간의 증가를 상쇄하고도 남았다.
■ 직원의 안내를 받았음에도 고객 셀프서비스를 사용하지 않은 고객들 사이에서 순 고객 추천 지수가 4%포인트 증가했다.
■ 직원의 안내를 받은 뒤 고객 셀프서비스를 활용한 고객들 사이에서 순 고객 추천 지수가 16% 개선됐다. 고객 셀프서비스를 사용한 고객들 사이에서 불만 고객 비율이 절반으로 감소했다.

이번 사례는 디지털 사용을 증가시키는 '스마트'하고 효과적인 방법을 보여준다.

▥ 나쁜 사례

:: 80%는 실패인가 승리인가?

챗봇은 고객 대응 분야에서 새롭고 인기 있는 상호작용 채널이다. 챗봇은 메시징 플랫폼을 통해 대화를 자동화해 사람들과 상호작용할 수 있는 소프트웨어라고 할 수 있다. 최고의 챗봇은 인간의 상호작용을 시뮬레이션하여 고객이 로봇을 상대함에도 사람과 대화한다고 느낀다. 챗봇의 매력은 고객 지원 채널의 통화나 채팅 중 10-40%를 대체할 수 있다는 점이다. 큰 회사는 챗봇 투자로 몇 개월 만에 수익을 올릴 수 있다.

한 금융 회사는 고객 셀프서비스 웹사이트에 챗봇을 도입했다. 챗봇의 목표는 30% 자동화(따라서 직원 채팅의 30% 감축)였으며, 이는 투자에 대한 짭짤한 수익을 제공했다. 회사는 챗봇이 20%의 고객 문의를 성공적으로 처리했을 때 성공을 축하했다. 그러나 이는 고객의 80%가 챗봇을 이용했으나 실패했다는 의미이기도 하다. 이는 20%의 성공한 고객으로부터 얻은 수익을 80%의 실패한 고객한테서도 얻을 수 있었다는 것이다. 데이터에 따르면 챗봇 활용에 실패한 80%의 고객 중 많은 사람들이 회사의 지원에 대한 의심이 깊어져 나중에 직원이 직접 진행한 지원에서 시간이 더 오래 걸렸다.

80% 실패율은 실패한 고객들이 상대적으로 적은 노력과 시간을 들여 실패했다면 어느 정도 수용할 만한 결과일 수 있다. 그러나 이러한 실패로 많은 고객들이 앞으로 채팅을 활용하지 않을 위험도 있다. 성공과 실패의 균형 문제는 간단하지 않다. 이 방정식을 풀기

위해서는 다음과 같은 질문에 답하는 게 중요하다.

- 실패한 80%의 고객은 회사에 문의하는 시간과 노력이 늘어나는가?
- 실패한 80%의 고객에게 이탈이나 매출 감소와 같은 다른 고객 영향이 있는가?
- 실패한 고객이 소셜 미디어에 공개적으로 불만을 제기함으로써 브랜드에 영향을 미치는가?

이번 사례는 다른 고객 영향을 계산하지 못했으며 기업이 얻었다고 생각하는 이득에 영향을 미쳤을 수 있다.

:: 몰아치기 홍보

한 보험 회사는 직원들이 고객에게 온라인 포털을 홍보하기를 원했다. 이를 고객 셀프서비스 솔루션의 사용률을 높일 수 있는 기회로 생각했다. 회사는 '포털 홍보'를 콜센터의 업무 평가 기준으로 새롭게 설정했으며, 직원들은 매월 고객 통화로 평가를 받았다. 이 업무 평가에서 직원이 고객에게 온라인 포털을 홍보하지 않았으면, 그 고객이 무슨 일로 문의를 해왔는지와 상관없이 낮은 평점을 받았다.

이런 일률적 기준은 매끄럽게 작동하지 않았다. 많은 직원들이 고객이 전화를 끊으려 할 때 이 '필수' 디지털 홍보를 급하게 끼워넣으려 했다. 직원들은 급하게 안내 멘트를 쏟아냈다. "웹사이트의 링크를 따라가면 사용할 수 있는 온라인 옵션도 있습니다"라는 문구를 속사포처럼 몰아쳤다. 이런 속사포 안내를 통해 직원은 업무 평가상의 요구를 충족했지만, 고객은 어떤 솔루션을 사용할 수 있는지, 왜 좋은지 이해할 수 없었다. 더 나쁜 것은, 고객이 불만을 제기하거나 보험을 해약하려 전화를 걸었을 때와 같이 부적절한 상황에서도 직원들은 이런 홍보 문구를 끼워넣었다. 결국 이런 '묻지마 홍보'는 고객과 직원 모두에게 비효율적이고 짜증나는 일이었다. 이는 맞춤형으로 설계가 되지 않은 획일적(one-size-fits-all) 디지털 홍보의 전형적인 사례라고 할 수 있다.

:: 로그인을 쉽게 하라!

한 대형 연금 펀드는 고객들이 최신 펀드 정보를 조회하고, 투자 및 성과를 확인하며, 개인 정보를 업데이트할 수 있는 포털을 구축했다. 다시 말해, 고객들이 직접 처리하고 싶어하는 모든 일반적인 문제들을 직접 해결할 수 있도록 했다. 그러나 고객센터에서 가장 많은 고객 문의 원인은 "로그인이 안 돼요"였다. 그 뒤를 이어 "비밀번호가 작동하지 않아요"가 많았다. 두 가지 원인이 전체 문의의 거의 10%를 차지했다!

고객들은 로그인과 비밀번호 입력에서 혼란을 겪었다. 심지어 고객 서비스 직원들조차 유효한 비밀번호가 무엇인지, 어떻게 작동시키는지에 대해 혼란스러워했다. 문제의 원인은 회사 내 '보안 경찰'이 초특급의 로그인 절차를 고집했기 때문이었다. 비밀번호는 최소 16자 이상이어야 했는데, 여기에도 어떤 문자가 들어가야 하는지 많은 규칙이 달려 있었다. 예를 들어 'pension'과 같이 연금 펀드와 관련된 단어는 사용할 수 없었다. 더 나쁜 것은, 이러한 규칙에 쉽게 접근할 수 없었고, 심지어 고객 서비스 직원들도 이와 관련해 교육을 받지 못했다. 이런 보안 규칙을 만든 사람들은 고객들이 아예 접근하지 못하게 하려는 것처럼 보일 정도였다. 반창고를 붙이듯 직원들이 보안 규칙을 쉽게 설명할 수 있도록 임시 처방을 내놨다. 하지만 진정한 해결책은 왜 이런 규칙이 존재하는지, 어떻게 하면 불필요한 불편을 줄일 수 있는지, 전면적 재검토를 해야 나올 것이다.

💬 디지털화하는 방법

디지털화를 다루는 접근법은 기존 역량에 따라 두 가지 흐름으로 나뉜다. 개혁기업은 보통 기존의 고객 셀프서비스와 디지털 도구를 개선하고 추가하며 고객들이 이러한 솔루션을 채택하도록 하는 데 집중한다. 반면, 혁신기업에게 기회는 전에 없던 전혀 새로운 솔루션을 개발하는 것에서부터 기존의 디지털 옵션을 새롭게 정리해 배치하는 것까지 다양하다. 일부 혁신기업은 초기의 "발만 담궈본" 솔루션을 완전히 재구축하기도 한다.

'오래된 것을 개선'하거나 '새로운 것을 구축'하는 일은 〈그림 4.1〉에 나온 것처럼 많은 유사점을 가진다. 모든 시나리오에서 기업은 다음을 수행해야 한다.

■ 고객 문의 원인에 가장 적합한 고객 셀프서비스 채널을 선택한다.
■ 적절한 고객 경험을 설계하고 구축한다.
■ 고객의 채택을 유도할 전략을 개발한다.

고객의 솔루션 채택을 둘러싼 전략이 필요한 이유는 다양하다. 정부 독점 기업은 디지털 솔루션 사용을 강제할 수 있다. 반면, 개혁기업은 기존 채널에 익숙한 대규모 고객 기반을 가지고 있어 고객 행동을 변화시키기 위해 훨씬 더 많은 노력을 기울여야 한다. 이전에 제공한 디지털 및 고객 셀프서비스 솔루션이 고객에게 실망을 주거나 실패했다면 이 작업은 더욱 어려워진다.

〈그림 4.1〉 디지털화 접근법

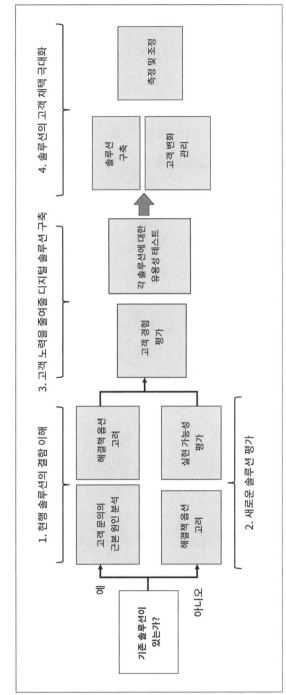

첫 번째 단계는 〈그림 4.1〉에 나와 있는 것처럼 현행 서비스에서 잘 작동하지 않는 부분을 이해하거나 현재 아무것도 존재하지 않는 영역에서 어떤 새로운 솔루션이 필요할지 평가하는 일이다.

:: 현행 솔루션의 결함 이해

고객이 접촉 채널을 선택할 수 있는 기업은 셀프서비스가 기대한 만큼 많이 사용되지 않는 원인을 분석해야 한다. 디지털 전용 비즈니스는 이러한 솔루션의 사용이 불가피하지만, 많은 고객들이 셀프서비스를 이용하는 도중 막혀서 다른 고객 지원 메커니즘(예: 채팅 또는 소셜 미디어)을 통해 '그냥 해결'하려고 한다. 기업은 각각의 고객 셀프서비스 솔루션의 채택률(take-up rate)과 기존 솔루션의 처리 성공률(containment rate)을 계산함으로써 전체 프로세스 개선 기회의 규모를 평가할 수 있다. 여기서 유지율은 해당 채널에서 고객이 요구 사항을 성공적으로 완료한 비율과 동일하다.

어떤 채널의 채택률은 고객 셀프서비스 프로세스를 완료한 사람의 수를 전체 프로세스를 완료한 총 수의 백분율로 나타낸 것이다. 예를 들어, 50명이 웹사이트를 통해 대출 신청을 완료하고, 대면 지원 채널을 포함하여 총 100명이 이를 완료했다고 하면, 채택률은 50%이다. 처리 성공률은 채널의 효과성을 측정하는 데 도움이 된다. 이는 채널을 사용하려고 시도한 사람 중 성공한 사람의 비율이다.

거래와 고객 시도 횟수를 채널 간에 통합하고(즉, 채택률 계산) 유사한 거래를 채널 간에 일관되게 이름 붙이는 일(1장 '이해하기' 참조)

은 생각보다 어렵다. 자동화된 채널 내에서 고객이 성공했는지 여부를 계산하는 것도 쉽지 않다. 예를 들어, 고객이 일부 정보를 받은 후 자동 채팅을 중단할 수 있는데, 이는 필요한 정보를 받았다는 의미일 수도 있고 중도에 포기했다는 뜻일 수도 있다. 이때는 고객이 이후 다른 채널에서 동일한 정보를 찾으려고 했는지 확인하는 것이 중요하다.

채택률과 처리 성공률이 낮은 데에는 여러 가지 이유가 있다.

- 기존 솔루션의 사용성 또는 디자인이 나쁘다.
- 계정 로그인이 어렵다.
- 고객을 혼동하게 만드는 채널마다 다른 답변. 이는 채널이 연결되지 않거나 다른 데이터를 바탕으로 하기 때문이다.
- 우선순위를 두고 벌어진 경쟁(예: 고객을 자신의 채널에 유지하려는 영업 팀).
- 고객 셀프서비스에 대해 일관성이 없거나 제한된 정보만 고객에게 제공.
- 과거에 나쁜 평가를 받아 고객들이 찾지 않는 셀프서비스.
- 디지털 솔루션에 대한 고객의 두려움과 무지.

디지털화하기 작업을 성공적으로 수행하기 위해서는 이상과 같이 장애가 되는 모든 요인들을 확인하고 평가해야 한다.

:: 채택률과 처리 성공률이 낮은 근본 원인을 파악하기

고객이 디지털 솔루션을 사용하지 않거나 사용에 어려움을 겪는 이유를 이해하는 한 가지 방법은 직접 물어보는 것이다. 그러나 더 빠른 해결책은 고객이 대면 채널에서 디지털 솔루션을 언급할 때 그가 말하는 내용을 분석하는 것이다. 보통 중요한 언급은 채팅이나 인바운드 전화 통화가 시작될 때 황금의 30초(golden 30 seconds) 안에 들어 있다. 이때 고객들은 직전에 경험했던 문제를 토로한다(예: "앱을 쓰려 했지만……"). 솔루션이 실패하는 이유를 분석하는 데 효과적인 다른 메커니즘은 다음과 같다.

■ 이러한 서비스에 대해 고객이 전화할 때 무슨 말을 들었는지 일선 직원에게 묻는다. 고객은 직원에게 문제의 핵심을 털어놓게 마련이다. 회사는 고객이 보내준 피드백을 세심하게 관찰해야 한다.

■ 분석 도구를 사용하여 디지털 메커니즘과 관련된 특정 문의를 대량으로 추출한 후 이를 따로 떼어내 심층 분석한다.

■ 고객이 회사의 고객 셀프서비스에 대해 언급한 소셜 미디어 사이트를 살펴본다.

■ 디지털 도구 사용과 관련해 고객에게 묻는 설문조사에서 고객들이 자유롭게 작성한 응답을 검토한다.

■ 외부 전문가를 초빙하여 채널의 디자인을 평가한다(예: 사내 디자이너가 모르는 문제를 찾아낼 수 있는 외부 디지털 전문가).

■ 사용 가능함에도 디지털 솔루션을 사용하지 않는 고객과 워크숍을 개최하여 해당 솔루션을 알고 있었는지, 알고 있었다면 왜 사용하지 않는

지 파악한다.

■ 현행 솔루션의 사용성 테스트를 고객과 함께 공식 실험으로 진행한다.
이 단계는 회사가 최소 기능 제품(MVP)을 시장에 신속히 출시하는 애
자일 유형의 방법론을 사용하는 경우 놓쳤을 수 있다.

:: 새로운 솔루션 평가

디지털 및 고객 셀프서비스 채널의 사용률이 낮은 이유가 명확해지
면, 다음 과제는 이를 해결하기 위해 적절한 솔루션을 선택하여 디
지털화 성공률을 높이는 일이다. 이는 셀프서비스 채널의 대대적인
개편부터 모든 광고의 전면 재단장 또는 일선 직원들을 활용한 대
규모 고객 안내 프로그램의 시작에 이르기까지 다양할 수 있다. 근
본 원인 분석을 통해 수정된 솔루션으로 해결해야 할 문제를 명확
히 해야 한다. 이럴 때만 적절한 대응책을 설계할 수 있다. 예를 들
어, 한 주요 통신 서비스 제공업체는 고객이 셀프서비스 콘텐츠에
어떻게 접근하는지 살펴본 결과, 해당 콘텐츠가 숨겨져 있어 고객이
접근하기 어렵다는 사실을 발견했다. 이런 발견을 통해 콘텐츠가 존
재하지 않거나 고객이 이해하지 못한다는 것을 발견했을 때와는 다
른 솔루션을 도출할 수 있었다.

새로운(변경한) 솔루션의 실행 가능성

이제는 기업이 선택할 수 있는 디지털화 솔루션이 훨씬 더 많아졌
다. 그리고 기업은 동일한 옵션을 여러 채널에서 구축할 필요가 생

겼다. 다음과 같은 논리적인 질문을 던져보자.

- 어떤 채널에 솔루션을 추가하거나 변경해야 하는가?
- 새로운 채널을 추가해야 하는가? 그렇다면 그 채널이 효과적일지 어떻게 판단할 수 있는가?
- 동일한 기능을 여러 채널에 구축할 필요가 있는가?
- 여러 채널의 사용이 채택률을 높일 것인가, 아니면 비용만 증가시킬 것인가?

　새로운 기능과 서비스를 기존 포털이나 앱에 쉽게 추가할 수 있다면 이 작업은 간단할 수 있다. 특히 앞으로 계속 기능을 추가한다는 계획을 갖고 있었다면 더욱 수월하다. 그러나 포털과 앱이 사용 가능한 기능을 찾는 데 어려움을 겪는 고객들로 붐빈다면, 또는 새로운 기능이 해당 채널에 이미 장착된 것보다 더 복잡하다면 작업은 어려워질 수밖에 없다. 이 지점에서는 '적재적소(horses for courses)[13]'를 고려해야 하며, 기업은 특정 채널이 고객 상호작용에 '적합'한지 여부를 신중히 고려해야 한다. 다음은 몇 가지 예시이다.

- 웹 포털은 스마트폰 기반 앱보다 복잡한 정보와 자유롭게 작성하는 많은 텍스트를 다루는 데 더욱 적합할 수 있다.
- 모바일 앱은 고객 지원 과정에서 사진이 필요한 경우에 이상적일 수 있다(예: 보험금 청구에서 손상된 차량 사진).
- 비디오 콘텐츠는 정적인 웹페이지의 텍스트보다 복잡한 절차나 제품 기능을 설명하는 더 나은 방법일 수 있다.

■ 챗봇, 인터랙티브 음성 응답 시스템(IVR), 음성 봇은 간단한 정보를 전달하고 간단한 거래를 기록하는 데 이상적이다.

스마트폰의 보편성과 기능이 진화하면서 고객에게 미치는 영향도 변하고 있다. 몇 년 전만 해도 고객은 팩스나 우편을 통해서만 문서를 제출할 수 있었다. 하지만 이제는 애플리케이션이 고급 스마트폰 카메라와 인공지능 기술을 활용해 문서를 캡처하고 인식할 수 있다. 예를 들어, 콜러(Kohler) 배관 설치 업체는 현장에서 배관공이 찍은 비디오와 사진을 사용해 고객이 올바른 배치를 정하도록 돕고 있다. 이를 통해 이전에는 불가능하다고 여겨졌던 거래를 디지털화할 수 있었고, 이제는 직원이나 인공지능이 고객 신원과 문서를 인식해 거래를 진행한다. 최신 기술은 여권과 운전면허증을 인식하고 이를 얼굴 이미지와 매칭해 동일인 여부를 식별할 수 있다. 이러한 매칭 및 식별 기능 덕분에 이전에는 대면으로만 가능했던 거래를 디지털로 진행할 수 있게 됐다.

웹 기반 솔루션을 통해 가능한 기능의 범위와 복잡성도 증가하고 있다. 보험금 청구, 주택 대출 신청, 여권 갱신, 세금 신고 등도 이전에는 대면 접촉이 필요했지만 지금은 셀프서비스로 가능하다. 심지어 아동 학대 신고나 괴롭힘 신고와 같은 민감한 문제도 이제 자동화할 수 있다. 신고자에게 익명성을 제공하여 이런 민감한 문제를 더 쉽게 신고할 수 있게 한다. 하지만 이는 여러 솔루션을 함께 진행해야 하는 유형의 사례이기도 하다. 일부는 이러한 경우 셀프서비스 솔루션을 선호하지만, 다른 이들은 인간만이 제공할 수 있는 공감과 도움을 필요로 하기 때문이다.

:: 편리하고 통합된 디지털 경험 창출

더 많은 채널이 등장하고 이에 따른 고객 편의가 증대됨에 따라, 기업은 각 채널 내에서 다른 솔루션을 만드는 대신 '크로스 채널' 솔루션을 설계해야 할 필요성이 커지고 있다(많은 혁신기업들이 이러한 신기술을 바탕으로 성공을 거두었다는 점이 이를 보여준다). 이는 생각보다 어렵다. 각 채널은 서로 다른 목표를 가진 별도의 부서가 운영하는 경우가 많기 때문이다. 따라서 채널 전반에 걸쳐 책임과 이해를 가진 팀이 이러한 문제를 해결하는 것이 효과적이다. 이런 팀은 어떤 경우에 특정 채널의 효과가 떨어지는지 밝혀낼 뿐 아니라 전반적으로 최적의 솔루션을 찾아낼 수도 있다.

여러 채널을 아우르는 솔루션의 예는 이미 많이 있다. 가장 잘 알려진 예 중 하나는 '클릭 앤 콜렉트(click and collect)'이다. 이를 통해 고객은 디지털로 주문하고 소매점에서 이를 픽업해 간다. 베스트 바이(Best Buy)는 두 채널의 이점을 결합한 매우 훌륭한 사례를 보여준다. 많은 기업들이 코로나19 위기 동안 이러한 솔루션을 확대했다. 옴니채널 경험은 신원 확인 및 보안과 같은 분야에서도 나타나고 있다. 더구나 최근에는 전화나 채팅 담당 상담원이 여러 유형의 공동 브라우징(co-browsing) 소프트웨어 프로그램을 통해 텍스트와 동영상을 고객과 함께 찾아보면서 복잡한 시나리오나 다양한 선택 사항을 전달할 수 있다. 이 밖에 서명이나 사진 전달, 기타 신원 확인 메커니즘을 통해 물리적 접촉의 필요성이 계속 줄어들고 있다.

사용 가능한 셀프서비스 설계

최고의 디지털 및 셀프서비스 솔루션은 고객이 거의 아무런 외부 도움이나 지원 없이 사용할 수 있어야 한다. 이러한 채널이 어떻게 작동하는지, 어떻게 이를 평가해야 하는지를 설명해 줄 학술적 연구, 표준 및 문헌이 많이 있다.

■ 제이콥 닐슨(Jakob Nielsen)의 권위 있는 웹 사용성 연구는 20년 전에 작성되었다. 그는 이후 모바일 사용성에 관한 책도 저술했다.[14]
■ '인터랙티브 음성 응답 시스템' 설계에 대한 글로벌 표준이 존재한다. 이 표준은 어떤 열쇠를 어디에 사용해야 하는지, 어떤 유형의 내비게이션이 가능한지를 정의한다.[15]
■ IT 학부가 있는 대학에는 학술적 전문가들이 포진해 있다. 이들은 셀프서비스 및 디지털 도구에 대한 다양한 학위를 보유하고 있다.
■ 기업은 웹사이트 평가 도구를 활용해 사전에 정의한 기준에 따라 자기 평가를 진행할 수 있다.
■ 기업은 '인터랙티브 음성 응답 시스템' 평가 도구를 활용해 내비게이션, 기능성과 같은 논리적 기준에 맞춰 시스템을 평가할 수 있다.
■ 챗봇 평가 도구를 통해서도 유사한 기준에 맞춰 평가할 수 있다.

이처럼 가용한 전문 지식과 잘 정의된 프로세스가 존재하고 있기에, 공통 표준이나 검증된 접근법을 무시하는 부실한 디자인을 내놓는다면 어떤 변명도 불가능하다.

셀프서비스 개발에 있어 입증된 기법 중 하나는 사용성 테스트이다. 고객들에게 통제된 환경 속에서 새로 개발한 솔루션을 테스트해 달라고 요청하는 것이다. 사용성 실험은 **1990**년대에 처음 등장했지만, 많은 기업이 디지털 솔루션을 활용하려고 하면서 이제는 일반화됐다. 예를 들어, 호주 국세청(**Australian Tax Office, ATO**)은 디지털 납세 신고서 등이 주류가 되면서 자체 사용성 실험을 진행하고 있다. 인간 행동 전문가 팀이 이 실험을 진행하는데, 이들은 고객이 신규 또는 업데이트된 고객 셀프서비스 솔루션의 테스트 버전을 사용하는 모습을 관찰하고 기록한다. 호주 국세청은 이를 통해 솔루션의 품질을 끌어올리고 고객이 외부 도움 없이 문제를 스스로 해결할 수 있도록 한다.

:: 고객 채택 극대화

고객이 디지털 솔루션을 채택해 사용하도록 하는 일은 산업, 기능, 고객 기반의 특성에 따라 들어가는 노력이 서로 다르다. 예를 들어, 앞서 언급한 바와 같이, 다른 사기업은 그렇게 못하지만 정부 기관은 특정 기술이나 셀프서비스 형태의 사용을 이론적으로 의무화할 수 있다. 이를테면 세계 여러 도시에서는 기존의 교통 티켓을 대체해 디지털 교통 카드를 도입했으며, 최근에는 교통 카드마저도 스마트폰 버전으로 대체하고 있다. 이 추세는 한국의 유패스(**Upass**), 홍콩의 옥토퍼스 카드(**Octopus card**), 런던의 오이스터 카드(**Oyster card**)에서 시작되었으며, 많은 도시들이 현금 충전 카드를 도입하고 이후에는 휴대전화 기반 메커니즘으로 전환했다.

정부 기관은 고객이 변화에 적응하는 속도가 서로 다르다는 점을 고려해 디지털 카드를 출시한 후에도 물리적 티켓 발행을 상당 기간 유지하기도 한다. 또한 디지털 카드 발급 과정에서 대규모 캠페인을 통해 대중을 교육했다. 직원들은 충전 기계에 배치되어 사람들이 빠르고 쉽게 이를 이용할 수 있도록 안내하고 도왔다. 기업들도 새 기능을 도입할 때마다 새로운 마케팅과 고객 교육을 대규모로 펼쳤다(예: 모바일 기반 버전).

이러한 예는 기업이 새로운 또는 변경된 셀프서비스 기능을 홍보할 때 고려해야 할 핵심 질문의 일부를 잘 보여준다.

■ 새로운 기능을 어떻게 알릴 것인가?
■ 고객의 채택을 장려하기 위해 어떤 인센티브 또는 변화 전략을 제시하고 있는가?
■ 고객이 새로운 기능을 시도하거나 사용할 때 어떻게 지원할 것인가?
■ 고객의 채택 여부를 어떻게 측정할 것이며, 언제 구식 메커니즘을 중단할 것인가?

기업들은 정부 기관과는 다른 상황에 처해 있는 경우가 많다. 거의 모든 기업은 독점적 지위를 갖지 않아 특정 채널의 사용을 의무화할 수 없다. 이에 혁신기업이 개혁기업보다 유리하다. 산업에 새로 진입하는 기업은 디지털 전용으로 시작할 수 있지만, 개혁기업은 각처에 자리 잡고 있는 지점망과 고객 지원 센터 등 기존 채널을 가지고 있다. 개혁기업은 새로운 솔루션에 대해 알리고 이를 사용하도록 하는 데 많은 노력을 기울여야 한다. 때로 아래와 같은 전술을 반드시 사용해야 한다.

- 대중 광고.
- 동봉 안내문과 인터랙티브 음성 응답 시스템 메시지 같은 '구식' 채널을 통한 새로운 채널 마케팅.
- 채널 내 및 다른 웹페이지에서 진행하는 홍보.
- 고객 전반에 보내는 SMS 및 이메일 마케팅.
- 일선 직원이 직접 수행하는 홍보.
- 새로운 채널 사용에 대한 가격 인센티브 또는 비선호 채널 사용에 대한 가격 페널티.
- 채널의 점진적 철회(예: 지점 폐쇄, ATM 네트워크 축소).
- 새로운 메커니즘을 거래 과정에 묶어 넣어 어쩔 수 없이 사용하도록 유도(예: 채팅 고객 지원만 제공하는 선불 전화).

일선 직원의 역할: 그들을 전문가로 만들기

많은 기업들이 새로운 디지털 및 셀프서비스 메커니즘을 홍보하고 지원하는 데 최일선 직원들을 활용하지 않고 있다는 것은 여전히 놀라운 일이다. 불행히도, 기업들은 최일선 직원들이 셀프서비스를 홍보하는 일을 꺼린다는 점을 인식하지 못한다. 그 이유는 다음과 같다.

- 최일선 직원들은 고객의 디지털 채널 사용이 자신의 일자리를 없앨 수 있다고 생각한다.
- 그들은 디지털 솔루션이 무엇을 할 수 있는지에 대해 무지할 수 있다.
- 그들은 이러한 채널의 고객이나 사용자가 아니기 때문에 대답할 수 없는 질문을 두려워할 수 있다.

■ 그들은 매번 디지털 솔루션을 둘러싼 고객 질문을 받고 따라서 이를 해결해야 하지만, 이러한 솔루션이 얼마나 효과적인지에 대해서는 잘 알지 못할 수 있다.

이 모든 문제는 해결해야 한다. 최일선 직원들은 새로운 또는 개선된 디지털 솔루션을 홍보하고 지원하는 데 무척 효과적인 통로이기 때문이다. 최일선 직원들은 디지털 솔루션에 대해 자신감을 가져야 하며, 이상적으로는 스스로 사용자가 되어야 한다. 그들은 디지털 솔루션을 사용해 보고 그 작동 방식을 정확히 이해해야만 전문가가 될 수 있다. 이는 기업의 고위 경영진에도 동일하게 적용된다! 최일선 직원들은 디지털 도구를 효과적으로 홍보하는 시기와 방법에 대해 교육을 받아야 하며, 디지털화 전략을 지원하는 데 필요한 적절한 자료와 도구에 접근할 수 있어야 한다. 예를 들어, 이들은 새로운 형태의 증강 에이전트 솔루션(augmented agent solution)을 사용하여 애플리케이션의 핵심 부분과 연결되는 링크가 삽입된 텍스트 및 이메일을 보낼 수 있어야 한다. 이로써 고객 지원 속도를 높이고, "지금 거기로 가는 링크를 문자로 보내드릴까요?"와 같은 문구를 사용하면서 앱이나 디지털 솔루션을 적절히 홍보할 수 있다. 이러한 간단한 방법으로 직원과 고객 양쪽 모두 자신감을 가질 수 있다.

디지털 및 기타 셀프서비스 채널의 사용이 늘어나면, 최일선 직원들은 단순 안내 업무가 줄어든다. 또한, 직원은 고객 전화 처리에서 웹 채팅 처리로, 다중 채널 업무 등으로 전환 배치될 수도 있다. 이처럼 고객의 디지털 솔루션 사용 빈도가 늘어날수록, 최일선 직원들의 기술과 채널 역량도 함께 진화해야 한다.

측정 및 조정

기업은 디지털 솔루션을 활용해 거래 사용, 페이지 조회수, 열림, 클릭 비율, 고객 노력, 피드백 등을 측정할 수 있다. 따라서 디지털 솔루션의 파일럿 버전을 배포해 그 효과를 평가하고 개선이 필요한 부분을 찾아낼 수 있다. 다만 다른 채널에 미치는 긍정적 및 부정적 영향은 측정하기 쉽지 않다. 다음은 몇 가지 예이다.

- 앱의 새로운 기능으로 인해 고객센터에 새로운 또는 다른 고객 문의가 들어오게 됐는가?(예를 들어, 모바일 뱅킹 애플리케이션 때문에 "이 거래가 어떻게 된 건가요?"와 같은 새로운 고객 문의가 생긴다.)
- 새로운 앱이 거래를 대체했는가, 아니면 새로운 거래를 생성했는가?
- 어떤 고객(특정 지역, 연령대, 페르소나, 경험 유무 등)이 디지털화 솔루션을 사용하고 있으며, 어떤 고객이 사용하지 않고 있는가?
- 고객들은 디지털 메커니즘을 다른 솔루션과 비교하여 어떻게 평가하는가?

기업이 새로운 디지털 솔루션 도입의 긍정적 및 부정적 영향을 추적하는 데 있어 제1장 '이해하기'에서 제안한 분석법이 도움이 된다. 예를 들어, 기업은 새로운 애플리케이션이 직원이 지원하는 특정 거래의 규모에 어떤 영향을 미치는지 추적할 수 있어야 한다. 이는 고객이 다른 솔루션을 사용함에 따라 지원 요청이 전화에서 채팅이나 이메일로 이동할 수 있기 때문에 복잡할 수 있다. 따라서 효과적으로 측정하려면 다음을 포함해 멀티채널 문제를 고려해야 한다.

■ 디지털 채널 이용률.

■ 인바운드 전화와 같은 기존 고객 지원 채널에서 보이는 고객 문의량.

■ 새로운 디지털 솔루션으로 연결될 수 있는 새로운 지원 채널(예: 채팅)
에서 보이는 새로운 고객 문의.

또한, 디지털 솔루션이 결과를 개선하는지 확인하기 위해 고객
경험 지표(예: 이탈률, 최초 문의 해결, 순 고객 추천 점수)도 반드시 모니터
링해야 한다.

▶ 힌트와 팁

디지털화를 구현할 때 다음 다섯 가지 제안을 기억하라.

:: 규칙과 관례를 확인하라

각각의 셀프서비스 채널에는 사용자에게 익숙한 규칙이나 표준이 있다. 웹 디자인과 같은 분야에서는 관례에 가깝지만, 인터랙티브 음성 응답 시스템과 같은 채널에서는 국가 및 국제적으로 발표된 표준이 있다. 예를 들어, 웹 디자인에서 '브레드크럼즈(breadcrumbs)'는 사용자가 더 낮은 수준으로 탐색한 방법을 보여주는 텍스트 흔적이다. 아래 있는 브레드크럼즈는 항공사 웹사이트에서 가져온 것이다.

예약 → 항공편 선택 → 여행 세부 사항 → 승객 → 결제

사용자는 브레드크럼즈를 통해 자신이 어디에 있는지 알 수 있고, 경로를 쉽게 거슬러 올라갈 수도 있다. 훌륭한 탐색 기능이지만 많은 사이트가 이를 전혀 사용하지 않고 있다.

아이디어의 실제 적용. 인터랙티브 음성 응답 시스템은 검증된 디자인 규칙을 따라야 한다. 예를 들어, 고객은 인터랙티브 음성 응답 시스템 메뉴에서 세 가지 이상 옵션이 나오면 기억에 어려움을 겪는다. 이상적으로는 어떤 메뉴에서든 가장 자주 사용되는 옵션이 첫

번째로 나와야 하며, 각 옵션은 하나의 아이디어를 전달해야 한다. 그렇지 않으면 고객은 여러 가지를 한 번에 기억해야 한다. 예를 들어, "의류는 1번을, 가정용품은 2번을, 식품은 3번을 누르세요"는 명확하고 쉽게 설계된 것이다. 반면에, "빵과 고기는 1번을, 야채, 식료품 및 파스타는 2번을, 전기제품과 신발은 3번을 누르세요"는 메뉴를 짧게 만들 수 있지만, 그룹으로 묶은 항목들이 서로 관련된 게 아니므로 고객이 기억하는 데 어려움을 겪을 것이다. 서로 관련되지 않은 항목 메뉴보다 더 나쁜 것은 고객에게 너무 많은 선택지를 제공하는 경우다(이는 흔하지 않다).

:: 고객이 사용하기 쉽게 만들어라: 디자인은 최대한 단순하게

일부 회사들이 디지털 애플리케이션의 회원 등록 과정이나 첫 사용자 경험을 얼마나 복잡하게 만들었는지를 확인하면 놀라울 뿐이다. 셀프서비스는 이용이 간편해야 하며, 더 나아가 고객의 불편의 소지가 없어야 한다. 이상적인 디자인은 고객이 별도의 등록 없이 웹 애플리케이션에 자동으로 로그인할 수 있도록 허용하거나, 사이트를 재방문할 때 자동 로그인이 되도록 해야 한다. 포털이나 앱에 별도의 아이디와 비밀번호가 필요하다는 생각은 없애야 할 관습일 뿐이다. 고객이 이메일 주소나 휴대폰 번호를 사용자 이름으로 입력할 수 있다 하더라도, 대부분의 기업은 이미 이 정보를 알고 있으므로 이를 대신 입력할 수 있다.

다음과 같은 특징이 나타나면 간단하고 좋은 디지털 디자인을 달성했다고 할 수 있다.

- 충분한 여백이 있다.
- 데이터 입력 순서가 합리적이다.
- 기업이 사용자를 알고 있어서 사전에 채울 수 있는 항목을 사전에 채워 넣었다.
- 필요한 것만 묻는다.

아이디어의 실제 적용. 애플, 구글, 마이크로소프트는 최종 사용자가 쉽게 사용할 수 있도록 노력하고 있다. 최신 윈도우 운영 체제, 애플의 **IOS**, 구글의 특정 부분은 고객이 비밀번호를 기억하고 기본 설정을 하도록 도와줌으로써, 사용자가 다양한 사이트 각각의 특이성을 기억하지 않아도 된다. 이는 많은 등록 과정의 복잡성을 해결하기 위한 실질적인 해결책이다.

:: 혁신기업에서 전술을 빌려 오라

일부 혁신기업들이 크게 성공할 수 있었던 이유 중 하나는 이용자들에게 사이트를 사용할 추가적인 이유를 제공했기 때문이다. 예를 들어, 이론적으로 우버는 사용자에게 접근하는 차량을 지도에 보여줄 필요가 없다. 단순한 카운트다운 시계를 사용하더라도 일반 택시 회사보다 더 유익했을 것이다. 그러나 접근하는 차량을 시각적으로 보여줌에 따라 고객은 통제권이 커지면서 예약을 취소하거나 "내

차는 어디에 있나요?"라는 문의할 필요가 없어졌다. 디지털 앱을 통해 사용자에게 부가 서비스를 제공함으로써 기업의 평판과 사용 수준을 높일 수 있었다.

아이디어의 실제 적용. 아마존은 "이 책을 좋아한 독자들은 또한 ……을 좋아했습니다"라는 유명한 추천 기능을 제공한 최초의 혁신 기업이다. 이는 데이터 마이닝과 예측 분석(predictive analytics)을 처음으로 사용한 사례 중 하나이다. 충성도를 높였고, 매출을 증가시켰으며, 23년이 지난 지금도 다른 사람들이 모방하기 어려운 기능이다.

:: 디지털화와 사전 예방의 동시 진행

디지털 솔루션은 반드시 앱과 포털만으로 구성해야 하는 건 아니다. 자동화된 솔루션은 자동화된 사전 예방 메시지일 수도 있다. 좋은 예로, 어떤 통신회사는 고객이 요금제 한도에 가까워졌을 때 경고 문자를 보낸다. 이는 사전 예방의 한 형태이지만 동시에 자동화이기도 하다.

아이디어의 실제 적용. 일부 공공시설 회사는 요금이 평소보다 높을 때 더 많은 청구서 세부 정보와 설명을 자동으로 포함시킨다. 이는 사전 예방의 한 형태이지만, 자동화와 알고리즘에 의해 가능하다.

:: 모두가 앱을 사용하게 만들라

모든 임원, 관리자, 그리고 일선 직원들이 디지털화 도구에 등록하고 이를 사용하는 것은 모멘텀을 구축하고 이해를 높이는 데 도움이 된다. 이를 통해 고객의 겪는 일을 더 잘 이해하고 개선이 필요한 부분을 발견할 수 있다.

아이디어의 실제 적용. 한 신용카드 회사는 전화 판매 방식을 변경하여 판매 팀이 기존의 종이 신청서 대신 온라인 신청서를 따르도록 했다. 판매 팀이 매일 온라인 플랫폼을 사용하기 시작하면서 시스템이 어떻게 작동하는지, 그리고 고객을 더 잘 도울 수 있는지, 방법을 익히게 되었다.

:: 분명한 채택 목표를 제시하고, 책임을 명확히 부여하라

투자 수익을 얻기 위해 필요한 채택 목표를 직원들에게 명확히 제시하는 것뿐 아니라, 그 목표를 달성하기 위한 계획도 필요하다. 디지털화 개선에 대한 경영진 수준의 책임도 분명해야 한다. 종종 IT 부서가 아닌 제품 또는 고객 관리 책임자에게 그 책임이 있기 때문이다. 책임 소재를 분명히 한다면 제품과 서비스 설계 사이의 연결이 명확해지면서 추가 오류나 혼란이 줄어든다.

아이디어의 실제 적용. 한 은행은 챗봇에 투자하기로 결정할 때, 챗봇이 직원이 운영하는 채팅 채널의 고객 문의 40% 이상을 대체해야 한다는 명확한 목표를 세웠다. 이에 따라 챗봇 설계 팀은 상당한 수준의 자동화를 달성하기 위해 충분한 범위와 기능을 포함할 수밖에 없었다. 이번 프로젝트는 부서별 예산을 결정하는 고객 서비스 이사가 맡았다. 프로젝트는 목표를 약간 초과한 41%의 채팅 채널 대체의 성과를 거두었다. 목표가 명확하지 않았다면 실패할 수도 있었다.

요약

디지털화 전략은 고객의 불편이 없는 기업으로 거듭나는 데 있어 가장 강력한 요소가 될 수 있다. 간단한 고객 문의를 자동으로 처리하고 다양한 채널에서 속시원한 답변을 제공함으로써 고객을 만족시키고 콜센터와 같은 직원 지원 채널에 들어가는 비용을 줄일 수 있다. 디지털화를 올바르게 수행하면 매끄럽고 편리하지만, 잘못 수행하면 불편을 일으키고 고객을 더욱 화나게 할 수 있다. 성공을 위한 방법론, 학술 연구, 전문 지식이 이제는 많이 쌓여 있다. 기업은 이를 활용해야 한다. 좋은 디자인과 사용성은 이제 과학이지 예술이 아니다. 기업은 고객 채널의 성장을 통해 더 많은 기회를 얻고 있지만, 채널에 통합적이고 일관되게 접근해야 한다. 다행히 고객을 만족시키고 유지율을 높이는 방법을 보여줄 좋은 사례가 많이 있다.

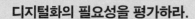

디지털화의 필요성을 평가하라.

다음 질문에 하나라도 '예'라고 대답하거나 답을 모른다면, 여러분은 디지털화 조치를 더 많이 수행해야 한다.

Q1. 경쟁자가 더 나은 고객 셀프서비스 및 디지털 솔루션을 가지고 있는가(그리고 고객이 그렇게 말하는가)?

Q2. 현행 디지털 솔루션을 사용하려는 고객의 유지율을 이해하거나 측정하지 못하고 있는가?

Q3. 고객이 종종 간단한 거래나 정보 문의를 위해 직접 회사로 전화하거나 채팅을 하는가?

Q4. 디지털 및 셀프서비스 솔루션에 투자했지만 고객이 자주 사용하지 않아 좌절감을 느끼는가?

Q5. 일선 직원이 셀프서비스를 충분히 홍보하지 않고 있는가?

Q6. 직원의 고객 지원에 있어 셀프서비스 채널의 문제(예: "로그인이 안 돼요")가 많은가?

Q7. 고객이 셀프서비스 및 디지털 솔루션에 대해 부정적인 피드백을 주는가?

Q8. 고객이 "왜 당신네 셀프서비스는 아마존만큼 사용하기 쉽지 않나"라고 말하는가?

사전 예방하기
PREEMPT

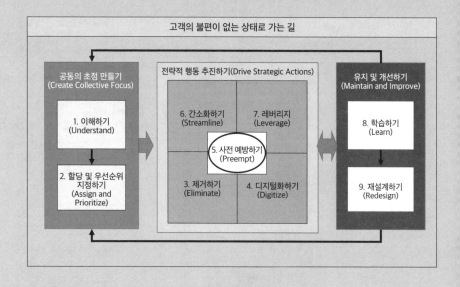

05

사전 예방하기

삶도 체스도, 앞을 내다보는 자가 승리한다.
—찰스 벅스턴

📣 '사전 예방하기'란 무엇이며, 왜 중요한가?

사전 예방하기(Preempt)는 다섯 가지 전략적 행동 중 세 번째로, 고객이 기업과 상호작용하는 방식에 있어 매우 다른 접근 방식이다. 사전 예방하기는 고객 이슈에 수동적으로 반응하는 대신 고객이 회사에 문의할 필요를 막기 위해 사전에 예방하는 데 초점을 이동하는 것이다. 사전 예방적 조치는 기업이 고객들의 이익을 위해 노력하고 있음을 보여주기 때문에 고객의 불편을 줄인다. 제거하기 조치는 고객의 짜증을 유발하는 요소를 없애 이를 '영원히' 해결하길 희망하며, 디지털화 조치는 고객의 일상적 요구를 자동화한다. 반면, 사전 예방하기 조치는 어떤 일이 장차 잘못될 수 있다는 점을 인식하고, 기업이 이러한 변화를 예상하고 고객에게 사전 경고를 보낸다. 예를 들어, 제거하기 조치가 고객에게 재고가 떨어진 물건을 주문하지 못하게 막는 것이라고 한다면, 사전 예방하기 조치는 전체 과정의 어딘가에서 지연이 발생해 배송이 늦어질 것임을 고객에게 알리고 고객의 기대치를 재조정하는 것이다.

어느 정도 사전 예방하기는 다른 모든 기업 행동(제거하기, 디지털화, 간소화하기, 레버리지)과 중복되며 이를 보조할 수 있다. 이 때문에 전체 도식에서 다른 네 가지 전략을 둘러싸고 있는 것으로 표시했다. 종종 다른 기업 행동은 실행이 더 복잡하고 시간도 오래 걸릴 수 있기 때문에 사전 예방하기 전략이 임시 대응책이 될 수 있다. 예를 들어, 주문한 물건이 약속한 이틀 내에 배송되지 않으면 기업은 많은 항의 전화를 받을 것이다. 이 문제를 제거하기 위해 두 가지 방법을 고려할 수 있다. 모든 배송 시간 약속을 늦추거나 전체 물류 및 배송 시스템을 뜯어고치는 것이다. 이 두 가지 솔루션은 어렵고 시간이 많이 걸리며 비용도 많이 든다. 임시적인 사전 예방하기 전략은 이틀을 넘기는 배송에 대해 고객에게 메시지를 보냄으로써 고객의 기대치를 관리하는 방안이 가능하다. 이런 조치는 분명 도움이 될 수 있지만 완전한 해결책은 아니며 고객의 실망을 피하지 못한다. 또한 물류 시스템을 정비한 뒤에도 나쁜 날씨와 같이 기업의 통제 범위를 벗어난 경우를 대비해 영구적인 사전 예방하기 전략이 여전히 필요할 수 있다.

따라서 사전 예방하기는 고객의 기대와 요구를 관리하는 메커니즘을 갖추는 일이다. 이는 현재 또는 장차 일어날 수 있는 문제를 수동적으로 관리하기보다는 능동적으로 관리하는 새로운 접근 방식을 제안한다. 이와 관련해 기업은 다음 세 가지 중요한 질문을 스스로에게 던져봐야 한다.

■ "여기에서 무엇이 잘못될 수 있으며, 이를 어떻게 관리할 수 있는가?"

■ "고객의 기대를 충족할 수 없다면, 어떻게 고객을 도울 수 있는가?"

■ "아직 우리에게 묻지 않았지만, 고객은 무엇을 알고 싶어 할까?"

고객의 불편이 없는 조직은 이와 같이 능동적으로 사고한다. 이들은 자신이 초래한 문제를 사전에 예방할 뿐만 아니라, 고객의 이익을 위해 따로 필요한 안내를 제공한다. 예를 들어, 사전 예방하기 전략을 실행하는 통신사는 고객의 데이터 사용량이 맞지 않으면 요금제의 업그레이드 또는 다운그레이드를 제안한다. 고객의 불편이 없는 회사는 고객이 잘못된 제품을 구매해 높은 요금을 지불(이는 때로 '나쁜 수익'이라 부른다)하기보다 적절한 제품을 사용하는 것을 선호한다. 이들은 낮은 요금에 만족한 고객이 불필요한 높은 요금을 내는 단기 고객보다 장기적으로 더 나은 수익을 가져다준다는 점을 알고 있다.

지난 20년 동안 사전 예방하기 행동을 가능하게 하는 수단이 크게 늘어났다. SMS, 텍스트, 모바일 앱, 포털, 다양한 형태의 문자 메시지, 자동 전화, 이메일 등은 고객에게 필요한 정보를 알리는 데 과거의 편지나 전화와 비교할 수 없이 저렴하고 빠르며 간단하다. 이제는 커뮤니티 포럼과 회사가 제공하는 소프트웨어 업데이트와 같은 다른 메커니즘도 가능해졌다. 기업은 각종 분석 도구와 인공지능으로 통해 고객의 행동과 트렌드를 훨씬 더 잘 이해할 수 있으며, 스마트하고 타겟팅이 잘된 개입도 가능하다.

:: 사전 예방하기가 적용되는 상황

많은 상황에는 능동적인 사전 예방하기 전략이 거의 언제나 적용된다. 이런 상황은 여덟 가지 범주로 설명할 수 있다.

■ 약속된 일정을 맞출 수 없어 고객의 기대를 관리해야 하는 경우(예: 항공기 지연이나 배송 지연).

■ 고객에게 영향을 미치는 특이사항이나 문제가 일부에게는 알려졌지만 모두가 알고 있지는 못한 경우(예: 소프트웨어 버그나 시스템 오류).

■ 장기 계약으로 일정이 가변적이라 고객이 이를 확인하고자 할 경우(예: 보험금 청구, 대출 신청, 구직 신청).

■ 고객이 미래 이벤트에 대한 알림을 받아야 할 때(예: 예약 알림).

■ 고객이 실수하거나 영향을 받을 수 있는 경우(예: 차량 서비스 마감 경고나 조만간 만료될 계획에 대한 알림).

■ 고객의 행동이 이익을 줄 수 있을 때(예: 인기 공연의 티켓 구매를 위한 사전 등록).

■ 고객이 기업의 운영 방식에 대해 최신 정보를 가지고 있지 않을 때(예: 새로운 운영 시간, 새로운 약관 및 조건, 새로운 위치와 새로운 제안).

■ 고객이 좋은 결과를 얻을 수 있게 기업이 도울 수 있는 경우(예: 건강 관리 및 재산 관리 분야).

잘 실행된 사전 예방하기 전략은 단순히 고객 불만 및 문의를 막는 데 멈추지 않는다. 기업이 고객과 그들의 시간을 존중한다는 것을 보여준다. 기업이 자신의 고객에게 신경을 쓰고 있으며 그들의 시간과 노력을 소중히 여긴다는 것을 나타낸다. 사전 예방하기 전략은 고객이 시간을 관리할 수 있도록 하고, 잘 수행되면 고객 충성도를 쌓을 수 있다. 또한 시간과 비용을 절약할 수 있다. 20센트짜리 문자 메시지가 8분짜리 "주문한 물건은 어디에 있나요?"라는 전화보다 훨씬 저렴하기 때문이다. 요컨대 사전 예방하기 전략은 고객과 기업 모두에게 윈-윈이 될 수 있다.

사전 예방하기 개입은 세 단계의 접근이 가능하다.

1. 무엇을 사전 예방할지 결정한다. 사전 예방적 전략에 적합한 문제들을 살펴보고, 기업이 준비해야 하는 예측할 수 없는 상황이 있는지 고려한다.
2. 최적의 사전 예방 메커니즘을 선택한다. 어떤 메커니즘이 시의 적절하고 효과적인지, 하나 또는 그 이상의 메커니즘이 필요한지, 이러한 메커니즘을 어떻게 조합하여 사용할 수 있는지 알아낸다.
3. 사전 예방 메커니즘의 성공률을 높인다. 사용되고 있는 메시지와 메커니즘을 정교하게 다듬는다.

사전 예방하기는 비용 절감과 고객 충성도 증가라는 두 가지 이점이 있다. 상황에 대해 고객에게 신속하게 알림으로써 인바운드 고객 문의와 관련된 고객 불만을 방지하고, 따라서 비용을 절감할 수 있다. 고객에게 영향을 미치는 사항에 대해 진정으로 관심을 보임으로써 충성도와 지지도를 높일 수 있다. 몇 가지 예에서 볼 수 있듯이, 혁신기업은 고객에게 실망을 주는 것보다 수익을 포기하는 것이 더 낫다고 판단한다(예: 크리스마스 이전에 배송되지 못할 주문은 취소할 수 있도록 허용). 많은 사전 예방 솔루션을 사용하면 기업 안에 고객 중심적인 사고방식을 구축할 수 있다.

◣ 좋은 사례

:: 질병 예방 국가 프로그램

호주 정부의 두 가지 건강 프로그램은 훌륭한 사전 예방 전략을 보여준다. 호주 정부는 두 가지 가장 흔하고 치명적인 암인 유방암과 대장암에 대처하고자 수차례의 건강 검진을 보장하는 사전 예방 프로그램을 설계했다. 모든 호주 국민은 만 50세부터 2년마다 대장암 검사 키트를 받는다. 이 테스트를 완료할 필요는 없지만, 복잡하고 불쾌한 절차를 거쳐 대변 샘플링 등을 진행해야 함에도 42% 이상[1]의 사람들이 이 테스트를 완료한다. 호주 여성들은 2년마다 무료 유방암 검진을 받을 수 있으며, 54%가 이 검사를 받는다.

이 두 프로그램은 호주의 암 사망률 감소에 기여했다. 유방암 사망률은 1980년대에 17% 이상에서 오늘날 10% 이하로 감소했으며, 이는 조기 발견과 치료가 이뤄진 덕분이다. 마찬가지로 대장암 사망률은 35%에서 오늘날 20% 이하로 감소했다.[2] 이 프로그램은 잘 정의된 사전 예방 전략의 혜택을 보여준다. 유방암 및 대장암 검사는 그 과정이 유쾌하지 않지만, 잘 설계된 프로세스와 훌륭한 교육 및 홍보 덕분에 이 프로그램은 성공을 거두었다.

:: 정전 안내 메커니즘

케이블원(Cable One)과 같은 광대역 및 미디어 사업에서 정전은 피할

네트워크 정전으로 상담 팀에게 또 조용한 날이 찾아왔다.

수 없는 일이다. 불행히도 정전이 되면 다큐멘터리를 스트리밍 서비스하거나 사업을 관리하려는 고객은 폭발할 지경에 빠진다. 기업은 전력 공급 회사와 함께 전화통에 불이 난다. 케이블원은 정전 관련 정보가 나오는 즉시 웹사이트와 인터랙티브 음성 응답 시스템에 정전 정보를 게시함으로써 사전 예방 조치를 취했다. 네트워크 운영 센터는 정전이 발생하면 여러 메커니즘(문자 및 이메일)을 통해 고객에게 즉시 알린다. 그들은 고객이 빨리 상황을 알도록 하는 것이 나중에 지원 센터로 쏟아져 들어올 고객 전화를 처리하는 것보다 낫다고 생각한다. 현장 기술자도 네트워크 상태를 업데이트할 수 있으며, 고객은 다양한 알림 시스템에 가입할 수 있다. 이러한 모든 시스템은 훌륭하고 유용한 사전 예방 시스템이다. 이와 유사하게 대부분의 호주 전력 배급 회사는 웹사이트, 문자 알림, 이메일 등 다양한 메커니즘을 통해 정전 정보를 제공한다. 블리자드 엔터테인먼트는 지난 5년 동안 게이머 1명당 고객 문의 수가 급격히 감소한 주요 이유 중 하나로 정전 공지를 꼽았다.

:: 위기에서 외상을 완화한 보다폰

보다폰은 코로나19 봉쇄 기간 동안 재택 근무하는 고객을 지원하면서 국가별로 큰 스트레스를 받았다. 많은 가입자가 일자리를 잃었고, 사회 안전망이 없는 일부 국가에서는 소득 수준이 크게 감소했다. 이에 보다폰은 "지금은 결제를 할 수 없으니 나중에 결제할 방법을 알고 싶다"와 같은 고객 요청 코드를 면밀히 추적하고, 빅데이터와 예측 분석을 사용하여 위험에 처한 고객을 식별했다. 보다폰은 이를 바탕으로 고객에게 요금 결제를 나중으로 미룰 수 있다는 메시지를 사전에 전달하는 일련의 사전 예방 조치를 취했다. 특정 고객한테는 요청이 없었음에도 자동으로 결제를 미뤄 줬다. 고객들은 이러한 조치를 크게 반가워했으며, 보다폰도 이런 결제 관련 문의가 줄고 고객 충성도를 유지할 수 있었다. 봉쇄 기간 동안 또는 이후에 전력 유틸리티 회사는 할증료를, 보험 회사는 보험료를 줄여주는 등 코로나19 위기 동안 많은 회사가 외상을 완화해 줬다.

:: 테슬라, 주행 거리를 더 주다

테슬라의 전기차 부문은 고객의 '주행 가능 거리 불안'을 줄이고 서비스 센터 방문 시간을 줄이기 위해 다양한 사전 예방 조치를 취했다. 24시간 원격 측정 시스템을 통해 배터리 사용량과 충전 잔량을 모니터링하며, 테슬라는 배터리 잔량이 5% 이하로 떨어지면 고객에게 이메일이나 문자 메시지로 즉시 충전할 것을 알린다.

테슬라는 또한 필요할 때 고객을 돕기 위한 일회성 조치도 취한다. 2017년 미국 플로리다주에서 허리케인 어마(Irma)가 발생했을 때, 테슬라는 폭풍을 피해 탈출하는 고객들에게 추가 배터리 전력을 '잠금 해제'했다. 많은 고객이 60kWh 모델을 사용하고 있었지만 실제로는 75kWh 배터리가 장착되어 있었다. 60kWh 모델이 더 저렴했기에 테슬라는 나중에 고객들이 업그레이드할 수 있을 것이라 생각했다. 한 고객이 폭풍을 피하기 위해 추가 주행 거리를 요청했을 때, 테슬라는 많은 고객들이 추가 주행 거리를 필요로 한다는 점을 깨달았다. 이에 폭풍을 피하는 모든 운전자들에게 원격으로 추가 15kWh를 잠금 해제했다. 이 '사전 예방' 잠금 해제 조치로 인해 테슬라는 말 그대로 더 많은 거리를 가게 해줬다면서 큰 찬사를 받았다.[3]

테슬라는 이제 서비스 센터 예약이 어려워진다는 불만에 대응하여 다른 사전 예방 조치를 취하고 있다(전기차는 서비스 센터 방문이 훨씬 덜 필요하지만). 자동차 부문 책임자인 제롬 굴렌은 "우리에게 최고의 서비스는 서비스가 필요 없는 것이다"라는 유명한 문구를 인용했다. 그는 이어 "그래서 우리는 자동차의 품질과 신뢰성을 향상시키기 위해 많은 노력을 기울였다. 지난 2년 동안 서비스센터 방문 빈도가 3분의 1로 줄어들었다. 서비스가 필요 없다는 진정한 목표에 다가갔다"고 말했다. 테슬라는 두 가지 다른 변화도 도입했다. 원격 모바일 서비스의 범위를 확대해 40%의 서비스가 고객의 집에서 수행되도록 했고, 앱의 기능을 향상시켜 고객에게 서비스가 필요할 때를 알리고 예약을 도울 수 있게 했다. 이는 사전 예방적 고객 서비스의 훌륭한 사례이다.[4]

:: 최고의 배송 경험

아마존은 온라인 주문 및 배송 과정을 통해 고객의 기대를 관리하는 방법을 정의하고 선도해 왔다. 아마존이 선구적으로 도입한 메커니즘은 이제 많은 온라인 소매업체에서 광범위하게 사용하고 있다. 1990년대 후반, 아마존은 주문 처리 과정의 여러 단계에서, 예를 들어 창고에서 배송이 시작되거나 출고될 때, 주문 및 배송 확인 이메일을 즉시 발송하기 시작했다. 아마존은 여전히 주문 및 배송 과정의 다양한 단계에서 업데이트를 제공하며, 배송 지연이 발생할 경우 이를 알리는 다양한 알림을 제공한다. 이 알림은 아마존 고객에게 직접 배송하는 업체와 아마존 창고 배송 모두에서 동일하게 제공된다.

페덱스(FedEx)와 유피에스(UPS)와 같은 많은 배송 및 운송업체들도 이제 주문 추적 및 알림 서비스를 제공하며, 온라인 소매업체와 이들이 사용하는 배송 회사 사이에서도 긴밀한 협력이 이루어지고 있다. 많은 다른 기업들도 아마존의 알림 방식을 모방하여 고객의 기대를 관리하고 있다. 일부 회사는 보험금 청구나 주택 담보 대출 신청과 같은 일처리가 오래 걸리는 과정에서도 고객을 업데이트 상태로 유지하기 위해 유사한 메시지를 계속 보낸다.

🚩 나쁜 사례

많은 기업이 사전 예방 전략을 채택하기 위해 각종 데이터를 분석할 잠재력이 있음에도 불구하고 그렇게 하지 않는다. 일부 기업은 이러한 데이터를 수집하는 것조차 귀찮아한다. 많은 기업이 궂은 날씨나 기타 문제를 고생하는 고객이 처리하도록 돕는 대신, 하늘을 탓하는 데 만족한다.

:: 소프트웨어는 누구 것일까?

어떤 소프트웨어 회사는 운영 체제의 새로운 버전을 출시하면서 사전 예방적이라고 생각한다. 하지만, 이는 종종 고객에게 매우 큰 불편을 끼친다. 예를 들어, 어떤 회사는 컴퓨터가 종료될 때 업데이트가 설치될 것이라고 사용자에게 알리지만, 컴퓨터를 다시 켤 때 발생할 수 있는 부팅 지연이나 북마크 손실에 대해 경고하지 않는다. 때때로 업데이트를 설치하는 데 몇 분이 걸릴 수 있지만, 사용자에게 이에 대해 경고하거나 설치에 필요한 시간을 알려주지 않는다. 사용자가 다시 컴퓨터를 켜서 긴급한 작업을 완료해야 하는 경우, 이는 매우 짜증나는 일이 될 수 있다. 사용자에게 "컴퓨터를 다시 켤 때 재구성에 추가로 5분이 필요할 수 있습니다"와 같은 메시지로 사용자에게 예상되는 영향을 경고하는 일은 결코 어려운 게 아니다.

　이전에 소프트웨어 업데이트는 카운트다운 뒤 컴퓨터가 자동으로 강제 종료되도록 했다. 사용자는 거의 선택의 여지가 없었고, 긴급하지 않을 수도 있는 소프트웨어 업데이트를 위해 컴퓨터 사용을 중단해야 했다. 최상의 소프트웨어를 제공하는 것과 최종 사용자만 알 수 있는 상황에서 기기를 제어하는 것은 미묘한 균형을 필요로 한다. 고객의 불편이 없는 회사는 최종 사용자에게 더 많은 제어권을 부여하고 업데이트 이유를 명확하게 설명할 것이다.

:: 배달되지 않는 신문

영국의 주요 일간 신문 중 하나는 미국에도 배달되며, 특히 주말 판이 인기가 많다. 가끔 주말판 신문의 배달이 지연되기도 하지만, 신문사는 구독자에게 아무런 경고를 보내지 않는다. 대신, 고객은 배달이 되지 않았다고 동부 해안 고객센터가 닫히기 전에 전화를 걸어야만 했다. 이메일 옵션도, 온라인 고객 계정에서 '배달 안 됨'을 신고할 수도 없었다. 심지어 신문사가 환불을 처리할 방법마저 없다. 고객 서비스 담당자는 항상 온라인 버전이 사용 가능하다고 알려주었지만, 때로는 종이 신문을 손에 들고 있는 것이 어떤 주말인지를 결정한다. 너무 큰 불편이 아닐 수 없다!

:: 두 항공사의 차이

항공사들은 궂은 날씨의 영향을 많이 받기에 사전 예방 차원에서 고객에게 연락하는 데 점점 더 나아지고 있다(예: 항공편 취소를 문자나 이메일로 승객에게 알려 다른 계획을 세우도록 함). 그러나 최악의 기상 상황이 펼쳐지면 다른 사전 예방 전략이 부각된다. 시드니-멜버른 항로는 세계에서 세 번째로 가장 바쁜 국내선 항로다. 2019년, 폭풍으로 인해 바쁜 목요일 오후에 시드니 공항이 폐쇄되었고, 수천 명의 승객이 발이 묶였다. 두 주요 항공사 중 한 곳은 사전 예방적으로 행동하여 모든 외지 단골 탑승객을 위해 호텔을 예약하여 그들의 불안을 덜어주었다. 나머지 한 곳은 공항 폐쇄 사실을 뒤늦게 승객들에게 알렸다. 이쪽 승객들이 공항에서 갇혔다는 소리를 듣고 있을 때, 다른 항공사는 이미 대부분의 이용 가능한 호텔 숙박을 차지한 상태였다.

갑작스러운 호텔 객실 수요 급증과 공급량 부족으로 숙박료가 급등했다. 두 번째 항공사의 외지 승객들은 숙소를 찾고 다음 날 일정을 재조정하느라 고군분투해야 했다. 승객들은 계획이 엉망이 됐음에도 정상 호텔 가격의 최대 200%를 지불해야 했다. 사실상 한 항공사의 사전 예방 전략은 경쟁 항공사의 승객들에게 나쁜 경험을 초래했다. 한 항공사는 고객이 필요할 때 체계적이고 배려심 있는 모습을 보여준 반면, 다른 항공사는 고객들을 방치하고 이런 상황에 대한 계획이 전혀 없는 것처럼 보였다. 이는 발생 가능한 문제를 예상하고 사전 예방 전략을 준비하는 것의 가치를 보여준다.

:: 당신이 문자 메시지를 보냈나요?

호주에서 최근 제정된 법률로 인해 연금 펀드들은 고객에게 생명

보험 등 옵션에 대해 선택권을 주기 위해 잔액이 적은 고객들에게 의무적으로 연락을 취해야 했다. 많은 펀드가 문자 메시지, 이메일, 편지 등을 통해 이를 고객에게 알렸다. 여러 채널을 사용해 고객의 주의를 끌려고 한 것은 옳았다. 그러나 한 펀드는 문자를 너무 엉성하게 작성해 많은 고객이 사기라고 생각하고 신고 전화를 걸었다. "당신이 문자 메시지를 보냈나요?"와 같은 질문으로 시작하는 전화가 고객센터로 쏟아져 들어왔다. 문자 메시지에는 누가 왜 메시지를 보냈는지, 고객에게 무엇이 필요한지, 설명이 들어 있지 않았다. 더 나아가, "이번 기회를 놓치면 세금이 왕창 나올 겁니다"와 같이 사기꾼이 쓰는 것과 유사한 문구도 포함되어 있었다.

문구가 너무 불완전해 고객들은 제공된 링크가 피싱 사이트로 연결될까 봐 무서워했다. 회사는 고객들이 어떻게 반응할지 테스트하지 않았고, 고객들이 이해하지 못하는 용어를 사용했다. 이는 사전 예방 시도가 역효과를 내어 원래 피하려 했던 콜센터로의 전화 홍수를 불러왔다. 콜센터는 이번 일로 상당한 시간과 자원을 낭비해야 했다.

사전 예방을 하는 방법

〈그림 5.1〉은 기업이 무엇을 사전 예방할지, 어떻게 사전 예방할지, 그리고 사전 예방 개입의 효과를 어떻게 개선할지를 결정하기 위해 취할 수 있는 세 가지 단계를 보여준다.

:: 언제, 무엇을 사전 예방할지 결정한다

사전 예방은 다른 네 가지 전략적 행동을 보완하는 데 사용된다. 이는 다음과 같은 다섯 가지 방법으로 작동할 수 있다.

- 제거하기와 디저털화와 같은 다른 조치에 대한 임시 대안(예: 다른 솔루션이 구축 및 배포되는 동안 사전적으로 정보를 제공).
- 부분적 결과를 달성하지만 다른 조치보다 비용 효율적인 솔루션.
- 불가피한 상황에 대한 해답으로 유일한 솔루션.
- 프로세스를 관리하는 효과적인 방법.
- 고객 관계를 관리하는 효과적인 방법.

사전 예방 조치가 이렇게 작동하려면 다른 사고방식과 분석이 필요하다. 가치-짜증 매트릭스상의 모든 제거하기 또는 디저털화 고객 문의 원인을 평가하여 사전 예방 솔루션이 임시 대안이나 부분적 결과로 작동할 수 있는지 확인해야 한다. 고객이 기어코 전화를 걸게 만드는 배송 지연은 빠뜨리지 말고 살펴봐야 할 대목이다. 회사가 먼저 움직이면 문의 연락을 막을 뿐 아니라 고객의 실망이나 이탈을 막을 수 있기 때문이다. 사전 예방 메커니즘은 고객에게 정보를 제공하고 고객의 기대를 재설정하는 훌륭한 방법이다. 또한, 사전 예방 솔루션은 소프트웨어 버그, 제품 결함, 네트워크 중단 등과 같이 많은 고객에게 영향을 미치지만 아직 문제가 본격화하지 않은 경우 간소화하기 문의에도 잘 작동한다.

고객의 불편이 없는 조직은 불가피한 상황이 발생할 때 가동할 대규모 알림 메커니즘을 준비해 둔다. 이들은 자신이 완벽하지 않다는 것을 알고 있으며, 자신의 불완전성의 영향을 최소화하려고 노력한다. 제품 배송이 지연되거나 결함이 발견되면 고객에게 알리고 고객의 기대를 조정하려 한다. 또한, 모든 고객에게 영향을 미치기 이전에 문제를 해결하기 위해 신제품의 파일럿 테스트와 같은 리스크를 없애는 솔루션을 따르기도 한다.

또한 고객의 불편이 없는 조직은, 이를테면 극한의 날씨 또는 공급업체나 제3자와 벌어진 문제와 같이 자신이 통제할 수 없는 상황 속에서도 고객을 도울 방법을 고려한다. 기업이 앉아서 "여기서 무엇이 잘못될 수 있으며 그런 상황에서 고객을 어떻게 도울 수 있을까?"라고 질문을 던지는 것은 무척 다른 사고방식을 필요로 한다. 예를 들어, 일부 항공사는 항공편 출발 시각 24시간 전에 일정에 영향을 미칠 수 있는 기상 예보가 나오면 곧장 경고 메시지를 보내기 시작했다. 이들은 날씨를 통제할 수 없지만 고객이 준비하거나 대안을 마련할 수 있도록 돕는 책임이 있다고 생각했다. 선진적인 유틸리티 회사들도 극한의 날씨나 정전이 발생할 때 고객에게 알릴 방법을 미리 준비해 두었다.

〈그림 5.1〉 사전 예방하기 접근법

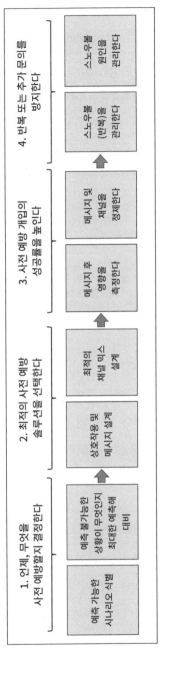

1. 언제, 무엇을 사전 예방할지 결정한다	2. 최적의 사전 예방 솔루션을 선택한다	3. 사전 예방 캠페인의 성공률을 높인다	4. 반복 또는 추가 문의를 방지한다
예측 가능한 시나리오 식별	상호작용 및 메시지 설계	메시지 후 영향을 측정한다	스노우볼 (반복)을 관리한다
예측 불가능한 상황이 무엇인지 최대한 예측해 대비	최적의 채널 믹스 설계	메시지 및 채널을 정제한다	스노우볼 원인을 관리한다

〈표 5.1〉 사전 예방 메시지 예시

산업	메커니즘	조직과 고객이 받는 혜택
건강 및 서비스	하루 전 확인("예약대로 오신다면 '예'를 눌러 주세요.") 및 당일 알림 같은 예약 알림 및 경고를 보낸다.	예약을 덜 놓친다. 기업은 대기자 명단이 명확해지고, 수용 능력을 최대로 유지할 수 있다.
배송 서비스	진행 중인 배송 또는 픽업에 대한 다단계 알림을 제공한다.	낭비되는 트럭 운행이 줄어든다. 고객은 여유가 생기고 상황을 제어할 수 있다.
건강 보험	안과 및 치과 같은 부가 서비스에 대한 무료 검진을 제공한다. 체육관 회원권 및 운동 장비 보조금을 지원한다.	조기 건강검진을 통해 치아 근관과 같은 고가의 치료를 예방할 수 있다. 전반적 체력 향상으로 다른 건강 비용을 줄인다.
통신 및 브로드밴드	통화량 등의 한도가 있는 요금제의 사용량 경고(예: "이번 달이 절반밖에 안 지났는데 요금제 최대치의 80%에 도달했습니다.")를 제공한다.	고객은 페널티 요금을 피하기 위해 요금제를 업그레이드하거나 사용량을 줄인다.

네 번째 사고 영역은 장기적 프로세스 전반에 걸친 고객 기대 관리에 관한 것이다. 예를 들어, 복잡한 보험금 청구나 여권 신청이 이런 경우에 해당한다. 고객의 불편이 없는 조직은 가능한 한 많은 사전 업데이트를 제공하여 고객이 최신 정보를 알고 있어 회사에 따로 문의할 필요가 없도록 만든다. 예를 들어, 대출 신청 과정에서는 문서 수령, 평가 완료, 최종 승인 등과 같은 단계를 고객에게 알릴 수 있다. 배송 지연이 발생하거나 예외 조건 탓에 프로세스가 연장될 경우 고객에게 이를 알리기 위해 아웃바운드 커뮤니케이션을 사용하는 것을 포함할 수도 있다. 이러한 기업은 끊임없이 "내가 고객이라면 무슨 정보가 더 필요할까?"라는 질문을 스스로에게 던진다. 이러한 유형의 메시지 사례는 〈표 5.1〉에 나와 있다.

고객 관계 관리를 제대로 하려면 고객의 제품 및 서비스 사용 방식을 분석할 때 다르게 접근해야 한다. 다음과 같은 상황을 평가함에 있어 분석 도구는 커다란 도움이 된다.

- 어떤 고객이 필요에 맞지 않는 제품이나 서비스를 사용하고 있으며, 업그레이드 또는 다운그레이드를 통해 혜택을 받을 수 있을까?
- 어떤 고객이 관리가 필요한 위험(예: 사기 가능성)을 가지고 있는가?
- 어떤 고객이 충성도에 대해 보상을 받아야 하는가?
- 어떤 고객이 회사가 도울 수 있는 어려움을 겪고 있는가?

이 분석은 단기 고객 수익성을 넘어서는 시야를 가져야 한다. 고객을 그냥 현재의 제품이나 서비스에 남겨두고 알리지 않는 것이 가장 수익성이 높은 상황일 수 있기 때문이다. 반면에 고객의 불편이 없는 조직은 고객이 지출을 줄임으로써 절약할 수 있는 방법을 보여주는 것이 장기적 이점이 크다고 인식한다. 이들은 또한 고객이 제품에서 완전한 가치를 얻지 못했다는 것을 인식할 경우 할인 혜택을 제공할 수도 있다. 이에 대해 가장 좋은 예는 통신 및 광대역 제공자가 필요도 없는 서비스로 요금을 받는 대신 고객의 사용 패턴에 맞는 제품으로 업그레이드하거나 다운그레이드하도록 제안하는 경우이다. 많은 조직이 이를 실행하지 않는데, 대부분은 페널티 요금과 추가 마진을 취하는 것을 선호하기 때문이다. 그러나 이렇게 하면 고객은 경쟁사의 더 나은 제안에 손쉽게 이끌려갈 것이다.

연금 사업자도 이러한 사전 예방 행동의 또 다른 사례를 보여준다. 그들은 모든 고객의 연령, 잔액 및 포트폴리오 프로필을 분석했다. 그런 다음, 그들은 자신의 생애 단계와 자산 규모에 맞지 않는 투자 프로필(예: 고위험 또는 저위험)을 갖고 있는 고객들에게 연락했다. 그들은 고객에게 투자 프로필을 변경하도록 요구한 것이 아니라, 대안을 제시하고 그 이유를 설명했다. 그들은 고객에게 통제권을 넘기면서도 고객의 이익을 최우선으로 생각하고 있음을 보여주었다.

:: 최적의 사전 예방 솔루션을 선택한다

사전 예방 솔루션을 설계하기 위해서는 적절한 메시지, 적절한 메커니즘 및 채널, 고객을 지원하는 적절한 방법이 필요하다. 여기에는 여러 수준의 복잡도가 있다.

- 가장 간단한 사전 예방 조치는 프로세스 현재 상태나 다가오는 예약 일정 등 간단한 정보를 제공하는 것이다.
- 약간 더 복잡한 것은 고객의 행동이나 선택으로 이어질 수 있는 정보를 제공하는 것이다(예: "예약을 확인하려면 예라고 답하세요.").
- 더 복잡한 솔루션은 고객이 다양한 행동 가운데 하나를 선택할 수 있는 경우로, 이때는 더 복잡한 대화가 필요하다.
- 마지막으로, 일부 사전 예방 조치는 고객의 문의를 유도할 수도 있다. 이것이 문제를 해결하기 위한 유일한 방법이기 때문이다. 예를 들어, 고객에게 사기 경고를 보낸 경우 고객은 계정을 잠금 해제하거나 거래 활동을 확인하기 위해 전화를 걸어야 할 수 있다. 〈표 5.2〉는 각각의 예를 보여준다.

〈표 5.2〉사전 예방 솔루션의 유형

유형	예시	디자인 영향
단순한 정보 제공	"귀하의 이메일을 받았습니다."	단순 메시지, 보통 하나의 채널에서 제공됨.
정보 제공 및 확인	"예약 시간이 48시간 후입니다. 계속 진행하시겠습니까?"	단순한 양방향 자동화와 "예를 누르세요"와 같은 단순한 응답. 모든 응답을 허용함.
정보 제공 및 선택	"한도를 초과했습니다. 업그레이드, 일시적 업그레이드, 현행 요금제 유지 가운데 어떤 것을 원하십니까?"	각 고객 행동에 대한 확인이 더 필요함. 고객의 선택을 위해 추가 정보를 담은 링크를 제공해야 할 수 있음.
정보 제공 및 대화 유도	"귀하의 개인 정보가 유출된 것 같습니다. 여기를 클릭하여 저희와 대화를 나누세요."	적절한 직원과의 연락을 쉽게 할 수 있도록 채널 링크를 제공함.

다음으로, 각 사전 예방 개입의 적절한 계기와 타이밍을 찾고, 적절한 지연 시간을 계산하는 것이 중요하다. 예를 들어, 비행편이 지연되면 항공사는 즉시 승객에게 문자를 보내고, 두 번째로 선호하는 채널(예: 음성 메시지)로 후속 조치를 취할 수 있다. 다른 사전 예방 전략으로 이벤트 며칠 전에 알림을 보낼 수도 있고, 어떤 경우에는 사건 발생 후에 통지해야 할 수도 있다. 기업은 또한 알림을 너무 자주 발송하지 않아야 효과를 거둘 수 있다는 점을 알아야 한다. 메시지를 너무 자주 보내면 고객이 이를 무시하거나 필요한 조치를 놓치게 될 수 있다. 튀르키예와 같은 일부 국가에서는 기업이 고객에게 보낼 수 있는 문자 메시지의 수를 연간 단위로 제한하고 있으므로, 어떤 사전 예방 메시지가 가장 큰 영향을 미칠지 선별하는 일이 중요하다.

고객은 이제 문자, 이메일, 전화를 쉽게 차단할 수 있다. 이에 고객이 받고 싶어하는 매력적인 메시지를 보내는 것이 중요하다. 일부 기업은 이제 고객이 자신의 알림을 제어할 수 있도록 한다. 예를 들어, 충전식 교통 카드 회사는 잔액이 고객이 미리 정한 특정 수준으로 떨어질 때 알림을 받을 수 있도록 하고 있다.

메시지의 문구와 형식도 중요하다. 안타깝게도 사기와 스팸이 증가하고 있어, 고객은 날아오는 메시지에 경계심을 품고 있다. 따라서 고객에게 보내는 메시지는 신뢰할 만한 것이야 한다. 고객은 메시지가 진짜임을 알고 신뢰할 수 있어야 한다. 발송 이유와 향후 조치도 명확해야 하며, 상세한 추가 정보 또는 메시지를 보낸 회사의 정체를 확인할 수 있는 링크를 제공하면 도움이 된다. 많은 고객에게 보낼 메시지의 문구와 형식을 사전에 테스트하면, 실수를 방지할 수 있다. 고객이 이해할 수 있는 표현과 문구를 신중히 생각하고 전문 용어를 피하면, 이러한 전략의 효과가 더 높아진다.

:: 채널 선택 및 혼합

각 고객 불만 사유에 맞는 가장 효과적인 사전 예방 도구나 채널을 선택하는 것이 중요하다. 하지만, 일부 기업은 선택지가 제한될 수 있다. 모든 고객 연락처 정보를 보유하고 있지 않거나, 일부 채널을 작동하기 전에 고객이 데이터 수집에 동의해야 하는 절차(opt-in)를 거쳐야 할 수 있다. 사용할 수 있는 채널에는 동기식 또는 비동기 메시징(asynchronous messaging), SMS, 이메일, 앱이나 고객 포털의 알림,

인터랙티브 음성 응답 시스템, 자동 전화, 챗봇, 아웃바운드 전화, 전통적인 우편 편지 등이 있다. 여러 채널이 필요할지, 채널을 어떻게 조합할지를 신중히 고려해야 한다. 기업은 특정 메시지가 매우 중요하다고 판단될 경우 여러 채널을 병행하여 사용할 수 있다. 메시지가 서로 연결되어 있음을 고객이 인식할 수 있도록 하면 더 효과적이다(예: "이 메시지는 귀하의 모바일 폰으로도 발송되었습니다"). 다른 채널에서 조치나 추가 문의를 유도하는 메시지는 간단해야 하며, 고객이 누군가와 대화하거나 필요한 정보를 보낼 수 있는 링크와 버튼이 붙어 있어야 한다. 중요한 메시지라면, 기업은 수신 확인을 원할 수도 있다. 올바른 사전 예방 설계에서 대화의 양방향성을 신중히 고려할 필요가 있다.

:: 사전 예방 도구의 성공률을 높인다

사전 예방 조치의 장점 중 하나는 보통 이것이 기업의 통제 아래 있다는 점이다. 기업은 수동적으로 반응하기보다는 능동적 행동을 취하는 것이기 때문에 더 실험적인 접근 방식을 채택할 수 있다. 이에 메시지와 메커니즘을 미세 조정할 수도 있다. 예를 들어, 제한된 수의 고객에게 문자 메시지를 보내 반응을 평가할 수 있다. 고객의 행동을 유도하는 메시지는 준비할 시간을 주기 위해 순차적으로 내보낼 수 있다.

기업은 사전 예방 조치의 성공률을 높이기 위해 알림 후 문의율을 다양한 방식으로 측정해야 한다. 예를 들어, 반응을 유도하는 사전 예방 조치는 그 반응률로 쉽게 측정할 수 있다. 고객이 문의할 필요가 없도록 만드는 사전 예방 조치는 실제 들어오는 고객 문의 건수로 측정할 수 있다. 기업은 고객의 이메일 열기나 앱에서 메시지 확인 등을 측정할 수 있지만, 고객이 실제 편지를 읽어봤는지 여부는 측정할 수 없다.

알림이나 사전 예방 메시지를 측정할 수 있는 능력이 있다면 해당 채널이 효과적인지 여부를 곧바로 알 수 있다. 예를 들어, 새로운 메시지를 테스트할 때 기업은 필요가 없음에도 측정 도구로서 '확인'을 요청할 수 있다. 이를 통해 메시지 발송 후 몇 분 이내에 사전 예방 전략이 고객에게 전달되었는지 여부를 파악할 수 있다. 기업은 또한 부정적인 반응을 측정해야 할 수도 있다. 이를테면 예상치 못한 반응(예: "이 메시지는 무엇인가요?"라고 묻거나, 방해만 됐다는 불만)을 포함해 고객은 콜센터로 전화를 걸어올 수도 있다.

목표 이하의 결과가 나오거나 고객이 사전 예방 메시지에 대해 불만을 제기한다면, 기업은 다음과 같은 조치를 고려해야 한다.

■ 원치 않는 문의 비율을 줄이기 위해 사전 예방 도구와 채널을 수정한다.
■ 메시지를 조정하여 더 명확하게 하거나 고객의 꺼림과 걱정을 줄인다.
■ 더 많은 선택지와 통제권을 제공한다.
■ 파일럿을 재시행하거나 성공 여부를 신중히 평가한다.
■ 목표를 재설정한다.
■ 실험을 반복한다!

:: 반복 또는 추가 문의를 방지한다

또 다른 사전 예방 범주는 1장 '이해하기'에서 설명한 대로 '스노우 볼 녹이기'이다. 모든 기업은 문제 해결이나 질문에 대한 답변을 첫 번째 문의에서 처리하는 것이 고객 만족의 본질적 요소임을 알고 있다. 최초 문의 해결(FCR)이 80%에서 90%에 이른다고 해도 여전히 10%에서 20%의 문의는 처음에 해결되지 않는다.

〈그림 5.2〉는 일반적 기업 운영에서 반복 문의의 평균 처리 시간 (AHT)의 전체 흐름을 보여준다.[5]

스노우볼을 방지하는 가장 좋은 방법은 당연히 문제를 처음에 해 결하는 것이다. '이해하기' 장에서 설명한 대로 고객의 반복 문의를 분석함으로써 기업은 문제를 해결하지 못한 이유를 밝혀낼 수도 있

〈그림 5.2.〉 첫 문의 대비 후속 문의의 평균 처리 시간

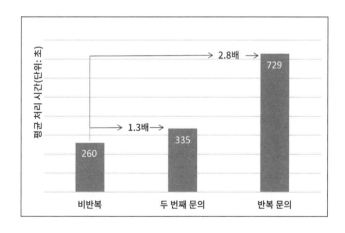

다. 모든 반복 문의는 미해결을 나타내며, 따라서 원인 분석이 가능하다. 반복 문의의 원인은 다음과 같을 수 있다.

■ 직원이 훈련 부족이나 잘못된 행동으로 문제를 해결하지 못한다.
■ 현행 프로세스를 따르면 해결되지 않는다. 직원이 프로세스를 필요한 프로세스에 접근할 수 없기 때문이다.
■ 고객이 충분히 설명을 듣지 못해 제시된 해결책에 혼란을 느낀다.
■ 고객이 기대하는 시간 내에 프로세스가 해결되지 않는다(이 경우, 시간 프레임을 줄이거나 기대치를 재설정해야 한다).

이 대목에서 '이해하기' 장에서 설명한 분석 기법을 통해 각 문의 유형별 반복 수준과 해결책을 가늠할 수 있다. 그러나 왜 해결이 이루어지지 않는지를 분석하려면 종종 더 수작업적인 기법이 필요하다. 여기에는 전화 청취, 일선 직원이 참여하는 워크숍 개최, 비즈니스 전반의 프로세스 추적(예:《하버드 비즈니스 리뷰》에 실린 고전적 기사인 「주문에 자신을 묶어라」),[6] 음성 및 텍스트 분석, 보다 더 자세한 고객 조사 수행 등이 포함된다. 해결책은 개인에 대한 코칭 및 훈련에서부터 처음부터 끝까지 프로세스를 재설계하는 것까지 다양할 수 있다.

많은 기업이 고객 문의를 처음에 해결하지 못하는 이유 가운데 하나는 요청이나 문의를 받는 것과 이에 대응하는 프로세스를 분리했기 때문이다. 이는 전화를 받는 일과 그 후의 더 복잡한 데이터 처리나 계산을 분리해야 한다는 생각에서 비롯된다. 흔한 예로, 전화로 청구를 접수하는 팀이 따로 있고 다른 부서들이 이렇게 받은 청구를 처리하는 경우가 있다. 더 저렴한 백오피스나 해외 사무실로 사후 처리 과정을 옮기면 좋다는 유혹이 이러한 경향을 더욱 강화시켰다.

이를 해결하는 한 가지 방법은 '뒤에서 앞으로(back-to-front)' 리엔지니어링이다. 이 메커니즘을 통해 다른 영역으로 넘기는 업무 이관을 모두 분석하여 직원이 신속하게 문제를 해결할 수 있는 프로세스를 찾는다. 일선 직원은 로봇 프로세스 자동화와 같은 새로운 자동화 형태의 도움으로 이러한 프로세스를 더 쉽게 수행할 수 있다. 최신 기술은 복잡하고 시간이 많이 소요되는 백오피스 작업을 자동화함으로써 더 높은 최초 문의 해결 달성을 가능하게 한다.

두 번째 사전 예방 메커니즘은 직원이 두 번째 문의를 받았을 때 문제를 완전히 해결할 수 있는 위치에 있도록 하는 것이다. 스노우볼을 녹일 수 있도록 문제 해결률을 높이는 여러 메커니즘이 있다.

■ 새로운 문제가 발생할 때 검색이 쉽고 실시간으로 업데이트할 수 있는 지식 시스템(예: 위키).
■ 일선 직원이 반복 문의를 해결하기 위해 더 많은 시간을 할애할 수 있도록 하는 업무 평가 시스템.
■ 고도로 숙련되거나 경력이 있는 직원을 더 어려운 문제와 반복 문의를 담당할 수 있게 하는 기술 구조 및 문제 해결 메커니즘.
■ 초기에 문제를 해결하지 못한 일선 직원에 대한 피드백 및 코칭.
■ 반복 문의를 해결하거나 유발하는 사람이 누구인지 보여주는 측정 시스템.

〈그림 5.3〉은 예시 보고서이다. 왼쪽 상단에 있는 직원들은 더 많

〈그림 5.3〉해결자 대 반복 문의 촉발자

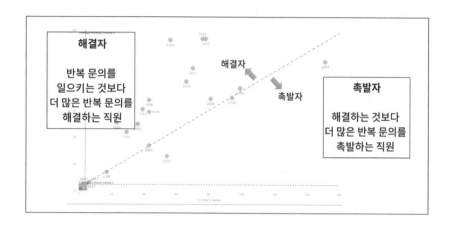

은 스노우볼을 녹인 '해결자'이며, 오른쪽 하단에 있는 직원들은 녹인 것보다 더 많은 스노우볼을 만들기 시작한 '촉발자'들이다.[7] 이러한 종류의 격자판을 만듦으로써 기업은 귀중한 통찰을 얻을 수 있다. 예를 들어, 해결자가 어떻게 그렇게 높은 성과를 낼 수 있는지, 교육이나 지식 접근 방법을 변경해야 하는지 등을 살펴볼 수 있다.

▚ 힌트와 팁

다음 여섯 가지 기술은 채널 선택부터 적절한 시점, 언어 선택에 이르기까지 사전 예방하기의 모든 측면을 다룬다.

:: 맞춤형 멀티채널을 사용한다

고객에게 광범위하게 다가가고 그들의 주의를 끌기 위해, 사전 예방하기 솔루션은 여러 채널을 사용할 필요가 있다. 이들을 상호 보완적이고 통합된 방식으로 활용해야 한다. 오늘날 여기에는 다음과 같은 기술이 포함된다.

- 메시지가 여러 채널로 전송되었음을 알려주기(예: "동일한 메시지가 이메일로도 전송됐습니다").
- 메시지 안에 다른 채널로 연결되는 링크 제공(예: 문자 메시지에 웹사이트 링크 포함).
- 아웃바운드 통화를 하고, 문자 메시지를 남기며, 다른 채널을 선택할 수 옵션 제공.

아이디어의 실제 적용. 오늘날 문자 메시지는 대부분 스마트폰에서 수신되어 고객이 링크를 따라가 더 많은 정보를 얻을 수 있다. 은행은 사기 위험에 대한 경고를 보낼 때 관련 정보와 고객의 온라인 로그인으로 연결되는 링크를 제공한다. 은행은 더 많은 정보를 제공하기 위해 콜센터로 연결되는 전화번호 링크를 제공하며, 피싱 사기범이 보내는 메시지와 구별할 수 있도록 계좌 번호의 일부를 함께 보내주기도 한다. 이 계좌 번호는 자체로는 쓸모가 없지만 실제 은행에서 보낸 메시지라는 점을 알기에 충분하다(예를 들어, "이 메시지를 받는 분의 계좌 번호 끝자리는 **XXXX**입니다").

:: 고객의 언어로 작성된, 간결하고 완전한 메시지

메시지가 간결하고 완전하며 자신의 언어로 작성돼 있으면 고객이 행동할 가능성이 훨씬 높다. 이런 메시지를 만들기 위해 기업은 고객의 입장에서 생각해야 한다. 예를 들어, 공식적인 제품 이름 대신 고객이 널리 사용하는 일반적인 이름을 사용할 수 있다. 좋은 짧은 메시지는 '무엇과 언제'에 중점을 두며, '왜와 어떻게' 정보는 대화를 필요로 하기에 집어넣지 않는다.

아이디어의 실제 적용. 고객에게 지역 우체국에서 소포를 수령하라고 알릴 때 신분증을 지참하도록 상기시킨다. 이는 헛걸음을 피하게 한다. 좋은 의료 예약 알림에는 시간, 장소, 그 밖에 필요한 모든 것이 포함된다. 코로나19 시기에는 알림에 안전 관련 요구 사항도 모두 포함되었다.

:: 적절한 타이밍

사건 전에 고객에게 경고하고 도움을 주는 것이 좋은 생각처럼 보이지만, 밥 호프(Bob Hope)가 한 말처럼 "타이밍이 전부"[8]다. 너무 일찍 연락하면 고객이 짜증을 내고 귀찮아할 수 있다. 반대로 너무 가까운 시점에 알리면 효과가 떨어질 수 있다. 타이밍은 기업이 무엇이 가장 잘 작동하는지 실험할 수 있는 부분이다.

아이디어의 실제 적용. 한 주요 보험 회사는 갱신 두 달 전에 고객에게 연락하여 세부 정보를 업데이트하도록 권장한다. 이는 대단히 부드러운 알림으로 거의 고객의 불편을 일으키지 않는다. 이 알림은 중요한 보험 갱신 전에 회사가 고객과 소통하도록 돕는다. 이와 마찬가지로, 한 브로드밴드 제공업체는 월별 결제를 주기로 하기에 다양한 트리거 포인트를 가지고 있다. 같은 한 달 안이라 해도 시점에 따라 사용량 알림을 메시지로 보낸다. 예를 들어, 월 중반에 사용량의 50%를 사용했을 때는 알리지 않지만, 월 중반에 할당량의 70%를 사용했거나 열흘 남았을 때 90%를 사용한 경우에는 경고를 보낸다. 이러한 경고의 본질은 타이밍과 사용량 한도를 결합하는 것이다.

:: 소통은 양방향이어야 한다

기업은 텍스트, 이메일, 문자 메시지를 일방적인 소통 수단으로 사용하는 데 안주할 수 있다. '회신 금지' 유형의 이메일 주소나 '답장하지 마세요' 메시지는 대화를 나누려는 의지가 부족함을 보여준다.

약간의 노력만으로도 고객의 확인을 허용하거나 대화를 시작할 수 있는 링크를 제공할 수 있다. 고객에게 양방향 대화를 가능하게 하는 것이 훨씬 예의 바른 행동이다.

아이디어의 실제 적용. 좋은 예약 알림은 긍정적인 확인 응답을 가능하게 한다. 많은 치과의사나 외과의사는 이제 고객에게 "Y를 입력하거나 예라고 말하세요"라며 메시지를 확인하도록 한다. 또한 확인하지 않은 사람들에게 후속 조치를 취하는 프로세스도 있을 수 있다. 양방향 문자 메시징(two-way text messaging)은 고객이 다른 날짜를 요청하거나 질문을 할 수 있도록 하여 기업과 대화를 가능하게 한다.

:: 고객에게 제어권 부여

고객은 사전 예방 연락을 어떻게 받고, 무엇을 받을지와 관련해 최소한 승인할 수 있는 제어권을 가져야 한다. 새로운 제안을 할 수 있다면 더욱 좋다. 대부분의 회사는 고객이 프로필을 맞춤 설정하고 채널을 선택하여 다양한 알림 및 명세서를 받는 방법을 선택하도록 권장한다. 일부 회사는 고객이 임계값을 지정할 수 있도록 허용하기도 한다(예: "잔액이 X원일 때 알림을 보내주세요").

아이디어의 실제 적용. 이러한 맞춤 설정의 가장 간단한 예는 고객에게 알림 방법을 선택하게 하는 치과 수술 센터이다. 예약을 할 때 이메일, 문자 메시지, 전화 알림을 원하는지 묻는다. 심지어 가장 오래된 알림 방법인 손으로 쓴 예약 카드를 제공하기도 한다. 비슷하게, 주요 대중교통 카드 회사는 고객이 잔액 알림을 받을 방법뿐 아니라 돈이 얼마 남았을 때 받을지 선택할 수 있도록 한다. 이를 통해 모든 고객이 자신의 프로필을 맞춤 설정할 수 있게 한다.

:: 고객의 입장에서 생각하기

기업이 "귀하가 보내주신 X를 받았으며, Y영업일 내에 완료하겠습니다"와 같은 메시지를 고객에게 보내면, 고객은 그 시점에 그것을 손에 넣을 것이라고 가정한다. 고객은 '영업일'에 따라 실제 수령할 날짜를 계산할 시간이 없으며, 우편으로 인한 추가 배송 시간을 고려하지 않을 수도 있다. "주문서에 딱 달라붙어 있어 보면" 주문서가 우편실로 가서 일정 기간 동안 우편을 통해 이동한 후 여러 부서를 거치게 된다는 점을 알 수 있다. 각 부서는 몇 영업일을 추가로 잡아먹는다. 고객은 기다리는 것을 싫어하며, 그 사이에 상태를 확인하기 위해 여러 번 문의를 시도하여 불편을 증가시킬 것이다.

아이디어의 실제 적용. 최고의 기업은 외부로 기대치를 설정하고 내부에서 이를 능가한다. 한 회사는 내부 검토를 통해 우편 배송이 불확실성을 더하고 있음을 깨달았다. 이 회사는 항상 이메일을 외부 발송 메커니즘으로 사용하여 고객이 정보를 언제 받을지 제어할 수 있도록 프로세스를 변경했다.

⬝ 요약

사전 예방하기는 다른 네 가지 전략을 보완하고 강화한다. 이를 통해 고객은 무언가 잘못되었음을 깨닫기 이전에 이를 막을 알림과 업데이트를 제공받는다. 필요하면 문의하라고 고객을 상기시키기도 한다. 고객은 이 과정에서 다시 통제권을 얻고 원치 않는 연락과 불쾌한 일을 피할 수 있다. 또한 기업이 원하는 행동을 고객이 취하도록 장려할 수도 있다. 사전 예방하기는 까다롭다. 하지만 사전 예방의 대상, 사전 예방의 방법, 사전 예방의 성공률을 높이는 방법 등을 결정하는 일은 그만한 가치가 있다.

사전 예방적 조치는 필요한 투자를 감안하더라도 상당한 비용 절감을 가져올 것이다. 이제 채널 선택은 다양하고 거의 즉각적으로 가능하기 때문에, 사전 예방하기는 직원 채널에서 고객 문의를 처리하는 것보다 훨씬 저렴할 뿐 아니라 실현 가능성도 높다. 그러나 고객은 너무 많은 알림을 원하지 않으며, 규제 기관은 스팸과 남용을 방지하기 위해 이러한 채널의 사용을 통제하려 한다. 따라서 사전 예방은 현명하고 절제된 방식으로 이뤄져야 한다. 모든 메시지나 이메일은 고객에게는 방해나 침입이 될 수 있으며, 신중하게 다루어야 한다.

잘 수행되면 고객은 사전 예방 조치가 자신의 이익을 위해 제공된다는 것을 인지하고 만족할 것이다. 고객은 더 이상 많은 연락을 필요로 하지 않지만, 기업이 시간을 절약하거나 제품을 효율적으로 사용하도록 돕기 위해 노력하고 있음을 인식할 것이다. 그들은 "지갑으로 투표"하고, 잘 조직된 사전 예방적 개입을 통해 고객을 돕는 기업에 그만큼 보상을 줄 것이다.

사전 예방하기의 필요성을 평가하라.

다음 질문에 '예'라고 답하면, 사전 예방 조치를 더 많이 수행해야 한다.

Q1. 주기적으로 발생하여 고객이 회사에 전화를 걸어오는데, 귀사가 이와 관련해 고객에게 미리 알려주지 않고 있는 일이 있는가?

Q2. 고객에게 경고를 보낼 수 있는 문제가 발생하는가?

Q3. 프로세스 진행 시간을 두고 때때로 고객 기대치를 재설정해야 하는가?

Q4. 고객이 귀사의 제품이나 서비스에서 더 많은 가치를 얻을 수 있도록 도울 수 있는 잠재력이 있는가?

Q5. 고객이 더 많은 비용을 지불하거나 불리해질 수 있는 이벤트에 대해 지금보다 더 많이 경고할 수 있는가?

Q6. 고객이 프로세스나 주문 상태를 확인하기 위해 자주 문의하는가?

Q7. 고객이 예약, 갱신 또는 다른 일정을 놓치는 경우가 있는가?

Q8. 고객에게 x에 대해 알려줄 수만 있다면 고객이 회사에 문의하거나 다른 데로 떠나는 것을 막을 수 있는가?

Q9. 경쟁사들은 고객에게 더 많은 정보를 제공하기 때문에 문의율이 귀사보다 더 낮은가?

6장

간소화하기
STREAMLINE

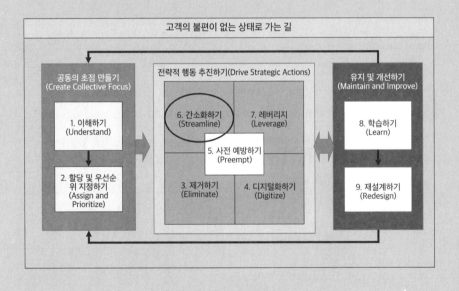

간소화하기

문제를 정확히 정의하면, 해결책은 이미 거의 찾은 셈이다.
—스티브 잡스

▶ '간소화하기' 란 무엇이며, 왜 중요한가?

간소화하기(Steamline) 조치는 고객에게 짜증을 유발하지만 기업에게는 가치가 있는 그런 고객 문의 원인에 할당되어야 한다. 사실, 고객과 기업 인식의 이러한 모순은 간소화하기를 복잡하게 만드는 핵심 원인이다. 이는 "이러한 문의 원인이 정말로 기업에 가치가 있는가?"라는 질문을 불러일으키면서 고객과의 관계를 위험에 빠지게 한다. 우리는 많은 기업에서 이러한 모든 고객 문의가 가치가 있다고 생각하는 집단 사고가 발생하는 것을 보게 되는데, 실제로는 일부만이 가치가 있을 수 있다. 따라서 때때로 간소화하기 조치는 가능한 빨리 제거하기 조치로 옮겨가야 하는 '뜨거운 감자'로 간주해야 한다.

표면적으로는 고객을 짜증나게 하는 문의 원인은 모두 제거되어야 하지만, 다음 다섯 가지 특별한 경우에는 간소화하기 조치가 적절하다.

247

- 처음 발생한(또는 발생 초기) 문제. 기업이 이전에 보지 못했던 문제를 만나면, 제거하기를 진행할 깊숙한 근본 원인을 찾아야 한다. 이에 간소화하기를 임시 조치로 활용할 수 있다.

- 연락처 또는 기타 정보가 필요. 기업은 더 좋은 서비스를 제공하기 위해 고객의 특정 행동이나 정보가 필요하다(예: 고객에게 맞춤형 서비스와 제품을 제공할 수 있는 데이터). 이는 고객과 조직의 최선의 이익 사이에서 미묘한 균형을 유지해야 하는 일이다. 일부 고객 피드백과 고객 프로파일링이 여기에 해당한다.

- 마지막 기회. 기업에게 특정 고객의 문제를 해결할 기회가 오직 한 번이며, 이를 해결하지 못하면 문제가 악화하거나 다른 부정적 결과가 발생할 수 있다(예: 법적 조치, 규제 기관에 신고).

- 아웃바운드 전화. 기업이 도움을 요청한 적이 없거나 더 이상 신경 쓰지 않는 조용한 불만 고객(silent sufferer)에게 연락을 취한다.

- 일시적인 해결. 간소화하기가 대체 전략으로 사용되는 경우로 (1) 실현 가능한 제거하기 또는 디지털화 옵션이 존재하지 않거나 엄청나게 시간이 오래 걸릴 때, (2) 레버리지(Leverage)에 해당할 때 등이다. 어떤 면에서 다른 솔루션이 비용이나 시간이 너무 많이 들거나 실용적이지 않을 때, 간소화를 보조적 또는 차선책으로 사용하는 것이다.

:: 간소화하기 대 제거하기

간소화 조치가 필요한 고객 문의는 다른 네 가지 전략(제거, 디지털화, 사전 예방, 레버리지)과 비교하여 일반적으로 그 규모가 적다. 하지만,

이러한 고객 문의를 처리하는 비용과 후속 비용은 제거 조치가 필요한 문의만큼 높을 수 있다. 이는 간소화가 필요한 고객 문의는 정의상 짜증을 유발하는 일과 관련이 있기 때문이다. 이러한 고객 경험은 높은 고객 이탈률과 나쁜 평판으로 이어진다. 이런 고객 문의는 고객의 불만과 시간 낭비와 관련이 있어 추가 판매를 가로막는다. 기업이 할 수 있는 최선은, 단기적으로 고객과 진행하는 상호작용을 가능한 덜 고통스럽게 만들고, 장기적으로는 제거를 목표로 삼는 일이다.

기업이 고객의 소리에 귀를 기울인다면, 간소화 조치로 쉽게 해결할 수 있는 많은 사유를 뽑아낼 수 있다. 다음과 같은 예를 고려해 보자.

- "전기가 나갔어요." (그런데 회사는 이를 알지 못한다)
- "네트워크가 다운됐어요." (회사는 이번에도 이를 모르고 있다)
- "새 장치를 네트워크에 연결할 수 없어요." (기업이 아직 이 새로운 장치를 검증하지 않았을 때)
- "불만이 있어요."
- "문제가 띄엄띄엄 계속 생겨요."
- "무슨 뜻인지 모를 오류 메시지가 떠요."

간소화 조치는 기업이 먼저 고객에게 연락을 시작하는 경우도 포함된다. 다음은 그 예시이다.

- "x에 대해 알려주실 수 있나요."

■ "고객님께 더 나은 서비스를 제공하기 위해 이런 정보가 필요합니다."

■ "규정을 준수하거나 위험을 방지하기 위해, 고객님의 x가 필요합니다."

■ "그동안 고객님의 의견을 듣지 못했습니다. x에 대해 어떻게 생각하는지 알려주세요."

간소화 조치 대상이 되는 고객 문의 원인의 많은 부분은 새로운 제품 출시, 업데이트된 약관 설명, 새로 발생한 사건 및 문제와 관련이 있다. 사실, 이런 과정에서 고객은 기업의 눈과 귀가 되어준다. 혁신기업은 혁신적이고 비용이 거의 들지 않는 평가 시스템을 통해 이러한 고객 인식을 활용한다(예: 우버 승객의 운전자 평가, 이베이 고객의 판매자 평가, 에어비앤비 손님의 숙소 및 호스트 평가). 간소화 대상 고객 문의는 폭풍이나 기타 자연 재해와 같은 외부 요인이나 깊이 뿌리박힌 결함이나 버그로 인해 무엇인가가 제대로 작동하지 않는 경우도 포함된다. 고객이 새로운 서비스나 제품을 기존의 것과 결합함으로써 본질적으로 호환성 테스트를 하는 경우도 이쪽이다.

:: 조치

간소화 조치는 네 가지 과정으로 나눌 수 있다. 처음 두 과정은 같은 문제가 또 발생하거나 또는 문제의 추가 확대를 방지하려 한다. 이러한 조치는 어떤 문제가 더 많은 고객에게 영향을 미치지 않도록 하거나(예: 정전 알림, 버그 수정), 잠재적인 불만이 더 큰 문제로 발전하는 것을 막을 수 있다(5장 '스노우볼' 섹션 참조). 따라서 이들은 때때로 사전 예방하기 접근법과 겹칠 수 있다.

다음 두 과정은 고객이 취해야 할 행동을 단순화하는 데 초점을 맞춘다. 여기에는 프로세스를 제거하거나 결합하고, 프로세스 단계를 줄이거나, 고객에게 더 명확한 지침을 제공하는 것이 포함될 수 있다. 또한 일부 또는 모든 고객 상호작용을 자동화하여 고객에게 선택의 폭을 넓혀주는 일도 포함될 수 있다.

🎺 좋은 사례

다음은 기업이 어떻게 간소화를 달성했는지 보여주는 좋은 사례들이다.

:: 나이키의 열성 러너들

운동화 및 의류 제조업체인 나이키(Nike)는 'Just Do It' 광고 캠페인으로 잘 알려져 있다. 나이키의 제품은 다양한 용도를 갖고 있고 주요 운동 스타들이 나이키의 장비를 착용하고 홍보한다. 2000년대 중반, 나이키는 열성 러너들로부터 몇 가지 전화를 받기 시작했다. 이들은 "저는 평지에서 마라톤을 여섯 번이나 완주했는데, 몇 달 후 고지대에서 처음으로 마라톤 대회에 출전합니다. 제가 가진 나이키 X 신발이 이런 환경에서도 견딜 수 있을까요?"와 같은 질문을 던졌다. 나이키의 고객 서비스 담당자 본인도 조깅을 즐기거나 러너일 수 있고 나이키는 신발에 대한 방대한 제품 정보를 제공했지만, 고객 서비스 담당자는 이런 고객 질문에 제대로 된 답변을 제공하기 어려웠다.

　나이키의 전형적인 방식으로, 회사는 이러한 상황을 뒤집었다. 전화 라우팅 시스템(Call Routing System)이나 고객 서비스 담당자가 이렇게 열성 러너들임을 감지하면, 이들을 오리건주 비버튼에 있는 본사 신발 엔지니어에게 연결했다. 신발 엔지니어들은 열성 러너들의 질문에 정확하고 유용한 답변을 제공할 수 있었을 뿐만 아니라,

이 엘리트 운동선수들이 무엇을 필요로 하는지에 대해 많은 것을 배울 수 있었다. 결과적으로 나이키는 플라이니트(Flyknit)이라는 전혀 새로운 카테고리의 신발을 발명할 수 있었다. 이 신발은 바닥의 내구성이 뛰어날 뿐 아니라 편안한 양말을 신은 듯한 느낌을 주었다.[1]

이 사례에서 단순화는 이 고객들에게 적절한 수준의 전문 지식을 적용함으로써 이루어졌다. 나이키의 다른 직원들은 답변이 어려웠지만, 신발 엔지니어들에게는 간단했다. 동시에 귀중한 입력과 피드백을 얻었다.

:: 보다폰 루마니아의 팬데믹 대처

팬데믹 상황은 기업들에게 커다란 도전 과제였다. 보다폰 루마니아도 코로나19 초기부터 도전에 정면으로 맞섰다. 광대역 서비스 가입자들은 속도 저하에 대해 불만을 표시했고, 일부는 요금 납부 기한을 연장해 달라고 요청했다. 이에 보다폰의 고객 운영 팀은 신속하게 네트워크, 요금 청구, 제품 관리자들을 동원했다. 속도 저하와 관련된 문의는 고객에게는 짜증나는 일이었지만 보다폰에게는 피드백을 제공해 주는 유용한 자료였다. 한편, 요금 납부 연기를 요청하는 고객의 문의는 양측 모두에게 가치가 있었다. 고객은 더 많은 기한을 원했고, 보다폰은 미수납 요금을 관리할 기회를 얻었다.

애나 파라쉬보이우가 이끄는 다기능 대응 팀은 이 두 가지 유형의 문의에서 명확한 패턴을 발견했다. 첫째, 모두가 봉쇄 상태로 갇혀 있어 하루 중 특정 시간대에 통화가 몰리자 네트워크에 과부하를 주고 있었고, 둘째, 많은 노동자들이 사회적 지원을 받았지만, 일부는 필수 서비스가 된 통신 요금을 감당할 수 없었다. 그래서 보다폰 루마니아는 "통신 속도가 느려요"를 제거해야 할 문의 원인으로 바라보는 대신, 이를 요금 납부 기한 연장 요청과 결합하여 고객에 도움이 되는 새로운 제품과 새로운 요금 청구 카테고리를 만들었다. 요컨대 간소화 전략에 따른 조치로 이러한 상황을 다르게 처리하기 위한 새로운 제품과 프로세스 디자인이었다. 그 결과, 회사는 팬데믹 동안 충성 고객도를 높였을 뿐 아니라 미수납 요금 증가의 위험도 관리할 수 있었다.

:: 제품 판매 중지!

아마존이 전자상거래 업계 최초로 완전 자동화된 제품 반품 기능을 웹사이트에 도입한 직후, 고객이 상품을 반품하고자 하는 이유로 제시한 아홉 가지 중 하나가 아마존 제품 관리자들의 눈길을 끌었다. "제품에 결함이 있어요." 아마존은 문제의 제품을 실제로 확인하기 이전에 과감하게 이를 '판매 가능' 상태에서 제외하기로 결정했다. 그 이후에 제품에 문제가 있는지 여부를 실제로 확인했다. 이 제품 관리자들은 "다른 모든 고객이 문제를 발견할 가능성이 있는데, 어떻게 이를 계속 제공할 수 있겠는가?"라고 했다.

아마존은 즉시 제조업체와 유통업체에 자동으로 경고를 보내, 고객이 반품을 요청한 사유를 확인할 때까지 제품 판매를 보류할 것임을 알렸다. 제조업체는 강하게 반발했지만, 아마존은 꿈쩍도 하지 않았다. 제품이 반품되면 이를 테스트할 것임을 분명히 했다. 만약 결함이 확인되면, 제조업체에 다시 경고 메시지를 보낼 것이고, 제품이 정상적으로 작동하면 빠르게 웹사이트에서 판매를 재개하고 제조업체에게도 이를 알릴 것이라고 했다. 이후 아마존은 '결함'을 신고한 모든 고객 문의에 대해 이 과정을 채택했으며, 알고리즘을 정교하게 개선해 두 번째 고객이 동일한 항목에 결함이 있다고 신고를 하면 해당 제품을 웹사이트에서 빼버렸다.

이런 아마존의 대응은 "첫 결함은 가치가 크다"는 전략의 전형적인 사례이다. 다른 고객이 불만을 가질 가능성을 차단하고자 어떠한 결함도 심각하게 받아들이고 수익 보류까지 선택한 것이다. 아마존은 실제로 처음 들어오는 두 번의 결함 신고를 소중하게 여기며, 제품의 품질이 입증될 때까지 추가 문의의 필요성을 제거하기 위해 최선을 다하고 있다.

:: 전기회사의 정전 대처법

에너지 업계의 경우, 네트워크 장애가 발생하면 대부분 전화량이 폭발적으로 증가한다. 영향을 받은 모든 고객들이 회사에 신고하고 언제 해결될지 알고 싶어하기 때문이다. 이는 초기 몇 건의 고객 문의가 가치가 있지만, 그 이후의 모든 문의는 고객과 회사 양쪽 모두에게 짜증을 유발하는 좋은 사례이다.

네트워크 제공업체인 시티파워앤파워코(CitiPower & Powercor)는

255

폭풍, 번개, 나무 쓰러짐 등의 영향으로 전선이 손상될 수 있는 지역 고객을 다수 보유하고 있다. 정전이 발생하면, 회사는 웹사이트의 정전 상황 페이지를 업데이트하여 영향을 받은 것으로 판단되는 지역과 전력 복구 예상 시간 등 유용한 정보를 제공한다. 또한, 상황 업데이트를 받을 수 있도록 선택한 고객들로부터 **SMS** 및 이메일 주소를 수집한다. 몇 년 전, 회사는 현재 정전 상황과 예상 지속 시간을 보여주는 무료 앱도 고객에게 제공했다. 고객은 이런 회사의 준비 덕분에 최신 정보를 얻을 수 있어 회사 고객센터에 문의할 필요가 줄어들었다. 앱의 장점은 모바일 폰에서 전력 네트워크와 독립적으로 작동하므로, 고객이 전기회사가 정전 사실을 알고 있는지 전화를 걸어보지 않아도 확인할 수 있다는 점이다. 이는 간소화 대상 문제를 해결하기 위해 디지털화와 사전 예방 전략을 사용하는 훌륭한 예이다.

:: 놔두면 악화할 문제에 대처

호주에서는 유틸리티(수도 · 전기 · 가스), 통신, 은행, 보험 등 많은 산업에서 고객이 회사가 해결하지 못한 문제를 산업 옴부즈맨(Ombudsman)에게 제기할 수 있다. 옴부즈맨은 이 불만을 처리하고 회사에 비용을 청구한다. 따라서, 호주 기업들은 이렇게 문제가 외부로 넘어가는 일을 방지하려고 노력하고 있다.

호주의 주요 유틸리티 회사 중 하나인 에이지엘은 다양한 메커니즘을 통해 고객 불만을 줄였다. 이러한 메커니즘은 궁극적으로 옴부즈맨에게 비화될 수 있는 유형의 문제을 간소화했다. 먼저, 에이지엘은 어려운 문제를 경험 많은 직원에게 연결하는 단계형 서비스 모델(tiered service models)을 구축했다. 여기에는 특히 최근 들어온 고객 문의(9장에서 더 자세히 설명함)가 포함된다. 또한, 이 직원들은 모든 불만 사항이나 불만으로 번질 수 있는 문제를 처리했다. 이들은 이러한 유형의 문제를 해결할 기술과 경험을 갖추고 있었을 뿐만 아니라, 환불해 주거나 요금 청구서를 수정할 재량권도 부여받았다.

고객을 위한 프로세스를 간소화하기 위해, 에이지엘은 문제를 오프라인으로도 처리했다. 이들은 이를 통해 문제를 조사하고 해결한 뒤 고객에게 다시 연락할 수 있었다. 이에 고객은 전화통에 매달려 있을 필요가 없었다. 비록 이러한 문제가 발생하지 않았고 고객이 문의할 필요가 없었으면 더 좋았겠지만, 에이지엘은 적어도 문제를 인식하고 적절한 문제 해결 모델을 만들었다. 한때 에이지엘은 다른 어떤 대형 유틸리티 기업보다도 외부 불만 비율이 더 낮았으며, 이 모델이 여기에 큰 도움이 됐다.

☞ 나쁜 사례

:: 고객 불만을 대하는 그릇된 태도

한 자산관리 회사는 고객 불만 처리 팀을 신입 사원으로 채웠다. 이 팀은 업계 사정은 물론 복잡한 시스템과 프로세스에도 익숙하지 않아 불만을 처리하기에 적절하지 않았다. 이러한 경험 부족도 문제였지만, 불만을 해결하기 위해서는 다른 부서가 문제를 조사하고 수정하고 조치하도록 해야 했다. 그런데 다른 부서는 불만 사항 처리를 뒤로 미루고 우선 자기네 급한 문제를 처리하고는 했다. 따라서 처음 문제를 제기한 고객의 불만은 세 번째나 네 번째로 문제를 해결해 달라는 요청과 동일한 우선순위를 갖게 되었다. 결국 많은 고객 불만이 외부의 산업 감시 기관으로 넘어갔고, 더 심각하고 비용이 많이 드는 불만 사항으로 커져서 회사로 되돌아왔다.

이는 프로세스를 간소화하는 것과는 정반대이다. 불만 사항은 여러 사람의 손을 거치며 처음 문의가 들어온 뒤 해결에 오랜 시간이 걸렸다. 불만 처리 팀은 자질이 부족했고 보통 고객 서비스 담당자라면 가지고 있는 권한을 갖지 못했다. 그들은 불만의 규모와 사유를 보고할 시간조차 없었으니 당연히 시스템 문제를 분석할 엄두조차 내지 못했다. 불만을 고장난 시스템에 대한 고객의 통찰로 간주하는 대신, 이 회사는 전체 프로세스를 인력 부족 상태로 유지하면서 고객을 더욱 짜증나게 만들었다. 이는 결국 비용 증가만 낳았다.

미국의 한 대형 항공사도 같은 길을 걸었다. 이 항공사는 인도에 있는 외주 업체에 분실 수하물 관련 문의 및 클레임을 아웃소싱하기로 결정했다. 이들 승객은 아마도 항공사 승객 중 가장 까다로운 사람들일 것이다. 이들은 어떻게든 자신의 수하물을 되찾거나 보상이라도 받으려 했다. 항공사는 비행 경험이 거의 없는 일선 직원들에게 이 업무를 맡겼기에 그들은 고객과 어떤 공감도 할 수 없었다. 또한 항공사는 직원들에게 보상 한도를 낮출 것을 요구하거나 즉답이 불가능하면 "다시 전화해 달라"는 말로 대응하도록 했다. 결국, 항공사는 이 중요한 기능을 미국 내 직원에게 다시 맡겼다.

:: 사망 사고에 이른 제품 결함 부인

몇 년 전, 한 주요 자동차 제조업체가 큰 문제에 직면했다. 전 세계 각국의 몇몇 고객이 주행 중 엔진이 갑자기 꺼지는 문제를 호소했다. 이 회사는 3년 넘게 문제가 없다고 부인했다. 결국 호주에서 한 승객이 사망했고, 후속 조사에서 실제로 차량에 결함이 있었다는 것이 확인되었다. 몇 달 안에 회사는 지난 2년 동안 판매된 차량 가운데 영향을 받은 것으로 보이는 모든 모델을 대상으로 리콜 조치를 발표했다. 회사는 모든 비용을 부담했지만, 첫 사건이 발생한 지 이미 3년이 지난 후였다. 차량 리콜은 수리 서비스뿐 아니라 여러 부품을 교체해야 했기에 비용은 눈덩이처럼 불어났다.

이는 아마존의 접근 방식과는 정반대였다. 아마존은 결함이 하나 또는 두 개만 발생해도 제품 판매를 중단했는데, 이 자동차 회사는 아마도 리콜 비용을 피하기 위해 처음에는 문제가 없다고 부인했다.

결국 사망 사고가 발생했고, 강제 리콜과 수리로 더 큰 비용을 들였다. 그리고 평판도 훼손됐다. 슬픈 사실은 회사가 이 문제를 놀라울 정도로 조용히 처리했다는 것이다. 실제로 이 회사는 나중에 배출가스 저감 테스트 결과를 조작했다는 사실이 알려지면서 예전에 제품의 치명적 결함을 부인했을 때보다 더 큰 평판 손상을 입었다. 어떤 이유로, 언론은 치명적인 자동차 부품 결함보다 배출가스 테스트 조작에 대해 더 큰 비판의 목소리를 쏟아냈다.

간소화하는 방법

간소화에는 〈그림 6.1〉과 같이 네 가지 대안적 전략이 있다.

간소화 조치는 다른 전략적 조치와 달리 고객 문의 유형에 따라 네 가지 독립적인 경로로 구성된다. 이 네 가지 경로는 네 가지 핵심 질문에 따라 결정되며, 비록 서로 다르지만 공통점도 갖고 있다. 각 경로는 간소화 조치를 제거하기 접근법과 결합한다. 이제 이러한 경로들을 살펴보겠다.

:: 초장에 휘어잡는다

고객의 문의 원인이 앞으로 많은 동일한 문제를 야기할 수 있다면, 기업은 첫 번째 문의에서 필요한 세부 정보를 빠르게 추출해 신속하게 해결책을 찾아야 한다. 즉, 여러분은 "어떻게 하면 빨리 필요한 정보를 얻을 수 있을까?"라고 물어야 한다. 고객은 긴급한 상황이거나(예: 서비스 중단), 잘못된 상황을 해결할 방법을 알고 싶어하지만(예: 결함 있는 제품 또는 버그), 기업의 입장은 이와 다르다. 예를 들어, 어떤 기업이 정전이나 결함이 있는 제품에 대한 신고를 받았다고 생각해 보자. 해당 기업은 언제 정전이 발생했는지, 제품이 어떻게 사용됐는지, 정전이나 제품 고장이 간헐적인지 지속적인지 등의 세부 사항이 필요하다. 폭풍우가 치고 추운 겨울 밤에 전력망이 다운되는 경우와 평화로운 여름 낮의 정전은 서로 다른 질문을 야기할 것이다. 어떤 경우든 기업은 문제가 고객에게 대규모로 영향을 미치기 이

〈그림 6.1〉 간소화 접근법

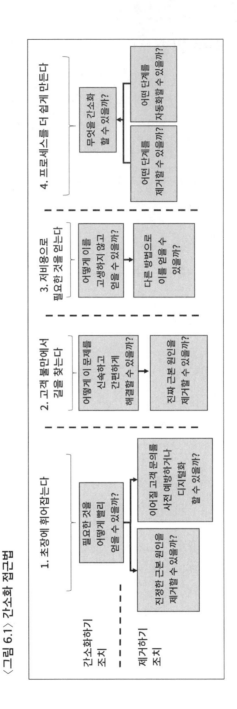

1. 초장에 취어잡는다

간소화하기
조치

제거하기
조치

필요한 것을
어떻게 빨리
얻을 수 있을까?

진정한 근본 원인을
제거할 수 있을까?

이어질 고객 문의를
사전 예방하거나
디지털화
할 수 있을까?

2. 고객 불만에서 길을 찾는다

어떻게 이 문제를
신속하고
간편하게
해결할 수 있을까?

진짜 근본 원인을
제거할 수 있을까?

**3. 저비용으로
필요한 것을 얻는다**

어떻게 이를
고생하지 않고
얻을 수 있을까?

다른 방법으로
이를 얻을 수
있을까?

4. 프로세스를 더 쉽게 만든다

무엇을 간소화
할 수 있을까?

어떤 단계를
제거할 수 있을까?

어떤 단계를
자동화할 수 있을까?

전에 그 근본 원인을 파악하고 해결하려고 노력해야 한다. 단순히 다운된 전력 케이블을 수리하기 위해 수리 팀을 파견하는 것만큼 간단하든, 결함이 있는 제품을 여러 번 테스트해야 하는 것만큼 복잡하든 여기에는 차이가 없다. 아마존 사례와 같이, 기업은 제품 판매를 빠르게 중단함으로써 다른 고객들이 나쁜 경험을 겪지 않도록 사전에 준비해 둘 수 있다. 반대로, 나쁜 사례에 등장했던 일부 회사들은 수익이 걸려 있을 때 고객의 나쁜 경험을 덜 중요하게 여겼다. 회사 내부 제품 생산 담당자와 관리자조차도 제품 결함을 부인할 수 있다. 이들에게 고객 불만을 듣게 하거나 이에 응답하게 만드는 것은 그들의 완강한 태도를 깨뜨리는 데 종종 매우 효과적이다. 고객 서비스 관리자와 제품 전문가들이 녹음된 전화 통화를 들어보거나, 고객의 이메일이나 문자 메시지를 열어보거나, 커뮤니티 사이트를 둘러보는 것만큼 효과적인 것은 없다.

간소화하기 전략은 또한 사전 예방하기 및 제거하기의 요소를 포함한다. 예를 들어, 일부 유틸리티 회사들은 문제가 발생했음을 알린 직후 다른 고객들이 회사에 문의를 하지 않도록 사전 예방하기 전략을 곧바로 시작한다. 많은 유틸리티 회사들은 웹사이트에 정전 지도를 게시하고, 고객이 회사로 전화를 걸기 전에 해당 지역의 고객에게 문자 메시지를 보낸다. 또한, 일부 회사는 스마트 소프트웨어를 통해 정전의 영향을 받은 지역에서 고객이 전화를 걸어오면 곧바로 이를 인식해 맞춤형 메시지를 들려준다. 마찬가지로 식품 제조업체는 종종 제품 관련 경고를 전달하고, 소프트웨어 개발자는 문제 확산을 막을 패치를 내놓거나 다른 해결책을 담은 제품을 출시하려 한다.

일단 문제를 파악했다면, 3장에서 설명한 문제의 근본 원인 분석을 여기에도 적용할 수 있다. 해결책은 쉬운 것이 아닐 수 있다. 결함 있는 제품은 제조 및 설계 과정을 검토해야 할 수 있으며, 이는 수정하는 데 시간이 걸린다. 소프트웨어 버그는 설계 자체 또는 프로그래밍이나 테스트 과정의 오류에서 비롯된 것일 수 있다. 근본 원인의 파악이 이처럼 복잡하므로, 단기적 사전 예방하기 및 위기관리가 필요할 수 있다.

:: 고객 불만에서 길을 찾는다

많은 조직이 고객 불만을 귀찮은 것으로 여기고 이를 제거하는 것을 목표로 한다. 그러나 앞서 언급했듯이, 어떤 기업은 "모든 고객 불만은 선물"이라고 받아들인다.[2] 고객은 자신이 만족하지 않는 상황에 대해 중요한 피드백을 회사에 제공하는 데 시간을 할애하고 있다는 것이다. 많은 기업이 설문조사와 시장 조사를 통해 고객 피드백을 요청하는 데 엄청난 투자를 하면서도, 고객 불만에서 문제를 찾아내는 데는 거의 투자를 하지 않는다는 점이 아이러니하다. 종종 회사에는 불만 처리 팀과 프로세스가 있지만, 많은 팀 관리자는 근본 원인을 조사하고 더 깊은 문제를 해결할 자원, 시간, 권한이 없다.

고객 불만에 대응하기 위한 첫 번째 간소화 단계는 "어떻게 이 문제를 신속하고 간편하게 해결할 수 있을까?"라고 묻는 일이다. 최고의 불만 처리 팀은 문제를 해결할 지식과 도구를 가진 경험 많고 권한을 가진 직원으로 구성된다. 좋은 사례로 앞서 소개된 아마존의 스노우볼 프로세스를 꼽을 수 있다. 이 프로세스를 통해 직원들은 반복되는 고객 문의나 문제를 '녹일' 권한을 부여받았다. 이는 세 번째 또는 네 번째 고객 문의나 외부 규제 당국으로 문제가 비화하는 것을 방지하는 훌륭한 전술이었다. 아마존에는 또한 '거북이 뒤집기(Flipping the Turtle)'라는 프로그램이 있었다. 아마존은 화난 고객을 뒤집혀서 스스로 음식을 구하거나 물을 찾을 수 없는 거북이에 비유했다. 고객 서비스 담당자가 화난 고객을 만나면, 문제를 해결하고 고객이 만족할 때까지 필요한 만큼의 시간을 할애해 고객을 만족할 수 있도록 했다. 다시 말해 거북이를 다시 뒤집는 것이다. 아마존은 예전에 화를 냈던 고객이 다른 제품을 구매하는 것을 발견하면, 그 고객을 '평생 고객(customer permanently retained, CPR)'으로 간주했다.

효과적으로 고객 불만을 처리하려면, 불만 처리 팀은 먼저 불만의 타당성을 평가할 지식을 가지고 있어야 하며, 그 다음에는 이를 해결하는 방법을 이해해야 한다. 고객 중심적인 기업인 코스트코, 노드스트롬(Nordstrom, 미국 고급 백화점 체인), 트렉 바이크(Trek Bikes, 미국 고급 자전거 업체)는 고객이 항상 옳다고 가정하고, 제품에 결함이 있거나 주문이 잘못되었음을 확인하기 위해 고객에게 불필요한 절차를 강요하지 않는다. 반면, 주로 정부 재정을 바탕으로 운영되는 기업은 고객에게 제품의 결함을 증명하게 하거나 문제에 대한 많은 정보를 요구하여 더 많은 마찰을 일으킨다.

효과적인 불만 처리 과정은 다른 부서의 신속한 접근과 지원을 통해 간소화된다. 예를 들어, 다른 팀이 당일 내로 문제를 수정하거나 재무 부서가 빠르게 환불 처리를 해야 할 수도 있다. 단순화된 불만 처리 과정은 따라서 일상적 업무 규칙과 일정을 벗어나 신속한 처리를 필요로 한다.

불만 처리의 두 번째 단계는 근본 원인을 드러내고 해결하기 위한 제거하기 프로세스이다. 고객 불만이 접수되면, 다음과 같은 단계를 수행해야 한다.

■ 유사한 불만을 집계한다. 이는 일관된 분류와 조사가 필요하다.
■ 관련 연락처와 고객 불만을 연결한다. 불만은 빙산의 일각일 수 있으며, 같은 문제로 많은 고객이 문의할 수 있다. 아직 공식적인 불만으로 표면화되지 않았을 뿐이다.
■ 기업 외부의 소셜 미디어 및 기타 반응을 조사하여 더 넓은 문제를 나타내는 것은 아닌지 확인한다.
■ 해당 프로세스를 처리하는 사람들이 머리를 맞대고 원인을 조사한다.

이는 1장에서 설명한 이해하기 방법과 유사한 과정이다. 고객 불만의 경우, 기업은 개선의 우선순위를 설정하기 위해 문제의 범위를 이해하려 노력한다. 예를 들어, 직원 한 사람이 잘못된 정보를 제공하여 발생한 불만은 전체 직원이 올바르게 교육받지 못해 발생한 일련의 고객 불만과 완전히 다르다. 후자는 해당 영역에서 직원 교육 프로그램을 완전히 개편해야 할 수도 있지만, 전자는 한 개인만 따로 불러 지도하면 된다.

기업은 문제를 경험했지만 문의하지 않은 고객들을 찾아내 도와줌으로써 보다 능동적인 자세를 보여줄 수 있다. 이러한 조용한 불만 고객을 식별하고 달래는 것은 매우 가치 있는 일이라는 점이 입증되어 있다. 많은 연구에 따르면 같은 문제를 겪은 고객 중 극소수만이 기업에 문의를 한다고 한다. 한 연구에 따르면 불만 고객 가운데 **96%**가 불만을 제기하지 않으며, **91%**는 그냥 떠나 되돌아오지 않는다고 한다.[3] 따라서 많은 고객들이 계약을 취소하거나 다른 기업으로 옮겨갈 가능성이 크다. 따라서 빅데이터와 예측 분석을 활용하여 조용한 불만 고객을 식별하고 그들에게 다가가는 적절한 캠페인을 펼치는 것이 매우 유용하다. 이 과정에서 사전 예방하기 기술을 사용하는 것이 특히 도움이 된다.

:: 저비용으로 필요한 것을 얻는다

세 번째 간소화 전략은 고객으로부터 필요한 정보를 얻는 기업과 관련이 있다. 여기에는 마케팅, 규정 준수, 기타 부서에서 필요한 고객의 피드백이 포함된다. 많은 회사들은 고객 대상의 빈번하고 복잡한 설문조사를 벌일 수 있다고 생각한다. 최근 설문조사 업계의 활황은 기업들이 고객의 감정을 파악하고자 순 고객 추천 점수와 같은 특정 지표에 집착하고 있기에 가능할 것이다. 그러나 피드백을 최대한 간소화한 기업은 거의 없다. 이는 "고객님의 생각을 알려주세요" 또는 "어떻게 하면 더 쉽게 할 수 있었을까요?"와 같은 단일 개방형 질문을 고객에게 제공하는 것으로 충분히 가능하다. 평점 척도와 같이 숫자가 들어가는 피드백은 '점수 유지' 때문이지만, 자유 형식 질문은 진정한 피드백을 가져다준다.

이런 개방형 질문은 실제로 만들고 활용하기가 매우 쉽다. 고객에게 더 많은 자유를 주고 기업은 집중해 응답을 듣고 분석한다. 최근 나온 텍스트 및 음성 분석 도구는 이제 개방형 및 자유 형식 응답을 분석하기 쉽게 만들어 기업이 일정한 패턴과 주제를 파악할 수 있도록 돕는다. 반면 점수 유지와 복잡한 설문조사에 고객을 가두는 것은 사용을 자제해야 함에도 불구하고 일반적 관행이 되어버렸다. 이에 설문조사 응답률이 떨어지고 고객이 설문조사 피로를 겪는 것은 놀라운 일이 아니다.[4]

회사가 마케팅, 법적 요구, 규정 준수 때문에 고객 정보가 필요할 때도 고객의 수고를 최소화하기 위해 간소화 사고방식이 중요하다. 신원 확인은 고객에게 큰 이익이 되지 않지만, 기업은 반드시 정보를 수집하고 확인해야 하는 가장 일반적인 영역이다(물론 이는 모두를 위한 보안과 보호를 위한 것이라고 주장할 수 있다). 신원 확인 과정을 더 쉽게 만드는 기술은 이미 성숙 단계에 접어들었지만 불행히도 충분히 활용되지 않고 있다. 예를 들어, 발신자 번호 식별(caller line identification, CLI)이나 자동 번호 식별(automatic number identification, ANI)과 같은 기술은 발신자의 전화번호를 감지하여 고객 세부 기록과 맞춰볼 수 있다. 다른 솔루션으로는 음성 인식, 얼굴 인식, 지문 인식과 같은 생체 인식이 있다. 전화기 제조업체들은 고객들이 이런 기술을 사용하도록 갖가지 캠페인을 벌여왔지만, 아직 많은 사업체와 정부는 이 기술을 충분히 활용하지 않고 있다.

간소화를 통해 고객의 수고를 덜어주는 것은 필요한 정보를 얻기 위한 다른 방법을 고려하는 방안도 포함한다. 아마존이 처음으로 '드롭다운 원클릭(Dropdown 1-Click)' 주문 방식을 만들었을 때 이러한 사고방식을 보여주었다. 원래의 원클릭은 하나의 주소와 결제 방법에 고정돼 있지만, 드롭다운 원클릭은 고객이 주문할 때 여러 주소와 결제 방법 중에서 하나를 선택할 수 있게 했다(예: X주소지로 보내고, Y카드로 결제). 이는 고객의 데이터 입력을 줄여주었다. 드롭다운 원클릭을 출시할 때, 아마존은 각 고객의 거래 내역을 탐색하여 이전에 사용한 조합을 찾아 자동 팝업(autopopulate)으로 올려줬다. 그리고 필요하면 고객이 이를 수정할 수 있게 했다. 이는 간소화를 위해 자동화 기술을 사용한 훌륭한 사례이다. 더 많은 정보를 제공해야 하는 고객은 이를 통해 수고를 줄였다.

이러한 유형의 간소화 사고방식은 고객에게 보내는 모든 요청에 적용될 수 있다. 대부분의 기업은 빈 양식지를 보내고 고객에게 세부 정보를 입력해 달라고 요청한다. 그런데 세부 정보 가운데 많은 부분을 기업은 이미 알고 있다. 그런데 고객의 불편이 없는 조직은 양식을 미리 채워 고객에게 보낸다. 그들은 고객에게 최소한의 부담을 주고 있으며, 온라인 양식과 웹페이지에서도 미리 채울 수 있는 부분을 채워준다.

:: 프로세스를 더 쉽게 만든다

마지막 간소화 전략은 제고하기와 같은 다른 조치가 불가능하거나 너무 많은 시간이 걸릴 경우에 적용된다. 프로세스 간소화는 다섯 가지 전략적 조치를 축소한 형태로 거의 모두 사용할 수 있지만, 이는 프로세스 내의 소단계에 적용되며 고객 문의의 근본 원인에는 적용되지 않는다. 제거하는 게 불가능하다면, 단계를 단순화할 수 있을 것이다. 마지막으로, 기업은 남아 있는 프로세스에 대해 고객

에게 선택권을 안내와 함께 제공해야 한다. 이러한 간소화 방법은
〈그림 6.2〉에서 볼 수 있다.

:: 고객의 수고를 덜어준다

고객의 수고를 제거하는 것은 고객이 프로세스에서 겪는 장애물이
나 불편을 찾아내 그들의 수고를 줄이는 것을 의미한다. 이는 화면
과 양식지를 미리 채워주거나, 양식지를 최소한으로 줄이거나, 기
업이 이미 알고 있는 정보를 더 이상 요구하지 않는 것을 의미할 수
있다. 또한 시스템을 연결하거나 외부 데이터를 조회하는 추가적인
노력을 의미할 수 있다.

고객의 수고를 제거하는 것은 모든 고객을 동일하게 취급하는 대
신 따로 예외를 두는 것을 의미할 수 있다. 예를 들어, 주택 담보 대
출 신청에서 은행의 대출 한도에 가까운 고객에게만 소득과 신용도
를 증명하는 추가 서류를 제출하도록 할 수 있다.

예외를 따로 두면 프로세스 설계에 큰 차이를 만들 수 있다. 예를
들어, 많은 기업이 일선 직원이 어떤 조치를 취하기 이전에 고객의
신원을 확인하도록 한다. 이는 프로세스에 시간과 노력을 추가하므
로 필요한 경우에만 수행하도록 해야 한다. 그러나 많은 기업이 고
객에게 요금 청구서를 보낼 때 엄격한 신원 확인 절차를 적용한다.
어느 누가 다른 고객의 청구서를 가지고 사기를 쳐서 대신 요금을 내
주겠는가? 직원들이 프로세스를 유연하게 풀어가도록 교육하는 것
이 쉬운 일이 아니지만, 전반적으로 시간과 노력을 절약할 수 있다.

고객 수고의 제거	➡	디지털화	➡	단계 간소화	➡	안내 및 선택권 제공

:: 자동화로 고객의 수고를 줄인다

프로세스의 일부를 자동화함으로써 고객의 수고를 줄일 수 있다. 많은 나라가 여권 신청 과정을 간소화했다. 여권 신청 과정을 디지털화하고, 일부 문서는 종이 사본을 사진으로 대체하며, 여권 사무소에 직접 방문할 필요를 없앴다. 많은 사기업들도 디지털 인증 등을 통해 프로세스를 간소화했다. 예를 들어, 보험사는 소규모 보험금 청구 건에 대해 손상된 곳의 디지털 사진을 사용하여 고객의 수고를 줄였으며, 공공 서비스 회사는 계량기를 찍은 사진만 보내주면 요금 청구서를 정정해 줬다. 정부 기관은 코로나19 예방 접종 기록을 앱에서 제공하여 시민들이 예전처럼 서랍에서 예방 접종 카드를 찾지 않아도 되도록 자동화했다.

:: 단계 간소화

고객과 진행하는 상호작용을 간소화하는 것은 프로세스에 적절한 자원과 새로운 발상을 적용하는 것을 의미한다. 일부 기업이 문제에 대한 입증 책임을 고객에게 떠넘기는 경향을 생각해 보자(예: "이미 지불했음을 증명하기 위해 은행 수납 영수증 사본을 보내주십시오" 또는 "제품 구매 사실을 확인하기 위해 제품에 적힌 26자리 일련 번호를 알려주세요"). 고객을 신뢰해 이 과정을 간소화하면 고객의 시간을 더 빼앗지 않으면서 문제를 빨리 해결할 수 있다. 회사 내부에서 진행하는 과정이 막힐 때만 고객에게 추가로 요청한다. 효과적인 불만 처리 과정은 고객에게 정보를 제공하면서 빠른 문제 해결을 위해 모든 수단을 동원한다.

기업은 단계 간소화를 통해 복잡한 진행 과정 전반에 걸쳐 고객에게 선택권(예: 채널 또는 타이밍)과 충실한 안내를 제공할 수 있다. 좋은 고객 설문조사가 그 예이다. 기업이 고객을 대상으로 복잡한 설문조사를 실시한다면 처음부터 이를테면 "이 설문조사는 5분이 걸리며 10개의 질문으로 구성돼 있습니다"라고 알려줘야 한다. 그런 다음 전체 과정을 통해 고객의 기대치를 관리해야 한다. 예를 들어 여러 페이지로 구성된 설문조사에서는 고객에게 조사의 진행 상황을 표시하고(예: "여기는 전체 7쪽 중 3쪽입니다") 안심시켜야 한다("이번 세션을 마무리할 수 없다면 저희가 고객님의 응답을 저장하겠습니다"). 이런 과정을 통해 고객의 수고를 관리할 수 있다.

고객 안내는 단순한 안내에 머물지 않고 고객 지원으로 사고해야 한다. 오늘날 이것은 비디오 가이드, 작성된 예제, 자주 묻는 질문, 업무 처리 지원을 위한 챗봇, 도움말 말풍선과 같은 양식 내 설명 등 다양한 형태를 취한다. 중요한 것은 프로세스가 어떤 면에서는 고객에게 부담이 된다는 것을 인식하고 이를 가능한 한 고생스럽지 않게 만드는 것이다.

힌트와 팁

간소화하기 조치를 위한 힌트와 팁은 다섯 가지 아이디어를 다룬다.

:: 예외를 분리한다

예외를 분리하는 프로세스를 설계하는 것은 모든 고객과 시나리오를 동일하게 처리하는 프로세스를 설계하는 것과 많이 다르다. 예외를 분리하는 것은 다음 요소를 포함한다.

- 예외를 인식하기.
- 초기 선별 과정 설정하기.
- 일반 고객을 위해 무엇이 더 가능한지, 그리고 예외적 고객에게 무엇이 더 필요한지 고려하기.
- 예외적 고객 대응에 필요한 기술과 지식에 집중하기.

아이디어의 실제 적용. 많은 일반 보험사는 소액 보험금 청구나 세부 검토와 증명이 덜 중요한 보험금 청구에 대해 간소화된 청구 절차를 운영하고 있다. 대규모 폭풍이나 홍수 피해가 발생할 때 일부 보험사는 손해사정 팀을 보내 피해 지역의 보험금 청구를 신속하게 처리한다. 이는 특이한 상황이며 고객들은 특별한 지원이 필요하다는 점을 알고 있기 때문이다.

:: 불만에 회사 전체가 맞선다

일부 기업은 불만 처리 팀에 지식이 가장 깊고 숙련된 직원들을 배치하며 고객 불만을 귀중한 통찰의 계기로 삼는다. 이러한 팀과 그들 대상의 교육 프로세스에 과감히 투자하는 것이 합리적 선택이다. 안타깝게도 많은 기업은 불만 처리 팀과 관련 프로세스를 후순위로 여긴다.

아이디어의 실제 적용. 한 호주 은행은 가장 역동적인 총괄 매니저 중 한 명을 불만 처리 부서 책임자로 임명했다. 그녀는 은행 전체에 걸쳐 불만 처리 기능의 중요성을 설파하고 이를 지속적인 개선의 원천으로 삼고자 했다. 경영진은 불만 사항을 듣고 그 의미를 논의해야 했다. 여러 고객 불만의 공통 근본 원인을 분석하고, 조직 전체가 문제를 숨기는 대신 더 많은 불만 사항을 식별하기 위해 동원되었다. 이런 과정을 통해 은행 전반에 문제를 숨기거나 무시하는 대신 이를 공유하고 인정하는 문화가 확산됐다.

:: 고객보다 먼저 일선 직원에게 묻는다

많은 기업이 고객으로부터 피드백을 구하지만, 항상 고객과 접촉하고 있는 직원을 활용하지 않는다. 채팅, 전화, 매장에서 근무하는 일선 직원들은 항상 고객의 피드백을 받고 있으며 본사 직원들보다 고객과 더 가까이 있다.

아이디어의 실제 적용. 빠르게 성장하는 한 광대역 사업자는 매월 직원들과 포럼을 열어 고객 서비스 앱을 어떻게 개선할지 제안을 하도록 하고 있다. 직원들은 이 앱을 사용하는 사용자이기도 하며 고객들로부터 피드백을 듣는다. 그들은 디자인 개선에 도움을 주기에 이상적인 위치에 있다.

:: 스마트한 설계자를 배치한다

프로세스와 사용자 경험 설계는 또 하나의 기술을 필요로 한다. 이런 면에서 시스템 구조 설계와 다르지 않다. 뛰어난 프로세스 설계자는 다른 사람들이 알지 못하는 다양한 요령과 테크닉을 갖고 있다. 따라서 프로세스를 간소화하려면, 이렇게 역량을 보유한 사람을 배치하고 이들이 제품 및 시스템을 잘 아는 사람들과 함께 공동 작업을 진행하도록 해야 한다.

아이디어의 실제 적용. 한 회사의 불만 처리 팀은 업무가 과중하고 기술이 부족했다. 수석 프로세스 설계자가 전체 프로세스를 처음부터 끝까지 재설계하여 다음과 같은 일이 가능하게 만들었다.

■ 고객 불만 접수에 있어 우선순위를 정확히 분류하고 즉각적인 피드백과 함께 처리 소요 시간을 알려준다.
■ 불만 처리 팀의 권한을 강화해 다른 팀의 도움 없이 더 많은 불만을 처리할 수 있도록 한다.
■ 불만 처리 팀의 요청에 따라 다른 팀의 작업 항목에 불만 처리가 최우선 순위에 오르도록 한다.

■ 불만 접수에서 반복되는 주제를 찾아 분석하고, 고객 불만의 원인을 제공한 팀에 이를 알린다.
■ 매달 고객 불만 관련 포럼을 열어 시스템과 관련된 이슈를 보고하고 분석한다.

결과적으로 불만 건수가 줄어들고 불만 처리 비용이 감소했으며, 시간이 지남에 따라 불만 처리 팀의 규모도 줄어들었다.

:: 분석 도구를 활용한다

음성 및 텍스트 분석을 통해 문제를 예측하고 발견할 수 있다. 한 상담 직원은 고객 불만이 이번 한 번뿐이라 생각할 수 있지만, 분석 도구는 유사한 문제를 찾아내 포괄적 이슈에 대해 경고할 수 있다. 예측 분석을 통해 문제의 범위를 가늠하고 근본 원인 파악에 가까워질 수 있다. 분석은 또한 실시간에 가깝게 경고 신호를 보냄으로써 사전 예방 조치를 지원할 수 있다(예: 배경 분석을 통해 웹사이트에 통신 장애 정보를 업데이트하거나 직원이나 고객에게 경고를 보낼 수 있다).

아이디어의 실제 적용. 한 회사는 인공지능과 기계학습을 활용하여 고객 불만의 패턴과 이들 사이의 연관성을 찾아내 문제의 실제 범위에 대한 경고를 얻었다. 분석 메커니즘은 서로 관련이 있는 고객 문의의 원인을 추출하도록 설정하면 고객 불만이 특이한 예외적 상황인지 아니면 거대한 빙산의 일각인지 여부를 보여준다. 이 회사는 또한 분석 도구와 스마트 라우팅(smart routing) 기술을 결합하여 고객이 언제 불만을 제기하거나 수리를 필요로 할지 예측했다. 이를 통해 특정 고객의 전화가 경험이 많은 상담사에게 라우팅되도록 만들어 고객 불만이 큰 불로 번지는 것을 방지했다.

요약

간소화하기는 가장 어려운 전략적 조치일 수 있다. 제거, 디지털화, 사전 예방 등의 요소들을 포함하기도 하기 때문이다. 이는 고객이 대규모로 영향을 받거나 특정 고객이 외부 기관에 불만을 가져가는 것과 같은 최악의 시나리오에 대응하는 전략이기도 하다. 간소화하기는 고객이 요청하거나 원하는 거래 대신, 기업이 고객으로부터 얻고자 하는 정보를 포함하기 때문에 더욱 특별하다. 이러한 상호작용은 고객에게는 짜증을 주고 기업에게는 가치가 있기 때문에, 다음 세 가지 수준에서 도전해야 한다.

- 이번 고객 문의 원인을 다르게 접근할 수 있으며, 그리고 제거하거나 디지털화할 수 있다.
- 일부 고객에게 여전히 연락할 필요가 있지만, 대부분의 고객을 위해 재구성할 수 있다.
- 상호작용 자체를 더 간소화하도록 재설계할 수 있다.

마지막으로, 이러한 상호작용이 여전히 고객에게 짜증을 유발한다는 점을 항상 기억하는 것이 중요하다. 따라서 상호작용을 어떤 방식으로든 악용하려는 유혹에 빠지지 말고, 최소한으로 줄여야 한다.

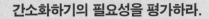

간소화하기의 필요성을 평가하라.

다음 질문에 하나라도 '예'라고 대답하거나 답을 모른다면, 여러분은 간소화 조치를 더 많이 수행해야 한다.

Q1. 귀하의 비즈니스 내부 또는 주변에서 대규모 고객 기반에 영향을 미치는 이벤트가 발생하여 고객센터의 전화통에 불이 난 적이 있는가?

Q2. 고객과의 많은 상호작용이 오히려 공식적인 불만 처리 메커니즘으로 악화되는 것처럼 보이는가?

Q3. 고객에게 피드백을 요청하면 고객이 이 때문에 최소 5분 이상을 소비하는가?

Q4. 고객 피드백의 대부분을 상황 개선보다는 점수를 매기는 데 사용하고 있는가?

Q5. 피드백 응답률이 떨어지고 있는가?

Q6. 고객이 문의할 때 프로세스의 대부분이 관련 규정에 따라 진행되는가?

Q7. 몇몇 고객으로부터 특정 이슈에 대한 피드백이 필요함에도, 수백 또는 수천 명에게서 피드백을 받고 있는가?

Q8. 여러 부서가 고객에게 정보를 요청하면서 이것이 길고 복잡한 프로세스가 되고 있는가?

Q9. 모든 양식지가 미리 채워진 내용 없이 텅 비어 있는가?

7장

레버리지

LEVERAGE

네, 대형 감자튀김에 추가 감자 튀김을 주문하셨어요. 여기에 감자튀김을 추가 주문하시겠어요?

그는 그 어렵다는 추가 판매(up-sell)의 달인이었다.

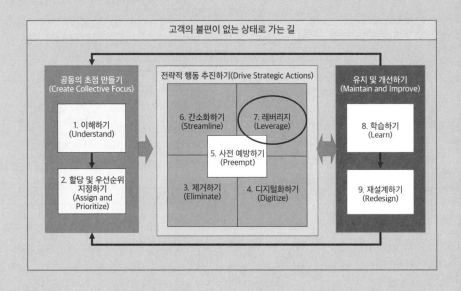

레버리지

비관론자는 모든 기회 속에서 어려움을 본다.
낙관론자는 모든 어려움 속에서 기회를 본다.
—윈스턴 처칠

📣 '레버리지'란 무엇이며, 왜 중요한가?

마지막 전략적 행동으로 레버리지(Leverage)가 있다. 이는 고객에게
가치 있고 조직에게도 가치 있는 고객 문의 원인을 다룬다. 정의상,
모든 기업은 더 많은 레버리지 대상 고객 문의를 원하고, 여기에 시
간을 투자해야 하며, 이러한 문의의 빈도를 늘리고 싶어할 것이다.
고객은 이러한 문의에 가치를 두기에 불필요한 마찰로 여기지 않으
며, 기업은 이러한 상호작용이 종종 수익, 고객 유지, 고객과의 관계
구축에 열쇠가 된다는 점을 알고 있다.

　이러한 고객 문의 원인 가운데 일부는 고객이 보여주는 진실의
순간(moments of truth)[1]이다. 고객이 곤경에 처했을 때나 복잡한 보
험금 청구를 시작할 때 나타난다. 따라서 고객과 기업 양쪽 모두 성
공적인 결과를 얻기 위해 이러한 상호작용에 기꺼이 시간을 투자해
야 한다. 기업은 이러한 고객 접촉을 통해 수익 증가, 비용 억제, 평

판 유지 등의 상당한 잠재적 이익을 얻을 수 있다. 따라서 기업은 기술 솔루션에 투자하고, 상호작용 시간을 늘리며, 최고의 직원을 배치해 이러한 문의 원인과 관련된 고객을 담당하도록 해야 한다.

레버리지 전략적 행동을 실행하는 데는 두 단계가 있다.

1. 어떤 고객 문의 원인과 어떤 고객을 레버리지 대상 상호작용으로 다룰지 결정한다. 이해하기와 할당하기 단계에서 일부 고객 문의 원인을 레버리지로 초기에 할당할 수 있다. 하지만 이러한 문의 원인만으로는 레버리지 대응에 할당하는 것으로 부족할 수 있다. 고객 문의에 대해 레버리지 대상으로 결정하는 것은 고객의 가치, 고객 채널, 고객이 처한 상황 등에 따라 더욱 복잡해질 수 있다.

2. 어떻게 고객과 기업이 원하는 경험을 제공할지 파악한다. 이 지점이 레버리지가 다른 네 가지 전략적 행동(제거하기, 디지털화하기, 사전 예방하기, 간소화하기)과 다른 대목이다. 이러한 상호작용을 대체하거나 줄이려는 의도가 전혀 없기 때문이다. 상호작용을 최대한 활용하고 기업과 고객이 추구하는 모든 결과를 달성하는 데 초점을 맞춘다.

첫 번째 단계로, 레버리지 대상 고객 문의 원인을 식별하는 것은 네 가지 뚜렷한 차원이 있어 복잡하다.

■ 고객 문의 유형. 예를 들어, "취소하고 싶어요"는 레버리지 대상 고객 문의가 될 수 있지만, "지난번 취소한 것은 어떻게 됐나요?"는 제거하기, 디지털화하기, 사전 예방하기 등의 조치가 필요하다.

■ 채널. 동일한 고객 문의 원인이 한 채널에서는 기업에게 짜증스러운 것으로 보이지만 다른 채널에서는 그렇지 않을 수 있다. 예를 들어, 일부 기업은 채팅과 문자 메시지를 통한 상호작용을 더 많이 원하지만 전화로 오는 특정 상호작용을 짜증스러운 문의로 받아들인다. 일부 기업은 고객에게 그룹별로 다른 채널을 제공하고 있어 이는 무척이나 복잡한 결정 과정이 되었다.

■ 고객과 그들의 가치. 등급이 높은 우수 고객은 어떤 사유가 있든 모든 채널을 통해 기업에 문의할 수 있는 프리미엄 서비스를 제공받기도 한다. 반면, 등급이 낮은 고객은 사용 채널과 특정한 상호작용에 제한을 받을 수 있다(예: 디지털 채널을 통해서만 구매 및 취소가 됨). 이번 장의 '레버리지 방법' 부분에서 고객 등급 결정의 복잡성을 설명하겠다.

■ 상황적 긴급성과 영향. 상호작용이 기업과 고객에게 더 가치 있게 되는 시기가 있을 수 있다. 예를 들어, 고객이 신용카드 사기를 두려워한다면, 은행은 즉시 신고를 받아 고객과 대화하면서 위험을 관리하고 싶어 할 수 있다. 반면, 고객이 신용카드를 훼손했거나 분실한 경우, 디지털 채널이 가장 좋을 채널이 된다. 이는 재정적 손실의 위험이 없기 때문이다.

고객 문의에 있어 사유, 채널, 영향, 고객 성격을 분석하는 것은 복잡한 과정이다. 어떤 기업은 레버리지 전략을 채택하는데, 또 어떤 기업은 디지털화하기 전략으로 결정할 수 있다. 시장이나 지역에 따라 동일한 상황에 다른 전략적 행동으로 대응할 수 있다. 시장 성숙도, 수익과 비용의 균형, 동원 가능한 직원 등이 다르기 때문이다. 특정 고객 그룹을 분리하거나 특정 문의 원인을 특정 채널로 구분하는 것은 쉽지 않다. 이에 기업들은 모든 고객을 고객 지원 팀으로 보내는 것과 같이 단일 솔루션을 일률적으로 적용하는 경향이 있다. 가장 수익성 높은 고객에게만 그런 대우를 제공하고 싶지만 따로 분리할 수 없으니 모두에게 서비스를 제공하는 것이다. 때로 어떤 기업은 하위 20%의 고객은 유지하고 싶지 않지만, 기업 내부 프로세스와 시스템은 고객들을 신속하게 분류해 내지 못한다.

:: 레버리지 대상의 고객 문의에는 어떤 경험이 필요한가?

레버리지의 두 번째 단계는 그러한 고객 문의에 대해 기업과 고객의 목표를 충족하는 효과적인 경험을 설계해 제공하는 것이다. 이는 다방면에 걸쳐 여러 운영 모델이 함께 설계 및 구현되어야 한다. 이를테면 잘 설계된 프로세스, 적절한 기술의 사용, 이러한 고객 문의에 적합한 직원의 배치 등이 동시에 이뤄져야 한다. 대응에 나선 고객 문의 원인이 기업의 수익과 명성에 결정적으로 중요하다면, 대부분의 기업은 효과적인 상호작용의 설계와 제공에 기꺼이 더 많이 투자한다.

레버리지 대상 고객 문의에 있어, 이런 문의가 발생하는 원인을 이해하는 것도 중요하다. 예를 들어, 고객이 탈퇴하고자 할 때, 어떤 문제와 문제점 탓에 이들이 여기까지 이르렀는지 분석해야 한다. 레버리지 대상 고객 문의는 분석이 필요한 해결 가능한 근본 원인을 가지고 있을 수 있다. 이는 '레버리지 방법' 항목에서 다룬다.

:: 전형적인 레버리지 문의 원인으로 어떤 것이 있는가?

일반적으로 레버리지 전략으로 다룰 고객 문의 원인은 재정적 또는 고객 관계 차원에서 중대한 영향을 미칠 수 있는 것이다. 대략 다섯 가지 주제로 나눌 수 있다.

■ 더 큰 수익을 창출할 잠재력이 있는 고객 문의. 새로운 판매나 판매 확대를 포함한다.
   ○ "새로운 제품에 대해 알려주세요."
   ○ "멤버십(또는 임대) 기간을 연장할 수 있나요?"

■ 부채나 신용 위험과 관련된 고객 문의. 때로 고객이 어려움에 빠져 있다.
   ○ "요금 납부 시한을 늦출 수 있나요?"
   ○ "직장을 잃었습니다. 어떻게 x를 유지할 수 있을까요?"

■ 관계를 유지하기 위해 필요한 고객 문의. 이를테면 주문 취소를 요청하는 고객, 경쟁사의 제안을 대응하기 위한 맞춤 가격을 제안할 고객, 보다 적합한 제품으로 적정화(rightsizing)해 줄 고객.
   ○ "계정을 취소해야 해요."
   ○ "이 요금제는 저에게 너무 비쌉니다. 다른 옵션이 있나요?"

■ 사기나 회사의 명성에 위험이 있음을 알려오는 고객 문의.
   ○ "내 계좌에 이상한 점이 있어요."
   ○ "제게 이걸 보내셨나요?"

○ "내 카드를 도둑맞은 것 같아요."

■ 비용이 많이 들고, 길고, 복잡한 프로세스를 시작하는 고객 문의.

○ "소득보호보험을 가입한 게 있어 보험금을 청구합니다."

○ "큰 교통사고를 당했어요."

○ "귀사와 비즈니스 조건을 조정해야 합니다."(예: B2B 상황)

▶ 좋은 사례

기업들이 레버리지 대상 문의 원인을 다루면서 뛰어난 경험을 제공하기 위해 투자한 좋은 사례가 많이 있다. 이 모든 사례는 비용, 고객 경험, 수익 측면에서 균형을 잘 맞추고 있다.

:: 판매고를 최대로 끌어올리다

왕립 빅토리아 자동차 클럽(Royal Automobile Club of Victoria, 이하 RACV)은 상장 기업과의 경쟁에도 불구하고, 또는 그런 경쟁 덕분에, 꾸준히 성장해 온 상호기금의 좋은 사례이다. 호주의 각 주에도 회원 기반 상호기금이 있어, 자동차 운행 지원 서비스와 보험 상품을 제공하고 있다. RACV는 리조트 옵션도 제공한다. RACV의 보험 사업부에는 회원 및 비회원으로부터 보험 상품에 대한 문의를 대응하는 전문 판매 팀이 있었다. 이 사업부는 전체 판매고 및 고액 상품 판매 비중 확대를 위한 방안을 모색했다. 이들은 다음 세 가지 단계를 통해 교과서적인 접근 방식을 따랐다.

1. RACV는 고객 전화 문의 및 그 처리 과정을 분석하여 고객과 RACV 양쪽 모두를 힘들게 하는 대화가 어떤 것인지 밝혀냈다(예: 깊은 대화를 나눈 고객이 막판에 견적이 너무 높다면서 거절하는 경우). 고객은 기능을 확장한 제품을 거의 선택하지 않았고, 최일선 직원들은 힘이 빠져 관련 절차를 제대로 지키지 않았다.

2. RACV는 고객 경험과 높은 판매 전환율의 균형을 맞추어 판매 프로세스를 재설계했다. 새로 수정된 프로세스는 대화를 거꾸로 진행하도록 했다. RACV는 먼저 가능한 한 빨리 낮고 경쟁력 있는 견적을 제공한 다음 고부가 상품을 제안할 '기회를 엿보도록' 했다. 직원들은 새로운 프로세스에 대한 교육을 받았을 때 크게 만족했다.

3. RACV는 짧은 시험 기간을 거친 뒤 전체 판매 방식을 즉각 변경했다.

RACV는 이러한 변화를 통해 더 짧은 고객 대화에도 더 적은 할인으로 판매 수익을 개선했다. RACV는 고부가가치 상품 판매 비중이 크게 늘었으며, 판매 프로세스가 더 빨라졌기 때문에 판매 팀은 더 많은 고객과 접촉할 수 있었다. 고객 반응도 긍정적이었다. 판매 후 설문조사에서 고객 만족도가 7%포인트 개선되었다. 이 프로젝트는 가장 성공적인 프로젝트 가운데 하나로 이사회에 보고되었다. 판매량, 수익률, 판매 효율성이 40% 이상 증가했다.

:: 온라인-독립 대리점 상생 모델

트렉 바이크(Trek Bikes)는 세계에서 가장 인기 있는 레크리에이션 및 경주용 자전거 제조·판매 회사 가운데 하나이다. 다른 성공한 제조업체와 마찬가지로 트렉은 수년 동안 자사 자전거와 관련 장비를 판매하고 서비스를 제공하는 충성도 높은 독립 대리점 네트워크를 구축해 왔다. 그러나 트렉이 소비자 직거래(direct to consumer, DTC)를 도입하기로 결정했을 때, 회사는 딜레마에 직면했다. 자전거 타는 이들과 더 좋은 관계를 구축하면서도 충성도 높은 대리점 네트워크를 소외시키지 않으려면 어떻게 해야 할까? 트렉은 이 딜레마에 대해 새로운 접근 방식을 취했다. 트렉은 온라인 제품 검색 및 판매 기능을 설계(디지털화)할 때, 고객이 조립 및 미세 조정을 마친 자전거를 가까운 대리점에서 픽업하는 방식을 따르도록 했다(레버리지). 독립 대리점은 이러한 다중 행동, 옴니채널 전략을 통해 판매 후 활동에서 고객과 관계를 발전시킬 수 있었다. 자전거 관련 액세서리와 의류를 판매하고, 자전거 유지보수 등 각종 서비스를 제공할 수 있는 기회도 늘어났다. 트렉은 온라인-대리점 동시 레버리지 전략을 큰 성공으로 이끌었고, 전통적인 대리점 네트워크를 소외시키지 않으면서도 자체 브랜드 매장을 열기도 했다. 사실상 트렉은 판매 과정의 여러 실행 단계를 대리점에 넘겼다.

:: 보험금 청구 처리

자동차 사고 보험금 청구는, 그것도 개인 상해를 포함한 사고라면, 고객에게 가장 민감하고 스트레스를 유발하는 문제 가운데 하나이다. 종종 보험금 청구 과정에서 상당한 불편이 발생한다. USAA보험(USAA Insurance)이 미국 손해보험사 가운데 가장 높은 고객 충성도를 유지하는 이유 중 하나는 보험금 청구의 용이성이다(USAA보험의 순추천 점수는 80대 후반이며, 고객 이탈의 주된 이유가 다른 보험사로의 이동이 아닌 사망이다). 온라인 도구(디지털화)와 적절한 시기의 아웃바운드 전화 통화(레버리지)를 조합하여, USAA보험은 복잡한 보험금 청구 과정에서 고객들에게 관련 정보를 꾸준히 제공한다. 어느 보험사가 그러하듯, USAA보험도 사고의 위치, 시간, 상황에 대한 세부 정보가 필요하다.

고객이 (자동차 사고 및 관련 차량의 부서진 모습을 담은) 사진을 업로드하고 사고를 초래한 상황을 보여주는 자세한 지도를 제공할 수 있게 함으로써, USAA보험은 오프라인에서 데이터를 분석할 수 있다. 그 후, USAA보험은 고객과 전화 통화를 통해 사고의 세부 사항을 확인하고 고객의 의견을 청취한다. USAA보험은 이후 온라인 포털을 통해 고객에게 보험금 청구 처리 과정의 세부 사항을 지속적으로 알리며, 고객이 요청한 채널을 통해 문자 메시지나 이메일을 보내준다. 이러한 사전 예방하기 조치를 통해 USAA보험 고객은 회사에 전화를 걸어 "보험금 처리가 어떻게 되고 있나요?"라고 물을 필요가 없다. USAA보험은 보험금 처리 과정에서 각 전략적 행동을 균형 있게 조정하여, 고객이 가장 민감한 상황에 처해 있을 때 레버리지 조치를 펼친다.

:: 가치를 더하는 대화

보다폰 포르투갈(Vodafone Portugal)은 특정 고객 문의에서 추가 판매 등이 가능할 것으로 판단했다. 마케팅 분석 팀은 이미 고객에게 적합한 추가 제품을 꼽아뒀다. 회사의 추가 상품을 제안하면서 잘 설명하고 맞춤형으로 뽑아준다면, 고객이 비록 그 제안을 받아들이지 않더라도 만족도가 높아진다는 점을 보여주는 연구 결과들이 있다.

고객센터는 추가 분석을 통해 어떤 고객 문의가 정말로 레버리지 구간에 해당하는지 살펴봤다. 제거하기 대상이 되는 고객 문의에 있어 상품 관련 대화를 시도하는 것은 시간 낭비일 뿐임을 확인할 수 있었다. 고객 문의를 분석한 결과 약 20%가 레버리지 구간에 해당한다는 점을 발견했다. 그런 다음 최일선 직원들과 함께 새로운 고객 대화 방식을 설계했다. 여기서 또 다른 흥미로운 점을 발견했다. 직원들은 고객과 대화를 나누면서 하나의 마케팅 제안에만 얽매이지 않고 여러 옵션 중에서 선택할 수 있는 권한을 원했다.

그 결과, '레버리지 대화'에는 직원들이 고객과 본격적 대화에 들어가기 전에 꺼내들 수 있는 방아쇠 같은 어구가 포함되었다. 이는 대화가 고객의 요구에 맞춰 타기팅되었음을 의미했다. 직원들은 새로운 고객 대화 가이드를 통해 상품의 여러 옵션과 각각의 장점을 설명하고, 고객의 거부감에 대처할 수 있는 아이디어를 얻을 수 있었다. 이 밖에 고객의 부정적 반응에 잘 대응하면서도 더 나은 설명을 제공할 수 있는 여러 요령도 들어 있었다. 회사는 여러 파일럿 팀을 대상으로 교육을 진행해 고객과 이 새로운 레버리지 대화를 나누도록 했다. 결과는 상당히 놀라웠다. 파일럿 팀은 기존 팀보다 6배 더 많은 제안을 했고, 새로운 상품 또는 상품 변경 판매가 10배 증가했다. 더 나아가 새로운 프로세스로 거래별 순 고객 추천 점수도 증가했다.

단순히 "감자 프라이드를 추가할까요?"라고 하는 게 아니라, 보다폰 포르투갈의 새로운 고객 제안과 설명은 적절한 시점에 이루어졌다. 회사는 관련 수익 증가에 매우 기뻐했으며, 직원들은 증가한 판매 수수료를 통해 주머니가 두둑해졌다. 이는 회사, 고객, 직원 모두에게 이익이 되는 1석 3조의 훌륭한 사례이다. 이는 세 당사자 모두에게 이익이 되는 레버리지 대화를 통해 가능했다.

나쁜 사례

:: 구덩이에 빠지다

뉴질랜드 캔터베리에서 2010-2011년 발생한 대지진으로 많은 가정집이 파괴되었다. 210억 뉴질랜드달러에 달하는 65만 건 이상의 보험금 청구가 이어졌다. 보험사 고객들은 집과 생활을 재건하기 위해 지원이 필요했다. 일부 회사들은 캔터베리에 추가 평가 직원을 보내거나, 보험금 청구를 신속히 처리할 수 있도록 일부 절차를 면제하는 등 잘 대응했다. 불행히도, 모든 회사가 그런 것은 아니었다. 몇 년 동안 고객들이 여전히 보험사와 보험금 문제로 분쟁을 겪고 있다는 이야기가 나왔다. 그들은 보험금 지급의 지연과 분쟁, 지진 피해 지역에서 재건축을 허용할지 여부를 둘러싼 복잡한 행정 절차 때문에 집을 재건축하거나 새 집을 사는 데 어려움을 겪고 있었다.

레버리지 조치가 명백히 필요함에 따라 유연하고 신속하게 대응하기보다, 한두 보험사는 보험금 지급 과정을 가능한 한 길고 복잡하게 만들려는 의도를 갖고 있는 듯 보였다. 신문과 TV 등 언론은 이들 보험사의 정체를 폭로했다. 몇몇 보험금 청구는 보험심판원으로 넘어가면서 과정이 더욱 길어졌다. 문제는 너무 심각해짐에 따라 뉴질랜드 정부가 개입하여 추가 지원을 제공하고, 미래에 이러한 상황을 방지하기 위해 주요 입법 조치를 진행했다. 그러나 지진이 발생한 지 8년이 지난 2019년까지도 뉴질랜드 보험 위원회는 여전히 1,100건의 보험금 청구 절차가 완료되지 않았다고 보고했다. 불행히도, 이러한 회사들의 이름을 공개하고 비판하는 것이 제한적이어서, 이들은 여전히 사업을 운영하고 있다.

:: 채널의 함정

어떤 채널은 복잡한 내용의 고객 문의를 처리하는 데 비효율적일 때가 있다. 예를 들어, 많은 기업이 이메일 사용을 줄이거나 완전히 중단했는데, 이는 상호작용이 길어지고 비효율적일 수 있기 때문이다.

한 사례로, 유틸리티 기업의 한 고객이 새로 건설한 건물에 새로운 계량기를 설치하려고 했다. 이는 고객에게 중요한 일일 뿐 아니라 유틸리티 회사에게 사업 확장의 기회이다. 이를테면 레버리지 대상 고객 문의의 예이다. 고객은 이메일에 새 건물의 세부 사항과 관련된 양식을 첨부해 회사에 요청했다. 그러나 26통의 이메일이 오가고 두 달이 지나도 계량기 설치는 여전히 완료되지 않았다. 고객은 이런 과정에 화가 나 폭발할 지경이 됐다.

유틸리티 회사에서는 최소 네 명의 다른 부서 직원이 이메일은 처리했으며, 이들 모두 조금만 신경을 집중해 살펴봤다면 전체 과정을 파악할 수 있었다. 그러나 어느 직원도 고객에게 전화를 걸거나 고객을 위해 더 직접적이고 원활한 소통 방식을 찾으려 하지 않았다. 어느 누구도 가장 효과적인 방법이 확실한 전화를 통한 문제 해결을 지시하지 않았다.

:: 주문 접수

한 작은 통신사가 모바일 및 브로드밴드 상품과 관련해 경쟁력 있는 요금제를 출시했다. 이와 함께 지역 및 농촌 지역 고객을 대상으로 하는 스마트한 전략을 수립했다. 많은 고객이 회사 영업 팀에 전화를 걸어 "이 요금제를 원합니다" 또는 "어떻게 가입하나요?"라고 물었다. 이는 명확히 레버리지 조치의 대상이 되는 고객 반응이다. 이런 전화는 영업 직원의 손으로 넘어갔고, 그들은 쉽게 고객 문의의 **40%** 이상을 판매와 연결할 수 있었다. 그러나 불행히도, 부실한 판매 프로세스로 인해 상품 판매 뒤 끔찍한 일이 벌어졌다. 통신사는 판매된 새 요금제당 평균 세 번 이상의 후속 서비스 요청 전화를 받았고, 실망한 고객들 중 5분의 1 이상이 3개월 안에 회사를 떠났다.

이 통신사는 자세한 이해하기 관찰을 통해 이러한 결과가 벌어진 이유를 찾았다. 영업 담당자들이 고객의 요구를 제대로 듣지 않았던 것이다. 고객이 어떤 상품을 요청하면, 그들은 고객의 요구 사항을 확인하지 않고 그 상품을 판매했다. 영업 사원들은 또한 판매 후 프로세스에 대해 잘 알지 못했다. 그들은 고객에게 언제 어떻게 연결되는지, 요금 청구서는 어떻게 발행되는지 등을 설명해 주지 않았다. 영업 사원들은 단지 고객의 주문을 접수했을 뿐이다. 따라서 고객은 나중에 연결 속도, 연결 프로세스, 특정 기능에 대한 요금 청구 이유에 대해 혼란스러워 회사로 전화를 걸어야 했다. 영업 팀이 판매 과정에서 향후 프로세스를 설명하고 고객의 이해를 구했더라면 고객의 후속 문의는 크게 줄어들었을 것이다. 레버리지 조치 없는 단순한 주문 접수는 이런 나쁜 결과를 낳을 수 있다.

▶ 레버리지하는 방법

〈그림 7.1〉에 나타난 바와 같이, 레버리지의 전략적 조치는 먼저 어떤 상호작용을, 어떤 고객에게 적용할지 고려해야 한다. 그런 다음 적절한 레버리지 경험을 설계해 고객에게 제공할 방안을 모색해야 한다.

:: 레버리지 전략을 언제, 어떻게, 누구에게 적용할지 결정한다
(고객 집단, 문제, 상황, 채널)

어떤 고객 문의 원인을 레버리지 조치의 대상으로 삼을지 결정하는 일은 쉽지 않다. 특히 다양한 상황에서 다양한 고객 구성을 고려할 때 더욱 그렇다. 기업이 비용과 효율성이 상이한 다양한 고객 채널을 제공하고 있다면, 이는 더욱 다차원적 문제가 된다. 이와 관련한 분석을 시작하는 좋은 방법은 (1) 문의의 유형(예: 수익 창출, 서비스, 위험, 사기 방지)과 (2) 고객의 가치를 고려하는 것이다.

어떤 고객 문의 원인이든 레버리지 또는 디지털화 가운데 어느 쪽이 적절한 대응 전략인지를 둘러싸고 건강한 논쟁이 가능하다. 예를 들어, "새로운 상품에 대해 더 알고 싶다"는 고객 문의에 대해 디지털 혁신기업은 먼저 모든 고객을 웹으로 유도한 뒤 대화를 시작하는 방안을 선호할 것이다. 반면 전통적 개혁기업은 전체 고객을 특징별로 나눠 유망 고객은 직원 지원 채널로, 나머지는 디지털 채널로 남겨두는 방안을 선택할 것이다.

〈그림 7.1〉 레버리지 접근법

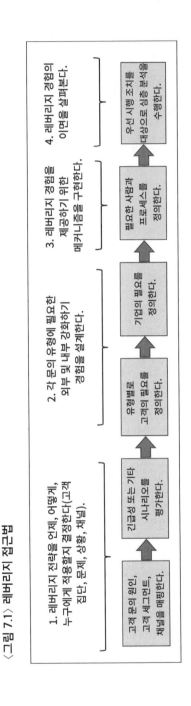

대부분의 기업은 현재 또는 잠재 가치에 따라 고객을 세분화한다.[2] 레버리지 전략은 회사가 이러한 고객 세그먼트를 다르게 처리하고 싶은지 여부에 따라 달라진다. 만약 회사가 그렇다면 어떤 채널을 제공할 것인지, 어떤 차별화를 둘 것인지, 일선 직원들을 고객 응대를 위해 배치할지 여부를 결정해야 한다. 예를 들어, 항공사는 항공편을 빈번하게 이용하는 프리미엄 고객에게 별도의 전화번호를 제공해 경험 많은 직원으로 구성된 특별 서비스 팀의 도움을 받을 수 있게 하고, 일반 고객은 웹사이트와 채팅 채널을 통해 대응할 수 있다.

차별화가 바람직한 경우에도, 기업은 차별 대우를 적용할 수 있는지 또는 너무 어렵고 복잡한지를 검토해야 한다. 대부분의 기업은 이 문제에 대해 고객 구분 없는 단일 접근 방식을 적용해야 한다. 결국 모든 고객은 "비행기를 타야" 하기에 고객 세그먼트의 구분이 쉽지 않기 때문이다.

기업은 고객의 가치와 다양한 채널을 제공하는 데 들어가는 비용 사이의 관계를 인식해야 한다. 기업은 수익성 때문에 고객 세그먼트 각각의 가치에 맞춰 채널을 제공한다. 낮은 가치의 고객 세그먼트는 직원이 직접 지원하는 채널에서는 수익성을 지켜내기 힘들다. 레버리지 조치를 통해 추가 판매의 기회를 만들 수 있다고 해도 수익성은 떨어진다. 예를 들어, 선불 모바일 고객(보통 낮은 가치의 고객 세그먼트)은 애플리케이션과 같은 자동화된 판매 및 서비스 채널에만 접근할 수 있다.

이러한 다차원 문제를 단순화하는 한 가지 방법은 전형적 고객 반응을 세 가지 '바구니'로 나눠 매트릭스에 담아보는 것이다. 세 가지 반응은 가입, 유지, 해지 등이다. 이는 전체 전략을 그리는 데 도움이 된다. 이를 바탕으로 기업은 각 단계별로 고객 문의 원인을 구체적으로 살펴볼 수 있다. 〈표 7.1〉에서 디지털화 기회는 일반 텍스트로, 레버리지 기회는 굵은 이탤릭체로 표시했다.

〈표 7.1〉 고객 세그먼트 전략의 사례: 레버리지 또는 디지털화의 시기

레버리지 = 굵은 서체, 디지털화 = 일반 서체.

고객 세그먼트	가입	유지	해지(취소/방어)
골드: 장기 우수 고객	**전화 및 메시지 기반 판매 팀, 고객이 채널 선택 가능.** 디지털 채널도 가능.	**전화 및 메시지 기반, 고객이 채널 선택 가능.** 디지털 채널도 가능.	**전담 유지 팀. 능동적 유지 및 예방적 유지.**
실버: 수익성 있는 다수 고객	**전화 기반 판매 또는 디지털 가입. 고객은 채널 선택 가능.**	디지털 및 앱 중심으로, 전화를 통한 고객 지원도 동반. **긴급한 사유에는 채팅 및 음성 지원.**	디지털 유지 채널과 일부 직원 지원 채널의 조합. 고객에게 다운셀을 추천한다.
브론즈: 수익성 떨어지는 고객	디지털 가입만 가능.	고객은 모바일 앱, 웹 포털, 채팅봇으로 제한됨. 예외적인 상황에서만 직원 지원 채널로 전환.	고객은 디지털 채널을 사용해 해지할 수 있다.

이 매트릭스는 기업이 낮은 가치의 고객을 위한 디지털 전략이 아니라 높은 가치의 고객에게 직원이 직접 지원하는 방안을 추진할 때 어떤 레버리지 조치가 가능한지 보여준다. 이 시나리오에서 기업은 관계를 시작하고 유지하기 위해 실버 고객 세그먼트에 투자할 준비가 되어 있지만, 긴급한 원인을 제외한 일상 유지 관리는 디지

털 전략으로 대응한다. 골드 고객 세그먼트는 직원 직접 지원 채널이나 디지털 셀프서비스 가운데 선택할 수 있다. 기업은 골드 고객 세그먼트와 진행하는 모든 상호작용을 레버리지 조치의 대상으로 바라본다.

많은 은행이 이와 유사한 전략을 따른다. 최고 가치의 프라이빗 뱅킹(private banking) 고객은 자산관리 전문가가 일대일로 관리해 준다. 담당 직원은 일상적 거래까지 포함하여 고객의 모든 은행 업무를 처리한다. 실제로 은행은 이러한 고객에 대해 레버리지 전략을 적용하는 것을 당연하게 여긴다. 반면, 단순한 예금 계좌를 가진 고객은 지점이나 전화로 완료할 수 있는 거래에 제한이 있을 수 있다. 일부 은행은 일정 한도를 초과하는 은행 업무에 요금을 따로 부과하기도 한다. 대부분의 은행이 이제 온라인 뱅킹과 모바일 앱을 제공하므로 대다수의 고객이 이를 일상적인 거래에 사용할 것이라 기대한다.

특정 고객 문의를 어떻게 처리해야 할지를 결정할 때 해당 고객의 경제성만 단순히 살펴보는 것은 지나친 단순화일 수 있다. 예를 들어, 기업은 어려운 상황에 처한 고객을 그의 가치와 무관하게 손을 잡고 안내해야 할 수도 있다. 고객의 긴급성에 따라 기업에 대한 해당 이슈의 중요성이 변할 수 있다. 심지어 은행 인출이나 휴대폰 잔액 충전과 같은 일상적인 거래도 고객이 어려운 상황에 처했을 때 기업이 이를 효율적이고 효과적으로 처리하지 않으면 평판 리스크를 초래할 수 있다. 예를 들어, 기상 관련 위기 상황에서 많은 기업이 추가 지원을 제공한다. 이러한 위기 동안 은행은 마이너스 통장 관련 규정을 유예하고, 유틸리티 회사는 요금 지불 기한을 연장해 준다. 2019-2020년 호주의 대규모 산불과 포르투갈, 미국 서부의 산불로 고객들이 힘들어할 때 이런 일이 벌어졌다. 많은 기업이 고객에게 재정적 추가 지원에 나섰고, 특례 규정을 적용해 일반적 대기 순서를 건너뛰도록 했다. 이는 고객의 긴급성이 다른 문제보다 중요함을 보여주는 좋은 사례다. 기업이 단순히 옳은 일을 하고자 해서 이렇게 하든, 좋은 평판을 얻기 위해 지원에 나서든, 결과는 모두 긍정적이다.

:: 고객 문의 유형에 필요한 외부 및 내부 레버리지: 경험 설계

레버리지 전략이 필요한 고객 문의 원인은 본래 일반적인 거래보다 복잡한 경우가 많다. 물론 단순한 정보 획득을 수반하는 복잡한 고객 문의도 있는데, 이는 디지털화 조치로 처리하거나 제거하거나 사전 예방할 수 있다. 레버리지 상호작용은 관리하기가 가장 어려운 상호작용 중 하나이므로 고객과 기업 모두에게 효과적인 경험 설계가 필요하다. 신규 판매, 업셀, 그리고 고객 유지를 포함한 수익 요소가 있는 상호작용은 종종 일부 산업에서 규제의 대상이 될 수 있다. 소비자 법률은 고객을 공격적인 판매, 불완전 판매, 지나치게 공격적인 유지 행위로부터 보호한다.

회원 가입의 유지 및 해지는 고객과 기업의 필요 사이의 미묘한 균형을 보여준다. 계정을 해지하려는 고객은 상호작용이 빠르고 편하게 끝나기를 원한다. 즉, 가능한 한 빨리 끝나기를 바란다. 반면 기업은 종종 고객 유지를 통해 수익을 방어하려 한다. 많은 기업이 고객이 계약을 해지하려 할 때 고객을 속여 해지 팀으로 보내겠다고 하면서 실제로는 성과가 고객 유지율로 측정되는 특별 '유지 팀'으로 보내는 기만적인 행동을 보인다. 사전에 잘 설계된 고객 유지 대화는 이러한 필요의 균형을 염두에 둔 것이다. 유지 팀은 해지 요청으로 이어진 문제를 해결하거나 경쟁사의 제안에 대응할 새로운 방안을 제시할 수 있지만, 고객이 해지하려는 이유를 파악하고 더 이상 대화를 이어갈 마음이 없는 고객을 억지로 붙잡지 말아야 한다.

고객이 어려움에 처해 있을 때에는 새로운 균형을 찾아야 한다. 고객이 요금을 지불할 수 없거나 제품이나 서비스를 더 이상 감당할 수 없다면, 기업은 이 고객에 대한 재무적 영향과 평판 리스크와 같은 다른 요인들 간의 균형을 맞춰야 한다. 대부분의 국가에서 전기와 물과 같은 공공 서비스는 필수 서비스로 간주되므로 기업은 상황이 어려운 고객에게 요금을 지불할 수 있는 새로운 방안을 제시해야 한다. 고객 정보와 이력이 도움이 될 수 있다. 고객이 처음으로 구제를 요청한 것이라면, 매번 요금 납부가 늦었던 고객과 매우 다르다. 그러나 만성적으로 요금 납부가 늦는 고객조차도 참작할 만한 상황이 있을 수 있다. 이와 관련한 대화는 잘 구조화되어야 하며, 일선 직원이 다뤄야 한다. 이때 직원은 상당한 정보를 파악하고 있으며 다양한 옵션을 적용할 수 있어야 한다.

복잡한 보험금 청구 문제는 잘 설계된 대화의 필요성을 보여주는 또 다른 예이다. 보험금 청구 절차가 시작될 때 고객은 집이나 자동차의 피해, 질병 또는 개인 부상 등 어려운 상황에 처해 있을 수 있다. 그러나 보험사는 보통 보험금 청구 과정의 비용과 기간을 통제하기 위해 고객을 특정 경로로 안내하려고 한다. 많은 상황에서 고객과 조직의 필요는 일치한다. 초기 치료를 제대로 받으면 고객이 더 빨리 회복되고 청구할 보험금도 줄어든다. 고객에게 적절한 조언을 제공하는 것도 보험사의 비용 절감에 도움이 된다. 보험금 청구 관련 대화는 직원이 절차를 설명하고 고객에게 적절한 조언을 제공할 수 있도록 잘 정리된 프로세스를 통해 진행되어야 한다. 이런 종류의 대화가 잘 진행되도록 많은 시스템이 개발돼 있다. 예를 들어, 보험사 직원은 인공지능과 기계학습을 기반으로 잘 설계된 검색 시스템을 통해 고객의 의료 상태를 파악하고 적절한 치료 경로를 추천할 수 있다.

:: 레버리지 경험을 제공하기 위한 메커니즘을 구현한다

고객이 원하는 레버리지 경험을 제공하기 위해, 기업은 일반적으로 사람, 기술, 프로세스의 조합을 활용한다. 세 가지 영역을 구체적으로 살펴보면 다음과 같다.

■ 사람. 레버리지 대상 고객 문의의 대처법을 설계하는 것과 이를 실행하는 것은 별개의 문제이다. 실행이 결정적이다. 실행의 중요한 부분은 이러한 고객 문의에 대처할 적절한 개인을 배정하는 일이다. 이는 간단히 말해 특정 고객을 사전에 선별해 특별 교육을 받은 특별 팀으로 보내는 것이라 할 수 있다. 상품 판매나 우수 고객과 같은 영역이라면, 최고의 기술을 가진 직원이나 경력이 많은 직원을 고객과 매칭하는 것이

좋을 수 있다.

특히 대기업은 몇몇 새로운 방법을 통해 고객과 직원을 매칭해 줄 수 있다. 예를 들어, 특정 최일선 직원을 특정 고객 페르소나(persona)에 배정하는 것이다. 이를 위해 고객의 특정 요구와 특성을 정의 가능한 그룹으로 분류하여 그들을 어떻게 대우할지를 명확히 한다. 이를 올바르게 수행하면 최일선 직원들은 보다 원활하게 이러한 그룹의 광범위한 요구를 인식하고 일반적으로 그들이 원하는 대로 대우할 수 있다. 예를 들어, '정보 탐색자' 페르소나에 맞는 고객과 상호작용을 하는 경우, 직원은 대화를 통해 많은 설명을 제공하는 데 주력해야 함을 알고 있다. 반면, '할인 사냥꾼'과 대화할 때는 가능한 빨리 최상의 제안을 고객에게 알려주기만 하면 된다. 또한, 직원과 속성이 비슷한 고객을 매칭하면 직원은 공감을 통해 고객의 요구를 더 잘 이해할 수 있다. 기업이 더 많은 고객 데이터를 확보할수록, 고객을 분류하고 각각에 맞춤형으로 대처하는 기업의 역량도 증가할 것이다.

한 대형 비즈니스 프로세스 아웃소서(BPO)는 개별 고객을 인구통계학적으로 비슷한 판매 및 서비스 팀 직원과 매칭함으로써 좋은 결과를 얻었다. 그들은 고객이 전화를 걸어오면 가능한 한 해당 고객의 연령, 결혼 여부, 가족 상태와 같은 유사한 인구 통계 프로필을 가진 직원에게 연결했다. 이 기업은 고객 전화의 60%에 대해 이런 매칭이 가능했는데, 매칭된 전화와 매칭되지 않은 전화의 수익 결과를 비교했다. 그들은 판매 및 서비스 관련 고객 상담에서 통화당 수익이 45% 증가했다고 밝혔다.

■ 기술. 기술은 레버리지 조치가 필요한 고객 문의(예: 고객의 어려운 상황, 회원 유지 등)에서 중요한 역할을 할 수 있다. 기술을 통해 직원들은 고객의 과거 행적에 대한 잘 분석된 기록을 가질 수 있기 때문

이다. 가장 좋은 기술 솔루션은 증강 에이전트 기술(Augmented agent technologies)처럼 고객에게 건넬 새로운 제안이나 고객에게 취할 다른 행동을 추천해 준다. 고객 유지가 필요할 때라면, 기술은 고객이 감당할 수 있는 대체 상품(예: 더 낮은 가격의 요금제)을 제안하거나, 일선 직원이 고객에게 제공할 수 있는 할인이나 상품 제안에 한계를 두기도 한다(이를 다운셀링 또는 더 정확히는 고객 맞춤 조정이라고도 한다).

기술은 고객의 레버리지 경험을 증강하는 데 중요한 역할을 할 수 있다. 실시간 음성 분석(real-time speech analytics)은 일선 직원의 대응력을 높일 수 있다(실시간 음성 분석은 인공지능과 기계학습을 사용해 실시간으로 대화를 평가하는 분석이다). 이러한 증강 에이전트 서비스는 고객의 기록을 분석하여 대체 또는 추가 상품 및 서비스를 찾아내거나 관련 지식을 불러내 비교해 보여줄 수 있다. 통신사는 기존 고객을 유지해야 할 상황에서 관련 기술을 활용해 고객의 전화 및 데이터 사용 기록을 모두 분석하여 그들의 소비 패턴에 맞는 대체 상품을 추천할 수 있다. 직원은 이러한 증강 에이전트 기술을 통해 다양한 상품을 제안할 뿐만 아니라 예상 요금, 예상 절감액, 향후 구매 패턴까지 예측할 수 있다. 고객이 어려움에 처해 있다는 시나리오가 현실화되면, 직원은 이런 기술을 통해 새로운 요금제를 설계할 수도 있고, 이를 실행할 프로세스에 필요한 중요 정보를 얻기 위해 고객에게 어떤 질문을 해야 하는지도 파악할 수 있다. 일부 회사는 고객에게 맞춤형 개별 제안을 제공하기 위해 이러한 기술을 사용한다.

■ 프로세스. 잘 설계된 프로세스는 레버리지 상호작용에서 매우 중요하다. 예를 들어, 상품 판매를 위한 고객 대화에서 일선 직원이 다음과 같은 일련의 효과적인 프로세스를 실행할 수 있어야 한다.

○ 현 고객 또는 잠재 고객과의 관계 구축 및 그들의 명시적 및 암시적 요구사항 듣기.

○ 해당 상품 및 서비스에 대한 요구 사항의 탐색 및 진단.

○ 고객의 요구 사항을 적절한 상품과 매칭.

○ 맞춤형 고객 제안.

○ 반대 의견 및 장애 극복.

○ 설득 및 마무리.

일부 직원은 이러한 작업을 본능적으로 수행할 수 있지만, 각 하위 프로세스에 대한 사전 정의, 직원 교육 및 코칭이 가능하다. 보험금 청구와 같은 복잡한 프로세스도 직원에게 최상의 질문 순서를 교육할 수 있도록 분해해 문서화할 수 있다.

레버리지 조치의 실행은 이렇게 사람, 기술, 프로세스의 조합이 서로 조화를 이루어야 회사와 고객이 양쪽 모두가 얻고자 하는 결과를 얻을 수 있다.

:: 레버리지 경험의 이면을 살펴본다

레버리지 대상이 되는 고객 문의는 이론상으로 기업이 처리하고 싶어 하는 것들이지만, 일부 문의 원인은 추가 분석을 해볼 가치가 있다. 이는 레버리지 대상 고객 문의가 기업의 핵심 프로세스, 가격 책정, 출시 상품에 대한 중요한 통찰력을 제공할 수 있기 때문이다. 예를 들어, 고객이 취소를 요청하면 이는 많은 실패한 프로세스의 최종 결과일 수 있다. 처음에 잘못된 상품을 판매했거나, 일련의 불쾌한 경험을 줬거나, 경쟁사로부터 더 매력적인 제안을 받았을 수 있다.

많은 레버리지 대상 고객 문의는 그것이 어디에서 비롯되었는지 파악하려면 더 깊은 근본 원인 조사가 필요하다. 이 프로세스를 통해 다른 많은 고객들이 동일한 영향을 받고 있는지, 사전 예방 차원에서 대처가 필요한지 등의 여부를 식별할 수 있다. 다음은 주문 취소, 고객의 어려운 처지, 사기당할 위험 등과 관련된 고객 문의를 분석해 현명하게 대처한 사례들이다.

사례 1: 취소 분석. 한 대형 유틸리티 회사는 서비스 취소 요청 전화를 분석한 결과 경쟁사가 공격적인 가격으로 서비스를 제공한다는 사실을 발견했다. 그러나 경쟁사의 가격 공세에는 혜택 기간이 제한되어 있음도 알게 되었다. 이에 이 회사는 고객 유지 팀에게 경쟁사의 혜택 기간이 짧다는 점과 자사의 상품이 중기적으로 비용 효율적임을 고객에게 충실히 설명하도록 했다. 이를 통해 고객 유지율을 높일 수 있었다.

사례 2: 고객의 어려움에서 배우기. 한 회사는 고객의 어려움 관련 문의에서 배울 수 있음을 인식했다. 이에 곧장 고객 유치 프로세스로 되돌아가 특정 캠페인과 프로세스가 나중에 부채와 어려움에 빠질 가능성이 높은 고객을 유치한 것은 아닌지 분석했다. 이에 특정 지역에서 특정 시기에 실행된 할인 캠페인을 통해 유치한 고객들에서 유독 어려움에 빠진 비율이 훨씬 높다는 점을 발견했다. 이들은 또한 수익성 높은 고객들이 늘어났는지를 추가로 살펴봐 이전 분석을 보완했다.

사례 3: 사전 예방의 사기 경고. 여러 부정행위를 경험한 은행들은 이러한 고객 문의를 분석하여 고객을 위한 조기 경고를 보내는 시스템을 구축하고 있다. 한 신용 카드 회사는 택시 회사가 연루된 것으로 보이는 신용 카드 사기의 위험성에 대해 고객에게 경고했다. 이 회사는 고객의 카드에서 택시 회사로 빠져나가는 듯 보이지만 가짜 공제가 발생하는 사례를 여럿 발견했다. 이런 공제는 이전에 지불한 택시 요금과 비슷했다. 차이점은 사기 의심 거래가 대부분 뒤에 몇 센트가 따라붙지 않게 반올림된 금액이라는 점이었다. 대부분의 합법적 거래는 반올림되지 않는다. 이런 방법으로 은행은 이러한 이상 거래를 포착하고 고객에게 경고해 사기 피해가 확산되는 것을 막았다.

☝ 힌트와 팁

레버리지 전략의 힌트와 팁은 판매, 사기 및 위험, 고객 유지 등 넓은 범위에 걸쳐 있다.

:: 판매 및 고객 유지 대화에서 선택권을 제공한다

고객에게 선택권을 제공하여 스스로 상품과 관련해 결정할 수 있게 하는 것은 항상 좋은 전략이다. 한 영국 은행은 처음에 디지털 판매 솔루션을 만들었을 때 고객에게 단일 추천만 제공했다. 많은 고객이 이를 강요라 느껴 떠나버렸다. 그들이 솔루션을 수정하여 여러 선택지를 고객에게 제공함으로써 훨씬 더 나은 결과를 얻었다.

아이디어의 실제 적용. 한 회사는 웹 기반 솔루션에서 고객이 스스로 백색 가전에 대한 요청 사항을 명시할 수 있게 했다. 기술상의 한계로 고객에게 하나의 제품만 추천할 수 있는 경우에도 솔루션은 최소한 세 가지 옵션을 제시하여 고객이 선택할 수 있게 설계되었다. 회사가 권장하는 가능한 최적의 선택 사항을 따로 표시하면서도, 고객이 직접 선택할 수 있게 하고 필요 시 지원을 받을 수 있는 링크를 제공했다. 이 애플리케이션은 이제 시장에서 가장 많이 판매되는 백색 가전 웹사이트가 됐다.

:: 채널 통합으로 고객 편의성을 높인다

레버리지 대상의 고객 문의는 종종 길고 복잡하다. 여러 채널을 묶어 활용하면 고객이 자신의 시간에 맞춰 결정을 내리고 프로세스를 더 쉽게 진행할 수 있도록 제어할 수 있다. 고객에게 문자 및 이메일 메시지를 보내 기업의 프로세스를 설명하거나 필요하면 고객, 영업 직원, 디지털 판매 플랫폼 간의 "삼자 대화"의 자리를 만들 수도 있다.

아이디어의 실제 적용. 고객은 종종 자동차 사고를 접수할 때 세부 사항을 기억하지 못하거나 기록한 게 없을 수 있다. 이제 보험사들은 보험금 지급 과정에서 세부 안내 사항이나 심지어 동영상 가이드 링크를 문자와 이메일을 통해 제공한다. 고객은 자신의 휴대전화에 이 정보를 저장함으로써 수리점에 차를 맡길 때 쉽게 참조할 수 있다.

:: 고객 관계에서 신뢰와 위험의 균형을 유지한다

어려움에 처한 고객이 요청한다면 기업은 종종 고객이 제공하는 정보를 신뢰해야 한다. 실직과 같은 곤궁한 처지를 스스로 밝히는 것은 쉽지 않은 만큼 고객의 말을 신뢰하는 것이 좋다. 다만 고객이 요금 납부를 면제받으려 거짓말을 하는 것일 수도 있어 기업은 섬세하게 균형을 잡을 필요가 있다. 불필요한 서류 작업을 줄이는 게 종종 전체적으로 더 이득이다.

아이디어의 실제 적용. 한 에너지 공기업은 고객의 구제 요청이 있으면 절차를 변경하여 특정한 경우에는 꼬치꼬치 캐묻지 않도록 했다. 고객이 사별이나 실직과 같은 일에 대해서는 거의 거짓말을 하지 않는다는 점을 깨닫고, 이와 관련해 고객 쪽 이야기를 신뢰하기로 결정했다. 사망 증명서나 정부 증명서를 요구하지 않은 것이다. 이에 처리 절차가 빨라졌고, 사후 점검 결과 요금 미납률에 변화가 없었다. 즉, 이러한 상황에서 고객을 신뢰하는 것이 옳았다. 처리 절차는 더 빨라졌고 고객은 더 존중받았다.

:: 고객의 역사를 소중히 여긴다

기업은 고객의 충성심과 오랜 관계를 기대한다. 특정 상황에서 고객은 기업이 자신의 충성심을 인정하고 보상해 줄 것을 기대한다. 이러한 기업-고객 관계의 역사와 가치를 유연하게 반영하는 프로세스를 설계하는 것은 상당히 어렵다. 그럼에도 고객은 종종 "오랫동안 당신과 함께해 왔다"고 말한다. 따라서 30년 된 고객이 요금 면제 등을 받지는 못하더라도 최소한 알아봐 주기를 기대하는 것은 드문 일이 아니다.

아이디어의 실제 적용. 유명한 국제 항공사의 조종사들이 파업에 들어갔다. 경쟁 항공사는 이번 파업을 상대편의 최우수 고객에게 자사의 우수 고객 프로그램의 혜택을 보여줄 한 번뿐인 기회로 활용했다. 경쟁사의 동일 등급 고객에게 라운지 이용권과 우선 좌석 선택권을 제안했다. 사실상 그들은 '등급 매칭'을 바탕으로 파업이 끝난 후에도 자사의 항공편을 예약한 경쟁사 고객에게 1년 동안 우수 고객 혜택을 제공했다. 이를 통해 자사가 우수 고객을 소중히 여기며, 그에 맞는 혜택을 제공한다는 점을 경쟁사 고객들에게 확실히 보여줄 수 있었다. 이는 최우수 고객 증가로 이어졌다.

◤ 요약

기업은 레버리지 전략을 통해 단순한 비용 절감, 고객 경험 개선에서 벗어나 수익 증대, 고객 유지, 장기적 고객 관계 레버리지로 나아갈 수 있다. 어떤 고객 행동을 레버리지 조치의 대상으로 삼을지 결정하는 것은 복잡하고 다차원적인 과정이다. 또한, 레버리지 조치를 어떻게 성공적으로 설계하고 실행할지 알아내는 것도 쉽지 않은 과제이다. 제거하기 조치 대상을 결정하려면 장기적 고객 가치와 채널 전략을 계산하고, 어떤 수준의 고객 차별화가 가능한지 분석해야 한다. 레버리지 전략을 구축하려면 누가 고객과 응대할지, 어떻게 기술적으로 이 직원들을 지원할지, 어떤 프로세스로 작동하게 할지 등에 대한 신중한 설계가 필요하다. 고객의 불편이 없는 회사들은 성공적인 레버리지 상호작용을 설계함으로써 고객에게 선택권을 제공하고, 언제 고객을 신뢰하는지 보여준다. 어떻게 지속적이고 가치 있는 고객 관계를 위해 노력하고 있음도 알려준다.

레버리지의 필요성을 평가하라.

다음 질문 중 하나라도 '예'라고 대답하거나 답을 모른다면 레버리지 조치를 더 강화할 필요가 있다.

Q1. 고객 가치를 구분하지 않고 판매 및 주요 서비스 제공을 위해 고객에게 동일한 채널을 사용하도록 강제하는가?

Q2. 고객이 이탈할 가능성이 있는 고객 상호작용을 따로 분석해 본 적이 없는가?

Q3. 일반 고객을 유지하는 데 우수 고객과 동일한 노력을 기울이는가?

Q4. 잠재 고객의 인구학적 구성이 영업팀 직원들과 매우 다른가?

Q5. 판매 전환율이 오랜 기간 동안 거의 변하지 않았는가, 그리고/또는 많은 기회가 낭비되고 있다고 생각하는가?

Q6. 업계가 불완전 판매나 고객 고충 처리와 같은 민감한 문제와 관련해 여론의 비판을 받고 있는가?

Q7. 고객 응대 과정에서 제품 관련 항의 등 한두 개의 사안이 비용의 큰 비율을 차지하는가?

Q8. 한 직원이 최우수 고객과 일반 고객을 동시에 대응하고 있는가?

Q9. 우수 고객과 일반 고객을 구별할 수 없다고 생각하는가?

학습하기
Learn

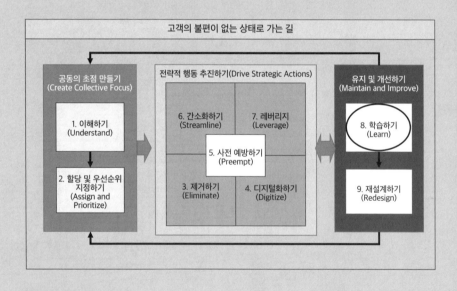

학습하기

거기 없는 것을 찾아보라.
—해리 보슈

'학습하기'란 무엇이며, 왜 중요한가?

기업은 학습하기(Learn) 조치를 통해 기존 및 잠재 고객이 기업의 프로세스, 정책, 제품 및 서비스에 대해 무엇을 경험하고 있는지, 어떤 생각을 하고 있는지 파악할 수 있다. 기업은 또한 학습하기를 통해 고객 관련 업무의 개선으로 이어지는 통찰과 데이터를 얻을 수 있다. 기업은 이를 바탕으로 적시에 적절한 도구와 시스템에 투자할 수 있다. 여기에 더해 개선 사항이 얼마나 잘 작동하는지, 그리고 누가 책임을 져야 하는지를 결정할 핵심 지표를 얻을 수 있다. 이해하기 단계에서 기업과 고객 사이 불편을 드러낼 첫 번째 데이터를 얻는다면, 학습하기 단계에서는 이를 지속적으로 추적해 더욱 풍성한 데이터를 확보한다. 학습하기는 의사결정에 도움이 되며, 해당 이슈를 담당한 사람은 이를 통해 더 많은 정보를 얻는다. 또한 불편이 어디에 있는지, 불편을 제거할 책임이 누구에게 있는지, 개선 행위의 결과는 어떠한지 등을 알 수 있다.

학습하기 메커니즘의 적절한 조합을 통해 다음 다섯 가지 결과를 달성할 수 있다.

■ 고객 경험과 기업과 고객 사이 불편에 대한 지속적인 데이터를 생성한다.
■ 사업 전반과 모든 채널을 통찰할 수 있어 사각지대가 없어진다.
■ 정량적 정보를 보완할 정성적 정보를 생성한다(이는 예를 들어 "왜?" 또는 "왜 안 돼?"와 같은 개방형 질문을 고객에게 던짐으로써 가능하다).
■ 회사는 이미 가지고 있는 정보를 최대한 활용하고, 이에 고객은 정보 제공에 필요한 고생을 줄일 수 있다.
■ 사업 전반에 걸쳐 책임을 명확히 한다.

어떤 기업이든 직원의 역할이 바뀌고 구조가 진화함에 따라 책임 소재가 변하게 마련이다. 이러한 이동, 추가, 변경에도 불구하고 학습하기 프로세스가 효과적으로 작동한다면 적절한 리더가 책임을 질 수 있다. 학습하기를 위한 거버넌스는 사업 전반이 원활하게 돌아갈 수 있게 자주 이루어져야 하지만, 보고서 작성과 회의가 업무 개선 능력을 제한할 정도로 너무 빈번해서는 곤란하다.

학습하기에는 다음 네 가지 조치가 필요하다.

■ 고객의 요구와 개선 기회를 지속적으로 추적하기 위한 적절한 메커니즘을 설계한다.
■ 학습하기 메커니즘을 통합하고 이슈 해결에 나선다.
■ 책임 소재를 확실히 한다.

■ 학습하기 리듬을 구축한다.

각각의 조치는 이 장의 '학습하는 방법' 섹션에서 자세히 다룬다. 사실상 학습하기는 이해하기와 할당하기와 우선순위 지정하기 장에서 설명한 아이디어를 기반으로 한다. 학습하기는 일회성 분석 및 책임 할당에서 머물지 않고 지속적이며 반복적인 분석, 책임 할당, 실행으로 진행되어야 한다.

:: 왜 학습하기가 중요한가?

기업은 학습하기를 통해 업무를 개선하고 적절한 관리자에게 책임을 물을 수 있는 데이터와 통찰을 얻는다. 이렇게 얻은 데이터와 통찰은 비용 및 수익 목표를 달성하는 데 바탕이 된다. 따라서 불필요한 지출을 밝혀내고 업무 개선 투자에 따른 수익을 최대화한다. 기업은 학습하기를 통해 상황의 변화 속에서도 고객을 놓치지 않을 뿐 아니라 그 관계를 더욱 강화할 수 있다. 학습하기에서 얻은 데이터와 통찰력이 없거나, 그 데이터가 부실하다면, 기업은 사실상 눈을 가린 채 비행하고 있는 셈이다.

:: 왜 학습하기는 어려운가?

학습하기는 쉽지 않다. 우선, 적절한 데이터 메커니즘을 선택하는 것이 어렵고, 그 다음에는 데이터를 통합하는 것이 더욱 어렵다. 예를 들어, 고객이 어색하고 번거로운 설문조사를 경험하는 것은 이러한 도구와 데이터가 기업이 이미 알고 있는 고객 정보와 분리되어 있기 때문이다. 연락처와 문의 이력을 추적하는 도구는 종종 고객 설문조사와 분리되어 있다. 둘째, 점수 유지가 목적 자체로 변질되어 고객의 피드백을 얻겠다는 목표가 옆으로 밀려나기도 한다. 결과적으로, 학습하기 프로세스는 업무 개선보다는 측정 자체에 더 중점을 두게 된다.

또 다른 장애물은 평소 바쁜 임원들을 이 문제에 집중하도록 하는 일이다. 정성껏 준비한 '할당하기와 우선순위 지정하기' 워크숍은 일시적으로 고위 경영진의 주의를 끌 수 있다. 하지만 고객의 불편을 줄이는 일은 결코 끝나지 않을 것이며 지속적으로 그 성과를 측정해야 한다고 임원들에게 말하는 것은 이와 완전히 다르다. 학습하기는 '할당하기와 우선순위 지정하기'보다 훨씬 더 큰 리더십의 헌신을 요구한다.

⬛ 좋은 사례

:: 에어비앤비의 보물 창고

에어비앤비의 공동 창업자들이 고객 서비스 직원으로서 헤드셋을 착용하던 초창기 시절부터, 회사는 호스트와 게스트가 무엇을 필요로 하는지 배우기 위해 두 고객 유형의 경험을 추적했다. 여러 해에 걸쳐 에어비앤비는 호스트와 게스트 대상 설문조사 기법을 꾸준히 개선했다. 학습하기 기능의 효과를 높이기 위해, 에어비앤비의 커뮤니티 지원 고객의 소리(VOC) 프로그램 책임자인 데지레 매디슨-빅스(Desiree Madison-Biggs)는 기술 솔루션을 확장해 비디오 메시지도 포함되도록 했다. 이 덕분에 고객들은 긍정적이든 부정적이든 자신의 경험을 비디오 메시지로 업로드할 수 있었다.[1] 에어비앤비 상품 및 서비스 담당자들은 고객이 제기한 부정적 이슈를 해결하고 수정해야 했고, 그 결과 선순환 구조가 자리를 잡았다. 또한, 회사는 긍정적인 리뷰와 반응을 일선 직원들에게 전달했다.

또 다른 학습하기 사례로 손님이 "다시는 에어비앤비를 이용하지 않겠다"고 선언한 후 발생한 일을 꼽을 수 있다. 에어비앤비는 이 상황을 더욱 깊이 분석했고, 개선 방안을 찾아 적용하기 위해 해당 고객들의 후속 예약을 더욱 밀착해 살펴봤다. 매디슨-빅스는 설문조사, 동영상 기록, 예측 분석의 조합을 통해 "우리 회사 지원 조직을 위한 개선 방안의 보물 창고"를 만들어냈다고 말했다.

:: 에오엔이 통찰을 얻는 방법

독일 기반의 에너지 대기업 에오엔(E.ON)은 여러 해에 걸쳐 '고객이 말하고 있는 것(what our customers are saying, WOCAS)'이라 부르는 직원용 데스크톱 도구를 사용했는데 이를 통해 수많은 통찰을 얻었다. 독일에서 에오엔의 고객은 에너지 요금 청구서를 1년에 한 번만 받는다. 따라서 실제 에너지 사용량이 선불금보다 낮을 경우 다툼과 경쟁사로의 이탈이 빚어질 수 있다. '고객이 말하고 있는 것'을 통해 들어온 고객 피드백과 예측 분석(예: 이사와 같은 생활 변화에 대한 조사)으로 얻은 통찰을 기반으로, 에오엔은 고객들에게 자동 검침기를 설치하고 온라인 포털에서 자신의 에너지 사용량을 확인하도록 권장할 수 있었다. 궁금한 점이 있으면 회사에 전화를 걸도록 고객에게 권장하는 조치도 함께 진행했다. 회사의 연간 1회 청구서 발행으로 인해, 에오엔은 신규 고객을 유치한 뒤 이들과 추가로 문의하는 일이 없었다. 이는 초기에 (고객 불만 신고가 없어) 매력적으로 보이지만, 동시에 고객 이탈의 위험도 있었다. 에오엔은 신규 고객의 상태를 점검하기 위해 광범위한 아웃바운드 연락을 진행했다. 특히 처음으로 주거 독립한 젊은 고객들을 집중해 살폈다.

에오엔은 '고객이 말하고 있는 것' 시스템을 통해 일선 직원들로부터 수집한 통찰을 바탕으로 매주(또는 주 2회 이상) 고객 문의 원인의 작은 트렌드를 분석하고, 개발팀에 새로 찾은 문제점이나 대처 필요성을 전달한다. 이어 에오엔은 최우선 과제 관리(top-issues management) 프로세스를 통해 근본 원인을 파악하는 작업에 돌입한다. 에오엔의 '고객 및 시장 인사이트' 부문 책임자인 크리스티나 로디크(Kristina Rodig)에 따르면, '고객이 말하고 있는 것'이 제공하는 통찰과 그에 이어진 통합 프로세스 덕분에 에오엔은 고객당 문의 건수(CPX)를 40% 줄일 수 있었다. 이탈률도 경쟁사의 절반 이하로 떨어졌다. 흥미롭게도, 에오엔의 나이 많은 고객들은 예상보다 훨씬 더 많이 회사의 온라인 도구에 수용적 태도를 보였는데, 이것 역시 '고객이 말하고 있는 것'이 제공한 통찰에 기반해 마련한 대응책 덕분이다.[2]

:: 보다폰의 미세 조정

보다폰은 고객 경험을 개선하고 불필요한 고객 문의를 줄이기 위한 글로벌 전략의 일환으로 스카이라인(skyline)이라 부르는 파레토(Pareto) 보고서를 활용하고 있다. 여기에는 고객 문의 원인 코드별로 고객 문의율(CPX)의 과거와 최근 목표 지표가 포함돼 있다. 고객 경험을 측정하는 여러 핵심 성과 지표(KPIs)도 들어 있다. 각국 지사는 표준 분류 체계를 사용하여 고객 문의 원인을 코드별로 보고한다. 각각의 고객 문의 원인 코드에는 각 국가별로 책임자가 명확히 정해져 있다. 이들 책임자는 어떤 목표 행동을 취할지(예: 제거하기, 디지털화하기)를 결정하고, 해당 목표에 대한 현재 진행 상황을 보고해야 하며, 동료들과 협력하여 개선을 도모해야 한다.

이러한 학습하기 프로세스는 보다폰이 전 세계적으로 기회를 포착하고 급격한 시장 변화에 대응하는 데 도움이 됐다. 보다폰의 서비스 및 디지털 전환 글로벌 수석 매니저인 킴 힐츠(Kim Hiltz)[3]는

"보다폰은 각국 시장의 진행 상황을 매우 신속하게 비교하고 대조하며, 개선 사항이나 문제를 공유할 수 있었다"는 취지로 말했다. 디지털 전용 상품과 출시 및 재택 근무에 맞는 요금제 개발도 이런 과정을 거쳐 나왔다. 보다폰은 빠르게 학습하고 데이터를 바탕으로 솔루션을 미세 조정할 수 있었다. 측정의 일관성은 각국 시장 사이의 고객 행동과 이슈를 비교하는 데 도움이 되었고, 이는 글로벌 차원에서 레버리지 투자와 학습하기를 촉진하는 데 기여했다.

:: 우버가 앱, 평가, 결함률에 집중하다

우버는 혁신적인 접근 방식의 일환으로 승객, 운전자, 음식 배달원, 소비자가 모두 자사의 스마트폰 앱을 사용해 예약, 변경, 셀프서비스를 할 수 있도록 했다. 회사는 또한 네 방면의 당사자를 측정하기 위해 평가 및 피드백 기능을 구축했다. 이러한 '측정 철학'은 고객 중심 문화를 만드는 데 도움이 되었으며, 운전자가 높은 평가를 받기 위해 승객에게 자발적으로 민트와 물병을 제공하는 사례까지 등장했다. 우버 차량은 일반 택시보다 훨씬 더 깨끗한 경우가 많다. 또한, 승객도 좋은 평가를 받기 위해 행동을 조심하게 됐다.

　이러한 피드백은 우버가 내부 프로세스와 시스템을 개선하는 데도 도움을 줬다. 우버는 지난 4년 동안 결함률을 90% 줄일 수 있었다고 커뮤니티 운영 부문 부사장 겸 글로벌 책임자 트로이 스티븐스(Troy Stevens)는 말했다. 그는 "최고의 고객 경험은 사전 예방에서 나온다"[4]고 강조했다. 음식 배달 서비스와 관련해, 우버는 고객들이 주문한 음식이 제대로 오지 않았다는 불만 신고를 분석해 앱에 '누락된 항목' 기능을 추가했다. 그런 다음 우버는 "문제를 빠르고 간단하게 해결하도록" 이 과정을 디지털화했다. 차량 공유 서비스의 경우, 우버는 '탑승 취소' 옵션을 앱에 추가했다. 이를 통해 고객은 원래 온다고 한 운전자가 오지 않거나 너무 멀리 있으면 다른 운전자를 자동으로 부를 수 있게 됐다. 이러한 기능들은 고객과 우버 모두에게 불편을 줄여 줬다.

우버는 또한 평점 시스템과 앱을 통한 고객 피드백을 활용해 다른 부서 업무도 개선했다. 커뮤니티 운영 부문 책임자인 스티븐스는 "커뮤니티 운영 부문은 기술 개발 그룹을 위한 운영 지표를 만드는 과정에서 기술팀과 매우 좋은 파트너가 되었다. 우리 부서는 기술팀에게 고객 경험이 어떤지에 대한 실질적인 예시를 제공한다"고 덧붙였다. 이렇게 우버는 고객의 요구에 매우 신속하게 대응할 수 있다.

:: 레드햇의 CX-360

대부분의 기업과 마찬가지로, 레드햇(Red Hat)도 다양한 부서를 통해 고객 통찰을 얻고 있다. 레드햇의 고객 경험 프로그램의 책임자 메건 존스(Megan Jones)에 따르면, 회사는 '고객 중심'을 핵심 목표로 삼아 강하게 드라이브를 걸면서 그동안 여러 부서에 흩어져 있던 고객 통찰 프로세스를 하나로 통합했다. 그 결과 레드햇은 최초의 고객 상호작용부터 회원 갱신까지 16개의 터치포인트에 걸쳐 통합한 '360도 뷰'를 구축했다.[5] 레드햇은 사내 라이프사이클 마케팅 팀과 함께 이러한 터치포인트 가운데 여러 개를 '진실의 순간'으로 정의하고, 기존의 세 가지 설문조사에 열세 가지의 설문조사를 추가하여 고객의 감정 상태를 시각화한 대시보드를 제작했다. 이를 통해 영업 사원들은 고객의 고충점을 빠르게 파악할 수 있었다.

레드햇은 '고객 경험 360도(CX-360)'로 얻은 결과를 여러 색상을 적용한 콕스콤(coxcomb, 중세 광대의 볏 모양의 모자) 보고서(파이(pie) 차트와 비슷한데 역동적인 이미지 연출이 가능하다)에 담았으며 순 고객 추천 점수의 개방형 의견도 뒤에 덧붙였다. 레드햇의 제품 및 영업 팀은 이를 통해 고객에게 중요한 것이 무엇인지, 회사가 고객의 요구에 어떻게 대응하고 있는지, 회사 전반에 걸쳐 주의를 기울여야 할 새로운 요구는 무엇인지 등을 한눈에 파악할 수 있었다. 또한 회사는 이를 바탕으로 유명한 '레드햇 학습 커뮤니티'를 이끌어 오고 있다. 이 커뮤니티는 재판매업자, 통합업자, 레드햇의 서비스형 플랫폼(Platform as a Service, PaaS)을 사용하는 기업 고객 등이 서로 정보를 공유하는 곳이다.[6]

☞ 나쁜 사례

학습하기의 나쁜 사례는 일반적인 문제를 여실히 보여준다. 많은 기업이 효과 없는 학습하기 메커니즘에 투자하거나 고객이 모든 일을 처리해 줄 것을 기대한다. 일부 회사는 보유한 데이터와 고객 통찰을 통합하지 못해 정보의 외딴섬을 만들기도 한다. 마지막으로, 다른 회사는 측정에 집착할 뿐 실제로 이에 기반해 행동하지 않는다.

:: 항공사, 설문조사를 싣고 눈을 감은 채 비행하다

항공사가 "이 설문조사는 10분에서 15분 정도 소요됩니다"라고 하면서 시작하면, 여러분은 귀찮고 괴로운 시간이 될 것임을 곧바로 알 수 있다. 그럼에도 몇몇 항공사는 여전히 이렇게 하고 있다. 설문조사가 진행될수록 고객은 슬슬 짜증이 나기 시작한다. 첫 번째 질문은 항공사가 이미 알고 있는 내용을 고객에게 묻는다.

- ■ "이 항공편을 어떻게 예약하셨습니까?"
- ■ "얼마나 자주 여행하십니까?"
- ■ "라운지를 이용하셨습니까?"

이런 질문은 고객에게 실망을 주며, 항공사가 게으르다는 인상을 준다. 항공사는 이미 특정 데이터를 수집하여 조사 기관에 전달하여 분석을 시작했을 것이다. 특정 항공편을 탑승한 고객의 의견이 필요했기 때문이다! 다른 데이터를 추출하는 데 큰 노력이 필요하지 않음에도 불구하고, 한 항공사는 고객한테 이를 밝히도록 함으로써 고객에게 일을 시킨 꼴이 됐다.

이 항공사의 설문은 질문지가 **15**쪽에 이르렀다. 음식 및 음료, 탑승 절차 등 항공사가 알 필요가 있다고 생각한 주제에 집중되어 있다. 자유롭게 답할 수 있는 개방형 질문은 마지막 하나뿐이며, 비로소 고객은 그들이 관심 있거나 불만을 느끼는 것에 대해 피드백을 제공할 수 있다. 마치 항공사가 이미 모든 문제를 알고 있고 다른 피드백을 듣고 싶지 않은 것처럼 보인다. 항공사가 진정으로 피드백을 원한다면 개방형 질문만 던져도 충분할 것이다.

이 설문 형식은 이미 충분히 실망스럽지만, 문제가 하나 더 있다. 이 항공사는 비행이 정시에 운행될 때만 이러한 설문을 실시한다. 항공편이 지연될 때는 고객이 비판하거나 피드백을 제공할 기회를 주지 않는다. 정말로 눈을 감고 비행하는 셈이다! 항공편이 지연되면 항공사는 진정으로 시험대에 오르지만, 이 항공사는 그 중요한 상황에서 어떻게 대응하는지 알고 싶지 않았다. 긍정적인 쪽으로만 데이터를 얻고 싶었던 것이다. 경영진은 항공사가 실제로 필요한 피드백을 얼마나 놓치고 있는지 모를 수도 있다. 학습하기 조치를 따르면서 제대로 듣지 못하고, 고객에게 불필요한 수고를 요구하고 있는 것이다.

:: 굴러온 기회를 발로 차다

급성장하고 있는 한 서비스형 소프트웨어(Software as a Service, SaaS) 제공업체는 분기별로 고객을 대상으로 순 고객 추천 점수 설문조사를 실시한 뒤 해당 분기의 평균 점수를 이전 분기와 비교했다. 그러나 이 회사는 일부 고객이 0, 1, 2점(심각한 비판자)을 준다는 문제를 알고 있었음에도 불구하고, 그 고객들에게 "왜?"와 "어떻게 하면 상황을 개선할 수 있을까요?"라는 가장 중요한 질문을 거의 묻지 않았다. 대신 전체 순 추천 점수에서 미미한 개선에 대해 자축하면서 낮은 점수를 준 고객에게서 배울 기회를 스스로 발로 차버렸다.

한 주요 은행도 순 추천 점수 전략에서 미흡했다. 감독자와 팀 리더는 심각한 비판자에 대해 후속 조치를 취해야 했지만, 은행은 전체 고객의 4%만 설문 응답을 받았다. 콜센터 관리자에게 왜 4%만 조사했는지 묻자, 일선 직원들이 심각한 비판자가 더 많아지면 "감당할 수 없을 것"이라는 답이 돌아왔다. 다시 말해, 뭔가를 해야 하는 상황보다는 차라리 모르는 편이 낫다는 것이다. 이는 학습하기 조치와 반대로 가는 "모래 속에 머리 박기"였다.

:: '서비스 없는 수수료' 스캔들

호주의 금융 자문 업계는 1990년대부터 스캔들에 시달려 왔다. 가장 큰 뉴스거리는 고객에게 맞지 않는 금융 상품을 추천하여 막대한 수수료를 챙긴 불량 자문사들이었다. 이러한 스캔들과 기타 문제들은 규제 강화를 초래했다. 이렇게 설립된 금융 자문의 미래(Future of Financial Advice, FOFA)는 자문사들이 고객의 이익을 위해 일하도록 감시하는 역할을 맡았다. 그러나 이렇게 해도 문제가 해결되지 않자 정부는 은행 및 자산관리 업체를 대상으로 공적 조사를 벌여 부정행위를 막는 왕립위원회를 설립했다.

왕립위원회 조사에서 충격적인 스캔들이 터져나왔다. 내로라하는 자산관리 업체들이 수천 명의 고객에게 아무런 자문을 제공하지 않으면서도 수수료를 부과한 사실이 드러났다. 심지어 고객이 사망한 후에도 수수료를 계속 부과한 회사도 있었다. '서비스 없는 수수료' 스캔들로 인해 몇몇 회사의 최고경영자와 이사회 의장이 사임했다. 공공의 분노와 이로 인한 왕립위원회 등장은 기업들이 이전 상황에서 배우지 못했기 때문에 발생한 것이다. 일부는 아무런 서비스도 제공하지 않고 돈을 청구하는 것을 알면서도 계속했다. 다른 회사들은 점검과 통제 시스템을 갖추지 못했다. 이는 학습하기를 거부한 기업이 어떻게 되는지 보여주는 좋은 사례이다.

🏴 학습하는 방법

학습하기에는 〈그림 8.1〉에 나와 있는 네 가지 행동이 필요하다.

:: 적절한 학습하기 메커니즘을 설계한다

다양한 종류의 고객의 소리를 수집하는 학습하기 메커니즘은 무수히 많다. 일부는 풍부한 정량적 데이터를 제공하고, 다른 일부는 심층 분석을 가능하게 하는 정성적 데이터를 제공한다. 이러한 학습하기 메커니즘은 세 그룹으로 나뉜다. (1) 고객의 불편을 정량화하는 것, (2) 상품과 프로세스에 대한 설명이나, 특정 이슈에 대한 심층 분석을 가능하게 하는 풍부한 이야기와 제안을 수집하는 것, (3) 임원, 경영진, 직원을 고객과 연결하게 하는 것 등이다.

그룹 1: 고객의 불편의 정량화

기업은 〈표 8.1〉에 나와 있는 메커니즘을 활용해 고객과 벌어진 불편의 규모를 지속적으로 추적할 수 있다. 적절한 분석을 더하면 가장 정교하고 완전한 방법이 될 수도 있다. 이해하기 장에서 언급했듯이, 질문-답변 샘플링이나 직원 문의 코딩과 같은 조잡한 메커니즘도 사용할 수 있지만, 이들은 검증이 어렵거나 샘플 크기가 작다.

〈그림 8.1〉 학습하기 접근법

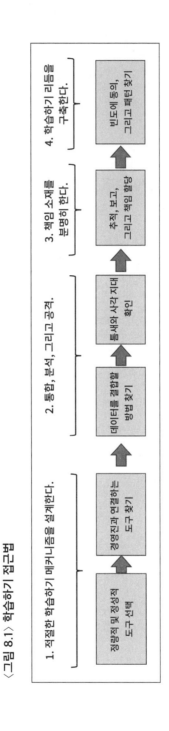

그룹 2: 풍부한 질적 통찰

〈표 8.2〉에 나와 있는 메커니즘에는 전통적인 고객 연구와 포커스 그룹이 포함되어 있으며, 이는 앞에서 다룬 바 있다. 다음 메커니즘은 이런 형태의 연구에 대한 대안으로, 데이터가 더 풍부하고 비용이 적게 든다.

그룹 3: 임원, 경영진, 직원과 고객을 연결

기업은 〈표 8.3〉에 나와 있는 메커니즘을 통해 임원 및 경영진이 고객의 경험에 몰입하게 함으로써 이들을 고객과 연결돼 있도록 한다. 개혁기업은 보통 경영진이 고객과 분리돼 있는데, 이러한 도구는 회사에 필요한 '충격과 공포'가 되어 경영진을 다시 고객의 현실에 연결시키기도 한다.

기업은 고객의 불편을 감지하고 줄이기 위해 세 그룹에서 메커니즘을 골라내 사용해야 한다. 가장 많은 기업-고객 상호작용을 아우르는 메커니즘(예: 모든 고객 문의에 대한 데이터 마이닝)은 가장 광범위한 분석을 얻을 수 있다. 그러나 특정 이슈에 대해 심층 분석은 질적 기법이 적절하며 이는 고객의 목소리를 직접 파악할 수 있다는 장점이 있다. 이른바 연결 메커니즘은 무엇이 실제 고객에게 영향을 미치는지 경영진이 파악하는 데 더 유용하다.

불행히도, 기업은 고객의 피드백을 얻으려 거의 모두 고객 설문조사를 활용하고 있다. 설문조사는 특정한 장소에서 특정 목적을 위해 진행된다. 이에 많은 설문조사는 편향되거나 고객에게 부담을 주는 방식으로 진행되며, 실제 고객 피드백과 통찰을 얻기보다는 점수를 매기는 데 멈추고 만다. 설문조사가 0-10 또는 1-5의 척도로 측

〈표 8.1〉 고객의 불편을 정량화하는 메커니즘

메커니즘	작동 방식	활용 방법
모든 고객 문의의 음성 및 텍스트 분석	일관된 분석 프레임워크를 사용하여 판매 및 서비스 고객 통화, 이메일, 채팅, 메시지를 분석한다. 이를 통해 무엇이 고객 문의를 유발하는지 파악(1장 '이해하기' 참조)	■ 문의를 유발하는 원인에 대한 지속적인 점검 ■ 고객 문의 원인의 규모와 비용 정량화 ■ 개선책 탐색
고객 문의 원인별 고객 문의(CPX, X= 고객 문의 유발 요인) 규모 파악	문의 비율과 회사가 이를 다루는 게 어려워지는지 쉬워지고 평가(1장 '이해하기' 참조)	■ '고객 수고' 측정 ■ 어떤 사유가 고객을 가장 많이 짜증나게 하지 분석하는 등 심층 분석 ■ 프로세스 또는 다른 변경의 결과 추적 ■ 점수 매기기
고객 노력 점수(CES): 고객이 회사와 상호작용하는 과정에서, 고객이 목표를 달성하는 데 얼마나 많은 노력이 필요한지 평가	고객 설문조사를 기반으로 할 수 있다. 고객 문의의 빈도, 지속 시간, 그리고 고객이 어느 정도 수고를 해야 하는지 보여주는 기타 요소를 종합해 추정할 수도 있다.	■ 개선 가능 영역 식별 ■ 상품 및 프로세스 단위로 프로세스를 분석해 실행 가능한 개선 사항 찾기 ■ 관리자와 임원을 '고객의 입장'에 두기
고객의 반복 문의 분석	분석 도구를 사용해 고객이 같은 문제 또는 관련 문제로 얼마나 자주 문의해야 하는지를 보여줌('이해하기' 및 '사전 예방하기' 장 참조, 특히 '이해하기' 장의 해결-추적 부문 참조)	■ 제대로 작동하지 않고 개선(예: 교육, 지식, 방법 가이드 등을 통해)이 필요한 프로세스를 강조 ■ 일선 직원부터 지점장, 연관 기업까지 성과 관리 프로그램 구축. 비즈니스 프로세스 아웃소서(BPO)도 포함.
상품 결함, 방문 수리 등 핵심 프로세스의 규모 및 비용 분석	실패 및 문제 발생을 반영하는 주요 프로세스를 식별하고, 그 규모와 작업량을 강조함	■ 결함 있는 제품 및 프로세스 식별 ■ 변화가 올바른 방향으로 나아가고 있는지 확인

〈표 8.2〉 보다 풍부한 정성적 통찰이 가능한 메커니즘

메커니즘	작동 방식	활용 방법
일선 직원 대상 문의	직원들에게 "고객이 뭐라고 말하고 있나요?"와 "얼마나 자주 말하고 있나요?"를 묻는다.	■ 새로운 고객 요구 또는 문제 식별. ■ 이러한 문제가 발생할 때 연구를 통해 심층 분석 가능.
소셜 미디어 모니터링	소셜 미디어 사이트에서 상품 및 서비스에 대한 피드백을 수집한다. 이를 집계해 주는 스크래핑 서비스를 제공하는 회사도 있다.	■ 공공 도메인에서 당신의 상품 및 서비스가 받는 피드백을 분석. ■ 초기 지표 제공. ■ 허용된다면, 문제 해결을 위한 개입.
고객 이탈 프로세스	이탈 고객을 방문하거나 인터뷰하여 무엇이 잘못되었는지 파악한다(쉽게 들리지만, 많은 이탈 고객은 입을 쉽게 열지 않는다!).	■ 고객을 마지막에 결국 이탈하게 만든 이슈가 무엇인지 파악. ■ 유사한 상황에 처해 이탈할 가능성이 높은 고객에게 이러한 교훈을 적용.
고객 관찰	고객이 자신의 환경에서 당신의 상품 및 서비스를 어떻게 사용하고 있는지 관찰한다. 필요하면 이런 관찰과 제한된 사용 환경에서 진행한 관찰을 통합한다.	■ 고객의 관점과 사고의 틀을 이해하고 그들이 터잡고 있는 환경을 파악. ■ 디자이너와 상품 책임자가 고객 현실에 기반하도록 함.
미스터리 쇼핑	전문가 또는 자체 직원을 활용하여 구조화된 방식으로 당신의 상품 및 고객 경험을 샘플링한다.	■ 고객이 실제 무엇을 경험하는지 보여주고, 풍부한 피드백 및 상시 모니터링을 제공. ■ 상품이나 서비스가 얼마나 많은 불편을 일으키고 있는지 관리자에게 보여줌.
'주문에 자신을 묶기' 또는 행복/불행 경로 분석	모든 프로세스를 거쳐 주문 또는 기타 길고 복잡한 절차를 따라가 본다. 행복 경로는 불편이 없지만, 불행 경로 분석은 무엇이 잘못될 수 있는지 보여준다.	■ 수많은 단계와 잠재적인 장애물 수를 보여줌. ■ 실패 정량화.

(다음 쪽에 계속)

8장 학습하기

337

<table>
<tr><th>메커니즘</th><th>작동 방식</th><th>활용 방법</th></tr>
<tr>
<td>고객 여정 매핑</td>
<td>처음부터 마지막까지 고객 여정의 모든 측면을 보여 준다. 마케팅, 온보딩, 갱신 뒤 재사용, 지속, 계좌 폐쇄 까지 모두 포함한다.</td>
<td>■ 모든 부서가 빠짐없이 고객 행동과 변화를 추적하 도록 함.
■ 더 많은 불편을 드러냄 (예: 지연 또는 업데이트 부족. 5장 '사전 예방하기' 참조).</td>
</tr>
<tr>
<td>고객 피드백 설문조사</td>
<td>가장 단순한 수준에서 "저 희가 잘 했나요?"를 물어본 다음에 응답을 분석한다. 많은 회사가 복잡하게 질문 을 쏟아내는 설문조사를 사 용하여 점수를 매기는 대신 이를 사용합니다.</td>
<td>■ 질문이 간단하거나 자 유 형식 (개방형 질문)으로 진행하면 풍부한 데이터를 얻음.</td>
</tr>
<tr>
<td>검색 실패 분석</td>
<td>고객이 웹사이트나 영업 팀 에 요청할 때 검색 결과가 없는 사례를 빠짐없이 모두 분석한다.</td>
<td>■ 신상품 또는 새로운 서 비스가 필요함을 보여줌.</td>
</tr>
<tr>
<td>고객 패널 또는 커뮤니티</td>
<td>상품 또는 서비스에 대한 리뷰를 얻기 위해 지속적으 로 연락 가능한 고객 그룹 을 구축한다(예: 웹사이트 가 마음에 드는지 등).</td>
<td>■ 지속적인 양방향 커뮤 니케이션 유도하고 가능한 한 있는 그대로의 피드백 을 얻음.</td>
</tr>
</table>

정이 이뤄진다면 점수를 내는 데는 편리하겠지만, 고객의 자유로운 피드백을 얻을 수는 없다. 기업이 진정으로 피드백을 원한다면 "당신의 생각을 말해 주세요"와 같은 개방형 질문만 하면 된다. 미국 트럭 운전사들의 오래된 "내 운전 어때요?" 스티커는 이의 좋은 예이다. 점수는 매기지 않지만 종종 매우 솔직하고 구체적이며 실행 가능한 피드백을 제공한다.

설문조사에 투자를 한다면, 회사가 이미 가지고 있거나 쉽게 수집할 수 있는 데이터를 분석하는 데 투자하는 쪽이 더 이익이 될 수 있다. 하지만 많은 기업이 불행하게도 설문조사를 관리하고 분석하는 데 엄청난 돈과 고객의 노력을 소비하고 있다. 기업이 이미 보유하고 있는 수천 번의 고객 상호작용에서 인사이트를 캐내기 위해 투자한다면 훨씬 더 효과적일 것이다. 대부분의 기업은 고객 문의 데이터의 중앙 저장소에 필요한 모든 것이 들어 있다. 물론 키워드, 고객 프로필, 페르소나라는 열쇠로 중앙 저장소의 문을 열 수 있는 능력도 필요하다.

:: 통합, 분석 그리고 공격

대부분의 기업은 이미 학습하기를 위한 메커니즘을 일부 보유하고 있으므로, 이를 통합하고 명백한 격차를 파악하는 것이 중요하다. 다음은 당신의 학습하기 능력을 분석하고 평가하기 위한 방법이다.

■ 현재 회사에서 사용하는 고객 목소리 얻기 및 피드백 메커니즘을 모두 문서화한다(앞서 언급된 세 그룹 참조).
■ 각 목소리가 얼마나 자주 수집되는지, 수집되는 대략적 규모, 누가 그런 문의를 시작했는지, 어떤 채널이 사용되었는지를 기록한다.
■ 이렇게 얻은 데이터의 사용 용도를 기록한다. 여기에는 그 빈도, 수신자, 잠재적 이용자에게 제공하는 방식(예: 푸시 알림, 포털, 첨부 파일, 파워포인트 보고서 등)이 포함된다.
■ 이들 고객의 목소리가 기업 전체에서 어떻게 사용되었는지, 기업을 어

떻게 변화시켰는지에 대한 이야기를 문서화한다. 이는 영향 점수의 형태로 나타낼 수도 있다. 여러분은 이러한 이야기가 제한적이라는 사실을 발견할 수도 있다. 만약 이것이 대규모 작업이 된다면, 이는 변화가 일어나고 있다는 좋은 소식일 수 있다.

■ 그 보고서와 이야기를 기업 내부뿐 아니라 외부의 이해관계자, 잠재 고객, 투자자와 폭넓게 공유한다.

이런 문서화는 무슨 일이 벌어지고 있으며 이를 어떻게 활용하고 있는지 등에 대한 개요를 제공할 것이다. 다음을 조사하는 것이 중요하다. (1) 빈도, 데이터가 존재하지만 간헐적인 경우, (2) 범위, 일부 채널이나 상품이 포함되지 않은 경우, (3) 품질, 데이터로부터 얻을 수 있는 통찰이 제한된 경우, (4) 대응 조치, 데이터가 유용해 보이지만 아무도 그것을 활용해 조치하지 않은 경우. 이상의 네 가지 경우에는 다양한 유형의 부정적 피드백이나 아무런 결과도 낳지 않는 낮은 성과 지표도 포함된다.

연결된 사슬

최고의 메커니즘은 서로를 보완한다. 예를 들어, 고객 문의 분석은 발생하는 모든 문의를 기반으로 지속적인 데이터, 모니터링, 정량화 등을 제공한다. 이상적으로, 이는 중앙 데이터 호수(data lake)에서 특정 문제에 대한 연구와 피드백과도 연결된다. 예를 들어, 고객 불만 사항과 일선 직원의 피드백은 고객 문의 원인과 연결될 수 있도록 분류되어야 한다. 기업이 이러한 메커니즘들을 연결한다면 투자 이익을 정량화하고 개별 조치의 영향을 추적하는 일을 보다 원활

〈표 8.4〉 연결 메커니즘

메커니즘	작동 방식	활용 방법
경영 모니터링 또는 '현장으로 복귀'	경영진이 매월 하루 또는 한 번에 일주일씩 일선 직원과 함께 소매점에서 일하거나, 전화 또는 채팅 처리에 함께할 것을 요구한다.	■ 경영진이 고객과 일선 직원들이 직면하는 문제를 이해하도록 함.
모든 신입 직원을 먼저 서비스 부서에서 배치, 서비스 부서 직원은 다른 부서로	모든 신입 직원이 고객 서비스 부서에서 일을 해보도록 하고, 모든 서비스 부서 직원은 물류 포장 센터, 요금 청구서 발행 부서 등 다른 부서에서 일해 보도록 한다. 현장 기술자와 함께 현장을 뛰도록 할 수도 있다.	■ 부서 간 협력 필요성에 대한 광범위한 인식 형성. ■ 부서 간 유용한 연결 확립.
고객의 날[모두가 고객과 대화하는 날]	주어진 날이나 한 주 동안 기업 전체를 고객과 대화하도록 동원한다(혁신기업에게는 매우 유용하다).	■ 회사 전반에서 걸쳐 고객과 연결되도록 만듦으로써 수백 가지 이야기를 얻음. ■ 고객의 경험을 통해 통찰을 얻는 빠른 통로를 구축.
'최악의 고객 통화' 목록	경영진이 함께 또는 개별적으로 고객의 불만이나 나쁜 경험을 대표하는 고객 전화를 한 달에 10통씩 듣는 자리를 마련한다.	■ 모든 부서가 자신들이 야기한 문제를 이해하도록 도움.
고객 이야기	성공과 실패 사례(예: 트렉 바이크 및 노드스트롬)를 널리 수집하여 출간한다.	■ 불편을 줄이거나 해결하도록 직원을 교육. ■ '고객이 좋아하는 것'을 보여줌 ■ 도움과 지원 문화를 창출. ■ 고객을 위해 '옳은 일을 하도록' 일선 직원에게 주도권을 부여.

하게 수행할 수 있다. 이는 고객 불만, 반복 문의, 소셜 미디어 평가,

수많은 전화 통화, 이메일 메시지, 채팅 및 기타 채널 전반 등에 걸쳐 공통 원인과 분류를 사용하는 것을 의미한다. 이를테면, 특정 전화, 이메일, 채팅, 게시물이 모두 "제품 **X**가 작동하지 않는다"는 문제와 관련이 있음을 알 수 있다.

일단 이러한 메커니즘과 고객 목소리가 모두 적절히 연결되면 기업은 일부 중복 메커니즘을 걸어낼 수 있다. **10**개의 메커니즘을 비효율적으로 사용하여 아무런 행동도 하지 않는 것보다, **3-5**개의 학습하기 메커니즘을 통합된 방식으로 사용하는 것이 훨씬 낫다.

틈새를 주의하라

다음은 학습하기 메커니즘이 완전한지 여부를 점검할 수 있는 핵심 질문이다. 이들 중 어느 하나도 여러분에게 매워야 할 틈새가 있음을 보여줄 수 있다.

- 여러분은 고객이 문의해야 하는 사유를 추적하는 데이터를 갖고 있는가? 이러한 데이터는 지속적으로 갱신되고 있으며, 새로운 트렌드를 보여주는 것이어야 한다.
- 상품, 서비스, 프로세스에 대한 고객의 생각을 알려주는 정보를 가지고 있는가? 이런 정보를 바탕으로 여러분은 더 나은 상품 등을 만들 수 있어야 한다.
- 고객의 관점에 대한 자세한 정보를 얻거나 문제의 근본 원인을 찾는 데 오랜 시간이 걸리는가?
- 여러분이 얻고 있는 데이터가 개선과 변화를 밀어주는 힘이 되고 있는가?
- 일부 상품 및 서비스가 받는 정보의 범위에서 벗어나 있는가?

■ 이전에 나타나지 않았던 고객 불만과 같은 부정적인 피드백에 놀랐는가?

■ 다른 메커니즘에서 서로 다른 상반되는 피드백을 받는 것처럼 보이는가?

요즘은 고객 채널이 너무 많기 때문에, 모든 채널을 걸쳐 넓은 시야를 갖고 이들 사이의 상호작용과 학습하기 메커니즘에서 틈새가 어디에 있는지 파악하는 일이 중요해졌다. 예를 들어, 고객 전화 비율(단위당 고객 문의)이 떨어지고 있지만, 고객이 웹 채팅, 이메일 또는 메시지 등 다른 채널로 이동했는지 기업은 확인해야 한다. 다음 세 가지 핵심 질문에 답하기 위해, 디지털화하기 전략이 효과를 거두고 있는지 확인해야 한다.

■ 고객이 거래를 마무리짓고 있는가, 아니면 어딘가에서 막혀 있거나 과도하게 탐색하고 있는가?

■ 고객의 불편과 불만이 발생할 가능성이 있는 지점을 모두 포착하고 있는가?

■ 이러한 데이터가 어떻게 변화하고 있는가?

:: 책임 소재를 분명히 한다

우리는 제2장 할당하기와 우선순위 지정하기에서 기업 전반에 있어 특정 이슈에 대한 고유한 책임자가 있어야 한다는 아이디어를 소개했다. 일부 기업은 책임 소재를 분명히 하기 위해 정교한 메커니즘을 개발했다. 아마존에서는 고객 서비스 팀이 스카이라인이라는 별

8장 학습하기

명을 붙인 복잡한 파레토 보고 메커니즘을 개발했다. 이를 통해 매주 책임자에게 고객 문의 원인을 할당하고 그들에게 이에 대처하도록 했다. 스카이라인 보고서는 고객 문의 원인 및 그 동향 및 목표를 비즈니스 성장과 비교한 뒤 이를 간결하게 시각화해서 보여준다(단순화한 버전은 〈그림 1.5〉을 참조). 모든 것을 단위당 고객 문의로, 이 경우는 주문당 고객 문의로, 변환하기에 이런 보고서가 나올 수 있다. 이 보고 형식은 전 세계의 모든 지국에서 사용되고 있다.

이런 유형의 보고는 각 부서, 시장 및 국가별로 고유한 분류 체계를 허용하는 것보다 전체가 일관성을 유지할 때 더 유용하다. 이러한 일관성은 벤치마킹과 솔루션 교환을 가능하게 한다. 표준화된 프레임워크는 새로운 조치를 기획하고, 책임을 할당하며, 목표에 합의하는 데 있어서도 큰 도움이 된다. 조직이 클수록 이러한 표준 메커니즘은 비즈니스 전반에 걸쳐 가시성과 책임성을 높이는 데 더 큰 도움이 된다.

책임성은 기업이 다음을 실천할 때 가장 잘 작동한다.

- ■ 최고경영자 또는 최고위급 임원이 일상적으로 임원들에게 책임을 묻는다. 임원들이 책임져야 할 범주를 할당받으면 그들은 고객 문의 원인과 동향을 파악하고 있어야 한다. 특히 최고경영자에게 매달 이러한 동향을 설명해야 한다. 최고경영자가 뭔가를 물어볼 때 제대로 답하지 못하는 모습은 좋지 않다. 요컨대 최고위급 임원의 지속적 관심은 책임자들을 움직이게 만드는 원동력이다.
- ■ 비용이 각 책임자에게 부과되어 자신들이 초래한 재정적 영향을 부담하도록 한다. 여기에는 고객 문의를 처리하는 직원 유지 비용뿐 아니라

문제를 해결하는 것과 관련된 모든 비용(예: 환불, 수리, 고객 방문 및 상품 반환 등)이 포함된다.

■ 지표는 기업의 목표와 타깃에서 직접적이며 중심적인 역할을 한다. 책임 할당은 임원들이 관련 목표를 접수했음을 의미한다. 많은 기업이 만족도, 순 고객 추천 점수, 고객 노력 점수 목표를 집합적 및 개별적으로 설정했다. 문의율 또는 단위당 고객 문의를 사용하면 측정하고 이해하기 쉬운 집합적 목표를 만들 수 있으며 책임 소재도 명확히 할 수 있다. 예를 들어, 재무 책임자는 "환불은 어떻게 됐나요?"와 같은 고객 문의에, 현장 운영 책임자는 "수리 기술자는 언제 오나요?"와 같은 문의에 대해 책임을 질 수 있다.

■ 기업은 고객 동향과 변화를 설명할 수 있는 충분한 데이터와 분석 역량을 가지고 있다. 각 분야의 책임자는 깊은 분석이 동향을 설명하는 데 도움이 되지 않으면 매우 당황할 것이다.

아마존의 스카이라인과 동일한 보고는 고객 불만, 고객 만족도, 순 추천 점수 및 고객 노력 점수와 같은 다른 많은 고객의 소리 데이터 유형에도 적용될 수 있다. 고객 문의의 범주를 이러한 다른 고객의 소리 측정치와 연결하면 분석이 훨씬 더 더 쉬워진다(예: 순 추천 점수와 이탈률을 고객 문의 원인별로 함께 살필 수 있다).

:: 학습하기 리듬을 구축한다

혁신기업이나 개혁기업과 같은 역동적이고 변화하는 비즈니스에서는 리더십 팀이 보통 매주 한두 번 고객 문의 보고서를 검토하기 위해 모인다. 반면, 더 안정적인 기업은 월 1회만 필요할 수 있다. 이전에 언급된 스카이라인 보고서는 기업 내에 적절한 학습하기 리듬을 구축하는 데 도움이 되는 몇 가지 핵심 기능을 가지고 있다. 리듬 구축은 각각의 고객 문의 원인에 대해 다음 사항들을 포착하고 시각화함으로써 가능하다.

■ 4주에서 6주 단위의 마이크로 트렌드.
■ '작년 이맘때', 계절적 최고 지점과 비교.
■ 최근 변동, 최고치 및 최저치.
■ 목표 및 타깃에 대한 추적.

최고위급(C-level) 임원들은 이 유형의 보고를 통해 진행 상황을 점검하고 변화 및 새로운 투자에 자원을 신속히 배분하는 데 도움을 받는다.

:: 패턴 찾기

학습하기 전략의 핵심은 패턴을 빠르게 찾아내고 이를 적용하여 고객의 불편을 제거하는 방법을 알아내는 것이다. 이는 쉬운 일처럼 들리지만, 학습하기는 여러 데이터 소스와 메커니즘을 적절히 분류해 이를 관통하는 이야기를 찾아내는 능력과 역량이 필요하다. 네 가지 기술이 이러한 패턴을 찾는 데 도움이 된다.

■ 동일한 분류 체계 또는 분류법을 사용해 데이터 유형 간의 공통된 연결 지점 체계를 구축한다. 예를 들어, 전화, 채팅, 메시지, 이메일, 반복되는 고객 문의, 불만, 고객 피드백 등에 있어 동일한 고객 문의 원인은 동일한 방식으로 코딩할 수 있다. 그 결과, "왜 이렇게 요금이 높나요?"와 같은 고객 문의 원인을 분석하고 보고함에 있어 다음을 포함할 수 있다.

○ 각 채널 및 전체 채널에서 고객 문의의 분량 및 비율.

○ 반복되는 고객 문의의 횟수 및 비율.

○ 고객 만족도 점수, 순 추천 점수, 고객 노력 점수.

○ 고객의 수고 정도.

○ 고객 문의 원인을 처리하는 데 드는 작업량.

○ 고객 문의 원인을 해결하기 위한 후속 비용.

○ 관련된 고객 불만의 분량.

○ 고객의 기타 피드백.

이상의 모든 정보를 종합하면 이러한 고객 문의 원인이 미친 영향의 완성된 그림이 나온다.

■ 어떤 패턴을 찾을지 분석 도구에 지정한다. 이 기계(분석 도구)들은 일단 악센트나 표현의 변화를 포함한 언어 패턴을 인식할 수 있게 하면 훨씬 유용해진다. 이해하기 장에서 설명한 것처럼, 제품 공급업체는 분석 도구가 모든 패턴을 찾을 수 있다고 주장할 수 있지만, 분석 도구가 어디를 봐야 하는지 지정해 주면 더 빨리 찾을 수 있다.

■ 매칭 성공률을 추적하고 매칭률이 떨어지기 시작하면 분석 도구를 재조정한다. 예를 들어, '매칭률'이 80%에서 75% 이하로 떨어지면 더 많은 작업이 필요하다. 인공지능과 기계학습 도구는 학습할 수 있지만,

새로운 이슈를 감지하지 못하고 시간이 지나면서 더 적은 비율의 문의만 포착할 가능성이 높다.

■ 원문 코멘트를 데이터 마이닝하여 새로운 트렌드와 테마를 찾는다. 이는 원문을 활용해 실태 파악의 힘을 강화한다.

또 다른 인사이트를 제공할 수 있는 패턴은 고객의 문의 성향(propensity to contract, PTC)이다. 이는 최근 증가하고 있는 고객의 불평 성향(propensity to complain)에 대한 연구의 본체일 수 있다. 고객이 회사와 관계를 맺는 기간, 보유한 제품 또는 서비스의 수, 거주 지역 등은 각각 학습할 기회를 제공한다.

■ 고객이 회사와 관계를 맺는 기간은 중요한 패턴을 드러낸다. 일반적으로 신규 고객은 회사의 태도, 상품 또는 서비스에 익숙해진 고객보다 3-5배 더 많이 회사에 문의한다. 이렇게 높은 초기 문의 성향에 대한 올바른 대응책은 보통 판매 및 마케팅 프로세스의 '고위층'에서 찾을 수 있다. 예를 들어, 판매 팀은 새로운 고객의 기대치를 명확히 설정하지 않거나, 서비스 또는 제품 사용 초기 몇 주 동안 일어날 일에 대해 제대로 알려주지 않을 수 있다. 지리적 패턴이 이러한 불완전한 고객 대응 위에 겹쳐지면서, 지역별 물류에 문제가 발생할 수 있다. 또한 특정 매장이 고객에게 맞춤형 안내와 권유 등도 없이 너무 공격적으로 판매하는 사례도 생긴다.

■ 고객이 사용하는 제품 또는 서비스의 수는 그들의 초기 문의 성향을 변화시킨다. 상품이 서로 유사하면 더 많이 사용할수록 문의율이 낮아진다. 그러나 상품이 다르거나 계속 변화하면 문의율이 증가한다. 고객별

보고 및 각 고객의 여러 상품 및 서비스별 보고는 일정한 패턴을 드러
내고 회사가 먼저 들여다봐야 할 상품 및 서비스가 무엇인지 알려줄 것
이다.

■ 고객의 거주지와 출신지는 그들의 문의율에도 영향을 미친다. PTC에
대한 학술 연구에 따르면, 일본에 거주하거나 일본 출신인 고객은 중국
이나 다른 아시아 국가 출신의 고객보다 동일한 원인에 있어 문의를 훨
씬 적게 한다. 반면, 이탈리아나 보스턴 출신의 고객은 동일한 원인으
로 북유럽 국가나 미국 북서부 출신의 고객보다 훨씬 더 많이 문의한
다. 기업이 지리적 차원에서 문의율의 경향성을 파악하고자 한다면 이
러한 패턴을 이해하는 것이 중요하다.

패턴은 어디에나 있다. 여러분은 어디를 들여다봐야 하고, 거기
서 어떻게 배울지 알기만 하면 된다.

:: 선 바깥을 바라보기

아마 가장 찾기 어려운 패턴은 간극이나 누락된 부분일 수 있지만,
이러한 패턴은 깊은 통찰을 제공할 수 있다. 고객의 불편이 없는 조
직은 고객이 말하고 싶지만 말하지 않는 것과 고객이 하고 싶어 하
지만 하지 않는 행동을 연구한다. 예를 들어, 기업은 유사한 고객 그
룹을 조사하여 일부 고객 그룹이 다른 그룹과 동일한 양이나 유형
의 상품 또는 서비스를 구매하지 않는다는 사실을 발견할 수 있다.
이는 '비접촉' 그룹에 대한 새로운 통찰을 제공할 수 있다. 이를테면

해당 그룹은 그들 사이 공유된 경험으로 인해 덜 충성스럽고 회사를 이탈할 마음까지 먹고 있을 수 있다. 이러한 행동 간극은 고객 이탈의 초기 경고 지표가 된다.

또 다른 누락된 패턴은 회사에 불만을 제기하지 않지만 다른 곳으로 가려는 고객, 즉 조용한 불만 고객들이다. 이러한 유형의 고객을 식별하는 두 가지 방법이 있다. 첫 번째는 정기적으로 다양한 고객들과 대화하여 문제가 묻히거나 숨겨져 있지 않은지 확인하는 것이다. 이는 소셜 미디어와 같은 외부 포럼을 모니터링하는 것을 포함한다. 두 번째 방법은 다른 고객들이 회사에 문의한 문제에 똑같이 영향을 받았지만 자신들은 문의하지 않은 고객들에게 먼저 손을 내미는 것이다. '거기 없는 것'을 찾기는 어렵지만, 이를 통해 고객을 잃기 전에 중요한 통찰을 얻을 수 있다.

🏳 힌트와 팁

학습하기를 더 효과적으로 만들 수 있는 몇 가지 기술이 있다.

:: 다목적 데이터의 수집, 또는 일석이조

일부 데이터 수집 기술은 각각 독립된 목적이 아니라 여러 통찰력을 한꺼번에 얻기 위해 사용될 수 있다. 예를 들어, 잘 구성된 고객 설문조사는 다음과 같이 함으로써 두세 가지 핵심 통찰력을 한번에 얻을 수 있다. (1) 만족도, 고객 노력 점수, 순 추천 점수 질문을 포함하고, (2) 문제 해결을 위해 몇 번의 시도가 필요했는지 묻고(반복된 고객 문의 질문), (3) 개방형 피드백을 요청하면 된다. 이 과정에서 고객 조사에 대한 투자를 최소화하면서도 고객에게 너무 많은 질문을 부담시키지 않도록 여러 측정 유형을 결합하는 것이 좋다.

아이디어의 실제 적용. 한 유틸리티 기업은 여러 통찰을 얻기 위해 고객의 품질 평가 방식을 변경했다. 변경된 평가서는 프로세스 및 규정 준수의 평가라는 원래의 목적을 수행할 뿐 아니라 반복 작업을 평가하고, 고객 문의 원인과 그 결과를 확인하거나 추적("문제가 해결되었습니까?")하는 데 사용되었다. 유틸리티 기업은 이를 통해 핵심 지표(예: 반복 문의 비율)의 월간 리트머스 시험 결과를 얻었다.

:: 평균 수치 너머로 나아간다

평균이나 총합은 모든 기업, 특히 고객 지원 부문에서 광범위하게 사용된다. 하지만 이는 다양한 세부 사항을 숨김으로써 심각한 오해를 불러일으킬 수 있다. 예를 들어, 순 고객 추천 점수가 높다고 해도 그 안에는 여전히 브랜드에 해를 끼치는 심각한 고객 불만이 숨어 있을 수 있다. 고객센터가 80%의 전화를 평균 30초 이내에 해결한다고 해도, 하루 중 특정 시간대에 수백 통의 전화가 10분 이상 대기하고 있을 수 있다. 앞서 언급했듯이, 예를 들어 월간 2%의 전반적인 고객 이탈률은 사유별로 분석했을 때 0.3%("별로 걱정할 게 없군")에서 월 12% 이상("비상 상황 발생!")까지 범위가 매우 달라 보일 수 있다. 따라서 평균을 구성하는 전체 데이터를 분석하여 기회가 있는 곳과 귀중한 시간을 낭비하지 말아야 할 곳을 확인할 필요가 있다.

아이디어의 실제 적용. 한 자산관리 회사는 고객센터의 일일 업무를 '서비스 등급'이라는 단일한 수치로 관리하는 방식에서 벗어났다. 대신, 이들은 하루 동안 15분 간격으로 고객센터에서 제공하는 서비스 수준을 보여주는 '히트 지도'를 만들었다. 어떤 15분 단위가 나빴다면 빨간색으로, 좋은 결과를 내면 초록색으로, 약간 목표에 못 미치는 경우는 주황색으로 표시했다. 이런 지도를 통해 하루 중 특정 시간대에 해결해야 할 문제가 있음을 알게 됐고, 하루의 시작과 끝 부분에 반복되는 문제를 쉽게 찾을 수 있었다. 회사는 이런 지도가 있어 효율적 문제 해결을 위해 직원들의 근무 일정을 수정할 수 있었다.

:: 점진적 접근법을 취한다

다른 장에서 사례 연구를 통해 에어비앤비와 캐이블원 같은 기업이 성공적으로 데이터 분석을 활용한 사례를 소개했다. 이러한 메커니즘을 사용해 본 적이 없는 기업에게는 이러한 도구가 복잡한 새로운 기능과 비용이 많이 드는 투자를 의미할 수 있다. 그렇다면 수동 메커니즘을 사용하여 시작할 수도 있다. 먼저 전체 **25-50**개의 고객 문의 원인 목록에서 고객 조사가 필요한 항목을 결정함에 있어 고객 문의 담당 직원의 도움을 받을 수 있다. 이런 샘플링 연습을 통해 구조화된 데이터 조사의 기초를 놓을 수 있다. 이렇게 얻은 데이터를 사용하여 '기계를 학습'시킨다면 더 빠르고 깊이 있는 결과를 도출할 수 있다.

아이디어의 실제 적용. 한 보험 회사는 고객 경험을 평가하고 고객 통화, 이메일 및 채팅 전반에서 수요 감소 기회를 식별하기 위해 **5**주간의 진단에 착수했다. 이들은 한 달 동안의 고객 문의 가운데 고객 채널에 각각 비례하여 모두 **1,000**개의 고객 문의를 샘플링했다. 이 샘플은 제거하기, 디지털화하기, 사전 예방하기 등의 조치를 취할 대상을 찾아내기에 충분했다. 또한 고객 반복 문의의 초기 진단을 얻을 수 있었고, 분석 및 보고에 대한 추가 투자를 결정하는 근거로 활용했다.

:: 참여도 높이기

일부 최고경영자는 모든 직원들이 고객 문제에 집중하도록 가능한 많은 사람을 참여시키는 방법을 찾아 왔다. 아이러니하게도 회사가 커지고 성공할수록 고객과 멀어지게 되며, 회사가 커질수록 고객과 멀어지는 부서가 늘어난다. 이러한 상황에서는 모든 사람을 참여시켜 고객 문제에 다시 집중하도록 하는 메커니즘이 필요하다. 혁신기업과 스타트업에서는 종종 모든 사람이 '끼어들어' 고객을 도와야 한다. 예를 들어, 거의 모든 직원이 모두 고객 문의에 응답하고, 상품을 배송하며, 코드의 버그를 찾아내고, 불만을 품은 고객에게 연락을 취해야 한다. 처음에 언급했듯이, 고객의 불편이 없는 조직이 되는 일은 '회사 전체'의 도전 과제이다.

아이디어의 실제 적용. 한 통신사의 수장은 경영진이 매달 하루를 소매점, 고객센터, 소셜 미디어 대응 팀과 같은 고객 대면 영역에서 보내도록 했다. 경영진은 처음에는 이 지침을 환영하지 않았다. 그러나 현장에서 하루를 보낸 이후, 경영진 대부분은 에너지를 얻고 이야기와 아이디어로 넘쳐났다. "우리가 X를 했다는 걸 알고 있었나요?"와 "Y는 제가 고칠 수 있어요!"라는 말이 경영진 회의에서 익숙한 코멘트가 되었다.

:: 통합 데이터 세트 및 저장소 구축

학습하기 조치에 필요한 데이터와 기술은 대개 여러 부서에 분산되어 있다. 마케팅과 제품 부서는 고객 생애 가치(customer lifetime value, CLV), 고객 연구, 고객 증감 데이터 등을 보유할 수 있다. IT 부서는 빅데이터 분석에 대한 기술과 지식을 갖고 있으며, 운영 부서는 고객 문의 관련 데이터를 관리하고 있다. 이러한 기능을 한 곳에 모으고 데이터를 통합하면 각 부서가 서로의 데이터에서 영감을 얻고 새로운 통찰을 이끌어낼 수 있다. 학습하기 프로세스는 고객의 소리, 고객 이야기, 고객 경험 데이터를 중앙 데이터 저장소, 즉 최근 데이터 호수라고 불리는 곳에 보관하고 조직 전체의 부서가 접근하고 보강할 수 있을 때 더 효과적이다.

아이디어의 실제 적용. 트렉 바이크(Trek Bikes)는 연례 트렉 월드 컨퍼런스와 교육 프로그램에서 고객 이야기의 목록을 활용한다. 고객 이야기는 트렉 월드 행사의 핵심이 되었다. 딜러들은 자기네 직원과 기술 직원이 불편 없이 어떻게 트렉 바이크 고객을 만족시켰는지 더 많은 이야기를 듣고 싶어 한다.

:: 불일치를 찾는다

데이터의 불일치와 모순은 연구가 더 필요한 틈새와 영역이 어디인지 드러낸다. 예를 들어, 순 고객 추천 점수, 고객 노력 점수 또는 만족도 점수는 만족한 고객이 많다는 점을 보여주고 있지만, 정작 매출이 떨어지는 경우가 있다. 아마도 설문조사에 편향이 있거나, 불만족한 고객이 다양한 피드백 프로세스에 참여하지 않기로 선택했거나(조용한 불만 고객), 고객이 단순히 그 회사의 상품과 서비스를 더 이상 필요로 하지 않는 수도 있다. 어찌 되었든 가능한 근본 원인은 3장 '제거하기'에서 소개한 공격 팀이 조사에 나설 필요가 있다.

아이디어의 실제 적용. 한 기업이 고객 문의 비율이 증가하는 반면, 불만 비율은 안정적이거나 감소한다는 점을 발견했다. 이는 최일선 직원들이 고객 불만을 식별하고 회사에 이를 전달하는 것을 꺼린다는 것을 보여주었다. 결국 이러한 고객 불만을 고위 관리층에게 숨긴 게 되었고 나중에 외부 소비자 단체 및 고객 이탈률 상승으로 되돌아왔다. 고객 문의와 고객 불만의 서로 다른 증가율을 살펴봤다면 더 큰 숨겨진 문제에 대한 초기 경고를 얻을 수 있었다.

📌 요약

학습하기의 목표는 고객과 조직 모두에게 고객의 불편을 줄이기 위해 지속적인 모니터링과 개선을 가능하도록 하는 것이다. 다양한 채널을 통한 상호작용을 연속적인 학습의 원천으로 활용한다면 많은 것을 얻을 수 있다. 특히 고객 불만이나 고객의 반복 문의와 같은 명백한 고통 지점을 포함하는 상호작용이라면 효과는 더욱 높다. 고객 상호작용을 올바르게 분석할 수 있다면 방대한 실시간 인사이트를 얻을 수 있다. 이 과정은 방대한 양의 데이터를 생성하고 그에 따른 깊은 분석이 필요할 수 있으므로 샘플이나 시범 형태의 분석으로 시작하는 것이 좋다. 모든 채널을 포함함으로써 고객 상호작용의 전체 그림을 그리고 이를 수익 및 모든 고객 관련 비용과 연결하는 일이 중요하다. 설문조사와 같은 다른 메커니즘도 유용할 수 있지만, 이는 고객에게 더 많은 수고를 요구하고 완전하거나 지속적인 그림을 얻지 못할 수 있다.

학습하기는 적절한 책임자와 관련 부서가 일관되게 해당 이슈를 관리하도록 하는 일이 중요하다. 이야기와 일화는 중요한 인사이트를 제공할 수 있지만, 경영진이 정기적으로 고객 이슈를 체험하는 것이 더 효과적이다. 단위당 고객 문의, 트렌드, 비용을 투명하고 시각적으로 보여주는 보고서도 매우 유용하다. 분석 및 시각화 도구는 이제 매우 정교해져서 모든 기업이 효과적인 학습하기 메커니즘을 갖추는 것이 필요하다. 마지막으로, 고객이 말하지 않거나 행동하지 않는 부분을 파악하는 것, 이를테면 조용한 불만 고객에게 접근하는 일은 깊은 통찰을 줄 뿐 아니라 회사에 무척 유익하다.

학습하기의 필요성을 평가하라.

다음 질문 중 하나라도 '아니오'라고 답하면 이 장의 실린 아이디어가 여러분의 조직에 적용된다.

Q1. 여러분의 조직은 설문조사뿐만 아니라 다양한 메커니즘을 통해 고객의 소리를 수집하는가?

Q2. 불만을 제기한 고객의 목소리가 조직 내에서 해결되고 다시 해당 고객에게 피드백이 돌아가는 폐쇄 루프가 있는가?

Q3. 여러분의 조직은 매주 고객의 소리에 담긴 인사이트와 고객 문의 추세를 검토하고 조치를 취하는가?

Q4. 고객 서비스 외의 여러 부서가 다양한 고객 문의 원인과 고객의 소리 고통 지점에 대해 책임을 지고 있는가?

Q5. 다양한 유형의 데이터를 분석하고 예상치 못한 누락 데이터와 고객 움직임을 찾고 있는가?

Q6. 조용한 불만 고객에게 다가가 그들의 생각을 이해하려고 노력하는가?

Q7. 여러분의 경영진은 고객의 문제를 이해하기 위해 데이터를 살피고 고객과 빈번하게 접촉하는가?

Q8. 매주 및 매월 고객 문의 비율, 만족도 수준, 고객 불만의 흐름을 명확히 규명하고 있는가?

Q9. 고객의 소리 및 고객 문의 비율 관련 회의가 문제를 파악하고 진행 상황을 추적하기에 충분할 정도로 자주 열리고 있는가?

9장

재설계하기
REDESIGN

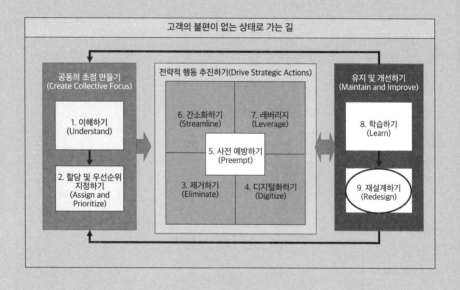

재설계하기

좋은 디자인이 비싸다고 생각한다면, 나쁜 디자인의 비용을 살펴봐야 한다.
—랄프 스페스 박사, 재규어 랜드로버 최고경영자

📋 '재설계하기'란 무엇이며, 왜 중요한가?

기업은 성능을 지속적으로 개선하고 앞서 언급한 8개의 장(1-8장)에서 설명한 조치의 결과를 마무리하기 위해 재설계하기(Redesign)를 필요로 한다. 기업은 이러한 개선 과정을 통해 고객의 불편의 재발을 막고 외부 요인과 경쟁자의 움직임에 보다 원활하게 반응할 수 있다(〈그림 9.1〉 참조). 내부 요인으로 인한 재설계하기의 필요성은 다섯 가지 전략적 조치(3-7장)의 영향을 어느 정도 받는지에 부분적으로 의존한다. 외부 요인에는 새로운 고객 요구의 출현, 경쟁자, 고객의 기대에 영향을 미치는 기업 행동(예: "직전 문의 때 어떠했는지") 등이 있다. 이들은 모두 회사가 고객과 관계를 유지하기 위해 대응해야 하는 요소이다. 많은 업계에서 이러한 외부 요인으로 인한 혼란이 더욱 빈번해지고 있으며, 이런 경향은 진입 장벽이 낮아지고 산업 간 경계가 흐려지면서 더욱 강화됐다.

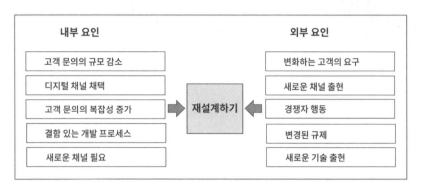

〈그림 9.1〉 재설계하기의 동력

재설계하기는 세상이 정적이지 않다는 사실에 바탕을 두고 있다. 디지털화하기와 제거하기를 통해 성공을 거두면 상호작용의 구성이 변하게 되고 서비스 및 판매 운영 모델을 재고하게 된다. 상호작용의 구성이 변할수록 서비스 모델도 변해야 한다. 예를 들어, 큰 규모에 낮은 복잡도의 거래를 처리하기 위한 서비스 모델은 작은 규모에 높은 복잡도의 거래에 대응하는 서비스 모델과 다를 수밖에 없다. 기업이 일상적인 거래를 자동화하고 오류와 문제 발생의 소지를 줄일수록, 남아 있는 복잡한 고객에 대응하는 기술과 프로세스는 새롭게 정비해야 한다. 재설계하기는 또한 이전에 해결되지 않았던 제품 설계 및 테스트와 같은 더 깊은 근본 원인을 해결하는 방법이기도 하다. 여기에는 간소화하기에서 뒤로 미뤄뒀거나, 사전 예방하기에서 건너뛰었던 고객 문의 원인도 포함된다. 기업이 시장에서 전략적 변화를 꾀한다면 그에 맞춰 레거시가 된 구조, 제품, 프로세스에도 변화를 줘야 한다.

재설계하기는 역사상 어느 때보다도 더 역동적인 지금의 세상에서 중요한 생존 전략이다. 빠르고 강력하게 등장하는 신기술과 파괴적인 비즈니스 덕분에 어떤 기업도 가만히 앉아 있을 여유가 없다. 역사상 어느 때보다도 더 많은 신기술이 비즈니스 성과에 영향을 미치고 있다(예: 스마트폰, 음성 및 데이터 분석, 인공지능 및 기계학습, 로봇 프로세스 자동화). 이러한 변화는 각각 그 자체로 중요하지만, 동시에 발생하기 때문에 그 영향이 충돌하고 증폭되어 파급력이 더욱 크다.

단순히 개혁기업만 이런 변화에 대처해야 하는 것은 아니다. 오늘날 혁신기업도 훨씬 더 빨리 구식이 되고 세상에 뒤처질 수 있다. 블랙베리, 게이트웨이, 야후, 노키아는 성공이 얼마나 짧게 끝날 수 있는지 보여준다. 오늘날의 변화 속도는 어떤 회사든지 다음 혁신의 물결에 의해 추월당할 수 있음을 의미한다. 새로운 기술의 첫 번째 플레이어가 가장 성공적이지 않았던 것은 일반적인 추세였다. 후속 혁신기업들이 '더 나은 쥐덫'을 가지고 시장에 나왔기 때문이다. 구글은 첫 번째 검색 엔진이 아니었고, 애플은 작은 오디오 플레이어를 발명하지 않았으며, 넷플릭스는 혁신의 물결을 타야 한다는 것을 깨닫고 **DVD** 우편 배달에서 비디오 스트리밍으로 전환했다. 클레이튼 크리스텐슨(Clayton Christensen)의 『혁신기업의 딜레마』는 혁신의 물결이 끊임없이 이어진다는 점과 기업들이 물결에서 물결로 갈아타야 할 필요성을 강조한다.[1]

혁신기업들은 초기 시장 진입 프로그램의 속도로 인해 변화의 필요성이 더욱 커졌다. 많은 혁신기업들은 시장 점유율을 확보하기 위해 상품을 시장에 빠르게 출시한 뒤 시간을 두고 이런 '연기와 거울' 모델을 고쳐 나간다. 이를 최소 기능 제품(**MVP**) 출시라고 일컫는다. 시장에 빠르게 진입하다 보면 고객 대응과 사업 운영에 있어 매우 비효율적이고 미성숙할 수 있다. 이러한 문제를 해결하지 않으면 나중에 프로세스의 비효율성으로 인해 비용이 많이 드는 사업 모델이 될 것이다.

재설계하기의 접근 방식은 세 단계로 이루어진다.

1. 재설계할 필요성을 식별한다. 이 단계에서는 여러 기법을 활용해 재설계를 고려할 만큼 변화가 필요한지, 어느 지점에 그런 중대 변화가 필요한지를 평가한다.

2. 핵심을 재정렬한다. 두 번째 단계에서는 내부 및 외부 요인에 대응하여 다양한 운영 모델을 재설계하기 위한 방법을 적용한다. 이번 장의 '재설계하는 방법' 대목에서 일부 운영 모델의 재설계 예시를 보여줄 것이다. 또한 제품 설계에 있어 접근 방식을 변경한 기업의 사례도 설명한다.

3. 재설계를 반복적 전략으로 삼는다. 마지막 단계에서는 기업이 도전하는 데 필요한 내부적 역량과 재능을 설명한다. 재설계하기는 이해하기와 할당하기의 기술을 통합하여 지속적인 개선 주기를 만들어낸다. 변화를 일회성 개선으로 취급하면, 금방 새로운 문제와 이슈가 생겨날 것임이 거의 확실하다. 재설계하기는 회사가 매일 자신이 무슨 일을, 왜 하는지 질문하도록 강제한다. 이를테면 제프 베조스의 말대로 "항상 오늘이 첫날!"[2]인 것처럼 일하도록 만든다.

크고 성공적인 기업에게 재설계하기는 결코 쉬운 일이 아니다. 성공은 관성을 낳기 때문이다. 오늘날 기업 가치가 가장 높은 회사들은 20년 전에는 상위 20위권 안에서 거의 이름을 찾아볼 수 없었다. 20년 전 지배적인 회사는 지금과 완전히 달랐다. 우리는 구글, 페이스북, 아마존, 넷플릭스와 같은 선두 기업들의 등장이 새로운 현상이라고 생각할 수 있지만, 지난 세기 동안 지배적인 기업은 끊임없이 변화했다. 한 기술의 물결로 등장한 기업들은 다음 물결로 넘어가는 데 어려움을 겪는다. 예를 들어, 대부분의 우체국은 익일 배송을 상상하지 못해 페덱스와 디에이치엘(DHL)이 새로운 유망한 시장을 창출하도록 놔뒀다. 철도 회사들은 장거리 트럭 운송이나 항공 화물 운송에 나서지 않아 많은 새로운 플레이어들이 진입할 수 있었다. 주요 자동차 제조업체들은 전기차로 신속히 확장하지 않아 테슬라가 시장을 선점하는 모습을 지켜봐야 했다.[3]

많은 저자와 연구자들은 재설계가 어려운 이유를 설명하는 다양한 요인을 제시했다. 짐 콜린스는 '조직의 오만함'을 기업들이 몰락을 가져올 트렌드 변화를 인식하지 못하게 하는 요인 중 하나라고 지적했다.[4] 호주 연구원인 로버트 케이 박사는 기존의 성공을 가져온 틀에 맞지 않는 정보를 무시하도록 기업의 DNA에 프로그래밍되어 있을 수 있다는 주장을 내놨다.[5] 이들은 왜 가장 성공적인 주요 기업들 사이에서 많은 변동이 있었는지, 왜 재설계하기가 조직을 고객의 불편 없이 유지하는 데 중요한지를 보여주는 논리적 설명이다.

🏴 좋은 사례

기업이 어떻게 재설계하기를 통해 비용과 고객의 불편을 줄이는 방향으로 끊임없이 진화했는지 보여주는 좋은 사례들이 무척 많다.

:: 미국 티모바일의 전문가 팀

미국 티모바일(T-Mobile USA)은 두 가지 수준에서 재설계하기 역량을 발휘했다. 첫 번째로, 회사는 자사의 후불제 모바일 상품을 근본적으로 재설계하여 시장의 혁신자가 되었고, 경쟁자들을 이에 대응하도록 만들었다. 최고경영자인 존 레제어(John Legere)는 기존의 1-2년짜리 서비스 계약을 폐지하면서 업계를 충격에 빠뜨렸다. 해당 서비스는 보조금이 지원되는 모바일 기기에 묶여 있었다. 티모바일은 '언캐리어(Uncarrier)'로 새롭게 등장하여 고객이 기기를 구입하되 이른바 노예 계약이 없이 언제든지 전환할 수 있게 했다. 이는 고객이 티모바일로 새로 넘어오기 쉽게 만들었고, 자사의 서비스에 대한 자신감을 암시하는 행동이었기도 했다. 티모바일은 고객을 잃을까 두려워 고객에게 노예 계약을 강요하지 않는다고 알리는 셈이었다. 티모바일이 수백만 명의 가입자를 잃고 주가가 폭락할 것이라는 예측이 나왔지만, 정확히 그 반대의 일이 일어났다. 티모바일은 두 주요 경쟁자보다 더 많은 신규 가입자를 빠르게 모집했고, 나중에는 작은 경쟁자인 스프린트(Sprint)를 인수했다. 이제 티모바일은 미국 내 톱 2 모바일 통신사 크기에 근접해 있으며, 회사의 주가는 꾸준히 상승하고 있다.

티모바일의 초기 재설계는 최고경영자 존 레제어가 염두에 두고 있던 또 다른 중요한 재설계와 연결되었다. 그는 회사의 고객 서비스 팀이 고객 지원 방식을 혁신할 방법을 찾아내어 우수한 서비스를 제공할 수 있기를 원했다. 여러 모델을 검토한 뒤, 티모바일은 전문가 팀(Team of Experts), 즉 **TEX**를 새로 출범시켰다. 서로 책임을 떠넘기는 일이 잦은 각각의 고립된 기술 영역(예: 기술 지원, 요금 청구 등)에 직원을 배치하는 대신, 티모바일은 모든 관련 기기, 앱, 네트워크 기술을 가진 전문가 45명을 한 곳에 모아 팀을 만들었다. 그런 다음 팀을 지역별로 나눠 각각 근처 회사 소매점과 연결하고 해당 지역의 날씨 패턴 등 각각의 지역적 차이를 파악하도록 했다. 각각의 전문가 팀은 할당된 고객의 역사를 알고 있었으며, 팀원은 동일한 고객과 여러 번 대화할 때도 있었다.

그 결과는 엄청날 정도로 놀라웠다. 고객 전화 뺑뺑이가 71% 감소했으며(14%에서 4%로 감소해, 고객에게 가장 불만족스러운 일 가운데 하나를 사실상 해결한 셈이다), 에스컬레이션이 31% 감소했고, 후불제 모바일 서비스의 고객 이탈률은 25% 감소했으며, 순 고객 추천 점수는 56% 증가했고(43에서 67로 상승), 최일선 직원의 이직률도 48% 감소했다.[6]

:: 호주 우체국, 시장 변화에 대응하여 변신을 거듭하다

호주 우체국(Australia Post)은 다른 국가 우편 운송업체들과 마찬가지로 사업의 핵심인 우편 배달 업무가 급격히 감소하고 있다. 호주 법률에 따라 호주 우체국은 대규모 운송 네트워크를 유지해야 하며, 따라서 고정 비용이 크다. 손실을 피하기 위해서는 혁신이 필요했으며, 그 과정에서 우편 서비스 혁신기업이 되었다.

먼저, 그들은 자신의 운송 네트워크가 정부 및 에너지 공기업 등의 신원 확인과 요금 부과에 핵심적 역할을 할 수 있음을 인식했다. 많은 지점에 카메라가 설치되어 있어, 호주 우체국은 신원 확인 및 공문서 발급(예: 여권) 서비스에서 중요한 역할을 한다. 또한, 은행과 계약을 체결하여 지역 우체국 네트워크에서 금융 거래를 가능하게 했고, 이제 외딴 농촌 지역 사회에서는 금융 서비스를 받을 수 있는 유일한 곳이 되었다.

호주 우체국은 또한 자사의 네트워크와 배송 능력이 전자상거래 및 온라인 쇼핑에 맞춰 성장 잠재력이 있음을 깨달았다. 편지 배달 업무가 감소하는 것만큼 소포 배달이 급격히 증가하고 있음을 파악하고, 전자상거래 회사들의 배송 수요에 대응하기로 결정했다. 이는 많은 온라인 소매업체들과의 제휴로 이어졌고, 지금도 계속해서 빠르게 성장하고 있다. 고객들은 집 근처 호주 우체국 지점에서 설치된 드롭 박스를 통해 전자상거래 상품을 픽업할 수 있으며, 이를 통해 비싼 요금을 내고 직장이나 가정으로 배송해 달라고 하지 않아도 된다.

호주 우체국은 이렇게 새로운 서비스를 결합함으로써 재정적 성과를 거뒀다. 소포 배달 사업은 이제 옛 우편 사업의 두 배에 달하는 수익을 창출하고 있다. 드롭 박스는 전자상거래 상품 배송에서 특별한 위치를 차지하며, 호주 우체국의 대규모 네트워크에 새로운 성격을 부여했다. 전체 비즈니스의 재설계는 잠재적으로 손실을 초래할 수 있었던 정부 기업을 전자상거래 촉진자로 탈바꿈시켰다. 또한 비즈니스 파트너들도 이를 통해 고객의 수고를 줄이고 있다. 호주 우체국은 소포 사업에서 두 자릿수 성장을 기록했다(2020년 기준). 다른 서비스들도 성장하여 우편이 감소함에 따라 축소될 뻔했던 호주 우체국 네트워크에 새로운 생명을 불어넣고 있다.

:: 콴타스와 제트스타: 경쟁자를 이기지 못하면……

1990년대 라이언에어(Ryanair)와 이지제트(easyJet)과 같은 저가 항공사들은 미국 사우스웨스트 항공(Southwest Airlines)의 성공을 본받아 혁신기업으로 등장하여 풀서비스 항공사들에게 도전했다. 저가 항공사들은 단일 항공기 기종과 같은 단순한 비즈니스 모델을 출시했으며, 이용료가 저렴한 공항을 이용할 수 있었고, 대규모 인력 유지에 따르는 비용 부담도 적었다. 호주에서 콴타스(Qantas)도 기존 플레이어로서 유사한 도전에 직면했다. 콴타스는 다양한 기종의 항공기, 고임금에 경직된 고용 계약을 가진 조종사와 승무원, 높은 빈도의 비행 편수 등에 따르는 모든 비용을 부담해야 했다. 새로운 진입자들은 저비용, 단일 항공기 기종 모델 등을 통해 콴타스의 시장 점유율을 잠식하고 있었다.

콴타스는 저가 항공사의 전략을 따르는 새로운 브랜드를 내놓음으로써 이에 대응했다. 단일 항공기 기종을 바탕으로 제트스타(Jet-star) 브랜드를 출시하면서, 새롭게 낮은 수준의 임금 계약으로 직원을 채용했다. 항공기 정비를 더 저렴한 장소로 옮기고, 가능한 한 많은 셀프서비스 모델을 설정하여 온라인 예약과 셀프서비스 체크인을 기본 옵션으로 설정했다. 고객이 원할 경우에만 추가 비용을 지불하는 서비스 최소 상품을 시장에 내놓았다. 별도의 브랜드를 통해 이것이 다른 상품과 서비스임을 분명히 했다. 심지어 일부 비행편은 다른 저비용 공항을 이용하기도 했다. 콴타스의 항공사 운영 노하우를 활용했지만, 새로운 브랜드는 항공사 운영의 대부분을 별도로 유지했다.

제트스타는 콴타스 그룹의 수익성이 높은 계열사가 되어 나중에는 제트스타 아시아(Jetstar Asia), 제트스타 베트남(Jetstar Vietnam), 제트스타 재팬(Jetstar Japan)도 설립했다. 콴타스는 제트스타의 성공을 기반으로 국제 및 국내 네트워크의 일부를 재설계할 수 있었으며, 일부 노선은 풀서비스 항공사에게는 수익성이 없었지만 저가 항공사에게는 적합했다. 이러한 재설계를 통해 콴타스 고객도 할인 가격의 가족 여행을 찾을 때 제트스타 그룹 노선을 사용할 수 있었다. 실질적으로 콴타스는 혁신기업들의 게임에 뛰어들어 맞서 이겼다. 최근 몇 년 동안 제트스타는 콴타스 그룹의 전체 수익의 약 33%를 차지했다. 좋은 전략이란 경쟁자가 가장 원하지 않는 일을 하는 것이라고 한다면, 제트스타의 설립과 운영은 훌륭한 전략적 행동이었다.

:: 테슬라는 모든 것을 다시 생각한다

테슬라가 2008년 말에 2인석의 멋진 로드스터 컨버터블을 출시하기 전까지 전기차는 짧은 주행거리의 답답한 차량이었다. 테슬라를 수

많은 경쟁자들 사이에서 돋보이게 만든 것은 회사의 창립자와 임원들이 자동차 산업 출신이 아니었다는 점이다. 대신 그들은 자신들이 타고 싶은 차를 상상하고 설계하고 결국 만들어냈다. 이러한 완전한 재설계 방식은 다른 제조사들을 경탄하게 만들고 있다. 테슬라의 극적인 재설계는 다음과 같은 극명한 차이로 나타난다. "테슬라에 의한 자동차 리엔지니어링의 두드러진 특징은, 내연기관 엔진의 약 2,000개에 달하는 부품 수를 전기차 구동계에서는 약 20개로 줄인 것이다."[7]

다른 예로는 다음이 있다.

■ 테슬라는 전시장을 운영하지만 모든 주문은 온라인으로 진행되며, 모델과 기능을 비교하는 것이 매우 간단하다.
■ 환불 가능한 계약 보증금으로 주문을 쉽게(고객의 불편 없이) 시작할 수 있다.
■ 배송 전 빈번한 커뮤니케이션을 통해 "내 차는 언제 도착할까?"라는 고객 문의를 사전에 방지한다.
■ 고객의 집이나 사무실, 회사 소유의 서비스 센터에서 이뤄지는 '고객 인도'와 함께 모든 기능을 설명하는 튜토리얼이 제공되어 "x는 어떻게 해야 하나요?"라는 문의를 방지한다.
■ 최신 테슬라 모델(S, X, 3) 소유자는 주차하는 동안 히터나 에어컨을 특정 온도로 유지하는 '강아지 모드(Dog Mode)'를 설정할 수 있다. 그러는 동안 행인이 차량에 홀로 남겨진 개를 걱정하지 않도록 큰 화면에 메시지가 표시된다.
■ '펌웨어 업그레이드'가 오전 1시 15분(또는 차량 소유주가 선택한 다른

6장 재설계하기

시간)에 진행되어 정기 점검 등을 위해 서비스 센터에 방문할 필요가 없다.

따라서 한 비교 설문조사에서 테슬라의 순 고객 추천 점수가 37에 이르러, 미국의 두 대형 자동차 제조업체인 지엠(3)과 포드(9)를 크게 앞지른 것은 놀랄 일이 아니다.[8] 유럽 및 일부 아시아 자동차 제조업체들이 더 높은 순 추천 점수를 기록하고 있지만, 아직 전기차 부문에서는 그렇지 않다.

:: AGL은 고객 서비스 모델을 다시 생각한다

호주에서 가장 오래된 유틸리티 기업인 **AGL**(Australian Gas Light, 옛 호주가스공사)은 고객 포털과 모바일 애플리케이션의 등장으로 고객 수요가 변화하고 있음을 인식했다. 이제 간단한 거래는 점점 더 자주 비대면 방식으로 이루어지고 있었다. **AGL**의 고객 서비스 조직은 새로운 직원들의 교육량을 줄이기 위해 요금 청구, 신용, 이사와 같은 전문 분야별로 분리되어 있었다. 하지만, 이는 고객이 인터랙티브 음성 응답 시스템에서 필요한 메뉴를 선택하는 기술 기반 라우팅(skills-based routing, **SBR**)을 필요로 했다. 기술 기반 라우팅 모델은 좋아 보이지만, 고객 문제는 종종 여러 분야에 걸쳐 있다. 이에 고객이 올바른 메뉴를 식별하는 데 어려움을 겪어 잘못된 기술 분야로 연결되면, 직원은 해당 고객을 다시 다른 직원에게 연결해 줘야 했다.

간단한 요청 사항이 모두 디지털 방식으로 처리됨에 따라 고객 서비스 업무의 복잡성이 거꾸로 증가했다. 이에 **AGL**은 상품이나 서비스가 아닌 복잡성에 맞추어 서비스 모델을 재설계하기로 결정했다. **IT** 헬프 데스크와 소프트웨어 기능에는 한동안 단계형 서비스 모델(tiered service models)이 있었다. 여기서 1단계 지원이 모든 유형의 간단한 문제를 처리하고 복잡한 이슈를 분류해 넘기는 역할을 수행했다. 이어 경험과 기술이 더 많은 직원이 2단계를 맡았다. **AGL**은 이번 재설계하기 기회를 통해 프로세스의 모든 측면을 다시 생각했다. 고객에게 훌륭한 서비스 경험을 제공하려면 고객의 문의를 분석하고, 복잡한 문제라면 빠르게 이관해야 한다는 점을 인식했다. 1단계 담당 직원은 고객에게 셀프서비스 옵션을 활용하는 법을 교육하는 새로운 과제가 주어졌고, 문제와 상관없이 60%에서 70%의 해결률을 달성했다. 결과적으로 고객은 회사와 연락하면서 들이는 시간과 노력이 줄었고, 궁극적으로 불편을 덜 겪었다.

AGL은 이후 이러한 재설계하기 사고법을 확장했다. 더 어려운 문제를 더 경험이 많은 직원에게 할당했는데, 이 직원들은 더 높은 수준의 권한을 부여받아 더 많은 문제를 처리할 수 있도록 했다. 이는 후방 지원 부서에서 고객센터로 프로세스를 이관함으로써 더 즉각적인 해결을 가능하게 했다. 또한 **AGL**에 전략적 유연성을 제공했다. 1단계 지원 담당자의 역할을 명확하게 정의했고, 이 역할 중 일부를 해외로 아웃소싱할 수 있었다. 그런 다음 라우팅 기술을 활용하여 반복적으로 전화를 걸 가능성이 있는 고객을 경험이 많은 2단계 담당 직원에 바로 연결했다. 이들은 모든 미해결 문제를 해결할 권한을 가지고 있었다. 이러한 일련의 과정을 통해 고객 서비스

센터는 성공적으로 운영됐으며, 동시에 비용도 절감됐다. 문제를 직원의 능력에 맞게 할당했기 때문이다. AGL은 업계에서 가장 낮은 불만율을 기록하게 되었다.

📌 나쁜 사례

비즈니스 세계에는 새로운 기술의 물결이 다가오는 것을 인지하고 프로세스를 재설계했어야 했지만 그렇게 하지 못한 많은 회사들이 있다. 다음의 나쁜 사례들은 몇 가지 예시를 보여준다.

:: 구름에 뒤덮이다

새로운 기술의 파도에 올라타는 것은 큰 성공을 가져다줄 수 있지만, 그 파도 위에 계속 머무는 것은 문제가 된다. 한 주요 회계 소프트웨어 공급업체는 소규모 및 중견 기업을 위해 분산형 장치 및 개별 장치에서 소프트웨어를 실행할 수 있는 제품을 만들었다. 이 제품은 복잡한 기술을 사용해 소프트웨어와 데이터베이스를 동기화하도록 했다. 처음에는 잘 작동했지만 새로운 버전이 나올 때마다 복잡성이 증가했다. 기업들은 이미 채용하고 있는 소프트웨어를 모두 일일이 최신 버전으로 업그레이드를 해줘야 했기 때문이다. 좌절한 고객들은 복잡한 안내문을 받았고, 회사에는 지원 요청이 쇄도했다. 일부 고객들은 소셜 미디어 사이트에 "다음 버전만은 버그 없이 나오길"이라고 댓글을 남기기도 했다.

이런 와중에 혁신적인 경쟁자들은 **100%** 클라우드 기반 제품을 새롭게 시장에 내놓았다. 이들은 분산 및 개별 업그레이드 이슈가 없었고, 단지 클라우드 기반 소프트웨어를 업데이트하기만 하면 되었다. 이는 훨씬 낮은 고객 문의율과 낮은 고객 지원 비용으로 이어졌다. 원래 시장 선두 주자는 클라우드 기반 솔루션으로 제품을 재설계하고, 고객들이 분산 솔루션에서 클라우드 기반 제품으로 이동할 수 있는 경로를 만들어야 했다. 결국, 이 회사는 새로운 기술의 물결을 따라잡기 위해 뒤늦게 출발했다. 재설계는 늦었고, 비용도 많이 들었다. 이는 최적의 운영 모델과 기술을 파악하는 것이 얼마나 중요한지 보여준다.

:: '적은 비용으로 복잡한' 또는 '많은 스트레스로 복잡한'

몇몇 주요 유틸리티 회사들은 더 많은 자동화와 셀프서비스 기능을 약속하는 기술 주도 전환에 착수하면서 동시에 주요 부문의 해외 아웃소싱 전략을 추구했다. 이는 새로운 디지털 요금 청구 플랫폼에 고객 접근이 쉬워지므로 이를 값싼 해외 처리 팀에 담당한다면 비용을 절감하고 경쟁력도 높아질 것이라는 아이디어에 바탕을 두고 있다. 그런데 한 주요 유틸리티 회사는 자사의 요금 청구 프로세스와 상품이 복잡하고 자동화하기 어렵다는 것을 알고 있었다. 그들은 새로운 기술과 해외 팀의 결합이 상품과 프로세스의 복잡성에도 불구하고 비용을 절감할 것이라는 생각을 설명하기 위해 '더 적은 비용으로 복잡한(mess for less)'이라는 용어를 만들었다. 이 경우 재설계가 충분하지 않았다.

IT 전환은 예상보다 더 오래 걸렸고 많은 주요 지표에서 실패했다. 이를테면 해외 아웃소싱 후 6개월 이상 요금 청구가 늦거나 잘못되었다. 많은 프로세스에서 백로그가 발생했다. 고객 문의 빈도가 거의 **40%** 증가했고, 처리 시간도 늘어났다. 새로운 해외 팀들은 업무 처리의 복잡성 탓에 큰 어려움에 빠졌다. 국내에서는 **50%** 늘어난 작업량(고객 문의가 더 길어지고 빈도도 늘었다)을 처리하기 위해 직원을 추가 배치해야 했다.

불만이 업계 최고 수준으로 증가했고, 회사는 전문가 팀을 해외 파트너에게 보내 지원해야 했다. '더 적은 비용으로 복잡한'은 '더 많은 스트레스로 복잡한'으로 변해 버렸다. 회사는 이 문제를 극복하는 데 추가로 1년이 더 걸렸다. 이는 주요 시스템 변경이나 해외 아웃소싱을 하기 전에 재설계와 단순화가 선행되어야 한다는 사실을 여실히 보여준다.

:: 웹엑스 실패, 줌 성공

베테랑 에릭 유안(Eric Yuan)은 시스코(Cisco)가 회사를 인수하기 전부터 웹엑스(Webex)에 몸담고 있었다. 그는 웹엑스의 성능에 실망했다. 유안은 문제를 이렇게 지적했다. "그냥 서비스가 좋지 않았다. 사용자가 웹엑스 회의에 로그인할 때마다 회사 시스템은 어떤 버전의 제품(아이폰, 안드로이드, PC, 맥)을 실행해야 하는지 식별해야 했고, 이에 따라 속도가 느렸다. 많은 사람들이 접속하면 연결 부담으로 오디오와 비디오가 끊겼다. 서비스에는 모바일용 화면 공유와 같은 현대적인 기능도 부족했다." 웹엑스의 엔지니어링을 담당한 유안은 "언젠가 누군가가 클라우드에서 무언가를 구축하면 그것이 나를 무너뜨릴 것이다"라고 걱정했다. 나중에 "유안은 1년 동안 상사들에게 웹엑스를 재구축하게 해달라고 요청했지만 포기하고 2011년에 시스코를 떠나기로 결심했다."[9] 시스코와 웹엑스가 시스템을 재설계할 기회를 놓친 동안, 유안은 줌(Zoom)을 설립했고, 나머지는 역사와 같다.

▶ 재설계하는 방법

기업의 운영 모델 전반에 걸쳐 다양한 방식으로 재설계하기에 접근할 수 있다. 또한, 어떠한 사업 운영도 여러 방식으로 재설계할 수 있다. 예를 들어, 프로세스, 기술, 인력 등을 각각 재설계할 수 있다. 〈그림 9.2〉는 재설계하기가 일회성 시나리오가 아닌 체계적인 프로세스에 따르는 것임을 보여준다. '핵심 재설계하기' 단계에서 위치와 기술에 대해 더 자세히 설명하겠지만, 이 접근 방식은 모든 운영 모델에 적용할 수 있다. 위치와 기술은 고려해야 할 요소의 일부일 뿐이다.

∷ 재설계의 필요성을 식별한다

내부 동력 식별

서비스 모델이 제대로 작동하지 않아 재설계하기가 필요하다는 여러 지표가 있다.

■ 긴 고객 문의 처리 시간.

■ 반복되는 고객 문의 또는 스노우볼 효과(1장과 8장 참조).

■ 고객당 또는 주문당 고객 문의 건수의 높은 증가율(예, CPX 증가)(1장 참조).

■ 불만 신고 증가, 특히 리트윗되거나 "나도 그래(Me, too)!"라는 댓글이 달리는 경우.

불편 없는 기업

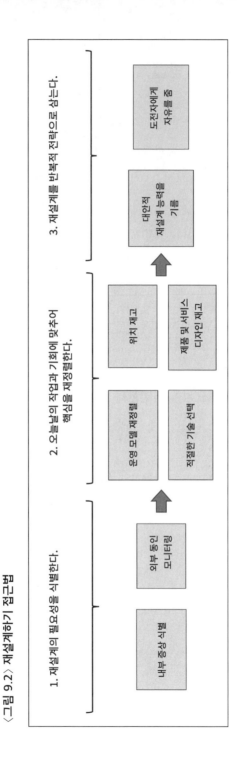

〈그림 9.2〉 재설계하기 접근법

1. 재설계의 필요성을 식별한다.

내부 증상 식별

외부 동인 모니터링

2. 오늘날의 작업과 기회에 맞추어 핵심을 재정렬한다.

운영 모델 재정렬

적절한 기술 선택

위치 재고

제품 및 서비스 디자인 재고

3. 재설계를 반복적 전략으로 삼는다.

대안적 재설계 능력을 기름

도전자에게 자유를 줌

■ 새로운 디지털화하기 솔루션을 고객이 좋아하지만 예상만큼 채택되지 않음.

■ 일선 직원과 후방 지원 팀 직원의 높은 이직률.

이들 지표 가운데 하나만으로도 재설계하기가 필요할 수 있으며, 두 개 이상일 경우 더 상세한 재설계가 필요하다.

기업이 고객 문의를 이해하고 추적하기 위해 분석 도구를 사용하는데, 확인되지 않은 고객 문의 원인들이 있다면(예: 고객 문의 원인 인식률이 80% 이상에서 70% 이하로 떨어짐) 이것은 미묘하지만 강력한 새로운 지표가 있다는 것이다. 이는 회사가 추적하거나 대응하고 있지 않은 새로운 문의 유형이 나타나고 있음을 의미하기 때문이다. 조직의 웹사이트에서 검색 결과 없음 또는 실패한 검색의 수와 비율이 증가하는 것도 또 하나의 중요 지표이다. 아마존, 레드햇 등의 혁신 기업(그리고 일부 개혁기업)은 이 지표에 주목해 자세히 들여다본다. 이는 고객이 찾고자 하는 것을 찾지 못하고 있다는 것을 의미하기 때문이다. 회사가 일선 직원이 지원해야 하는 제품, 서비스, 채널에 주요 변화를 줄 때 서비스 재설계가 필요할 수 있다. 즉, 한 영역을 재설계하면 그에 대한 지원 서비스를 모두 재설계해야 한다.

외부 동력 식별

상품 또는 서비스가 뒤처지고 있다는 명백한 초기 경고 신호들이 있다. 여기에는 시장 동향에 대비한 주요 상품 및 서비스의 수익 감소, 고객 이탈 증가, 고객당 구매 상품의 점진적인 감소, 핵심 상품 또는 마케팅 직원의 높은 이직률 등이 포함된다. 또 다른 초기 경고 지표는 보다 전문적이거나 기술을 기반으로 한 비즈니스를 운영하는 새로운 혁신기업의 출현이다. 업계의 주요 플레이어들은 종종 이러한 혁신기업들을 진지하게 받아들여야 할지 판단하기 어렵다. 대기업은 자만심에 이러한 스타트업을 적절한 경쟁자로 간주하지 않을 수 있다. 그러나 현재 파괴적 혁신자 물결은 많은 은행의 큰 관심을 끌고 있어, 일부 은행은 자신의 종말을 가져올지도 모를 핀테크 기업에 투자하기 위해 벤처 캐피털 부서를 설립했다. 이들은 많은 핀테크 스타트업에 지분 투자를 진행하고 있으며, 성공적으로 떠오르는 기업의 주요 주주가 되거나 기술을 사들여 내부로 도입하려고 한다.

새로운 기술의 등장이나 중요한 새로운 규제의 도입과 같은 외부 환경의 중대한 변화를 맞아 제품에서부터 고객 채널까지 모든 것을 다시 검토할 수도 있다. 예를 들어, 광대역 및 무선 기술의 확장으로 새롭게 등장한 스트리밍 서비스 모델은 많은 기존 케이블 TV 회사들을 무너뜨렸다. 공공 부문에서 정부는 전기 자동차의 출현으로 유류세의 세수가 줄어듦에 따라 도로 유지보수 등을 위해 새로운 세원을 발굴해야 한다.

:: 핵심을 재정렬한다

운영 모델 재정렬

앞서 언급한 바와 같이, 디지털화하기 또는 제거하기 전략에서 성공한 기업은 매우 다른 고객 접촉 방식을 갖게 된다. 따라서 서비스 기능의 역할이 크게 변화하여 서비스 모델의 전면적인 재정비가 필요하게 된다. 자동화된 셀프서비스의 사용이 증가함에 따라 직원 지원 채널에서 일상적인 고객 문의가 줄어들고, 최일선 서비스 직원에게는 더 복잡한 문제들의 비중이 높아진다. 디지털화하기 솔루션의 사용 증가도 새로운 지원 채널의 강화로 이어질 수 있다. 웹 또는 모바일 플랫폼에서 셀프서비스를 사용하는 고객들은 웹 채팅, SMS, 틱톡(TikTok) 또는 다른 형태의 메시징을 기대할 수 있다.

이러한 변화에 대해 다음과 같이 운영 모델을 재정렬할 수 있다.

■ 업무의 복잡도가 높아짐에 따라 서비스 운영을 재조직한다. 이는 고객 문제를 적절한 수준으로 분류하는 단계형 서비스 모델을 의미할 수 있다(이 장의 '좋은 사례' 섹션에서 AGL 이야기 참조). 또한 고객들이 더 쉽게 접근할 수 있도록 전문 역량의 직원을 새로운 방식으로 그룹화할 수도 있다(역시 '좋은 사례'에서 소개한 미국 티모바일의 전문가 팀 대목 참조). 다른 기업들은 서비스 조직을 전문 기술에 따라 더욱 세분하기도 한다. 이는 단기 대응책으로 의미를 가지지만, 종종 다른 부서 떠넘기기가 늘고 해결률이 낮아지는 결과로 이어질 수 있다.

■ 지식 도구와 접근성을 개선하여 일선 직원에게 복잡한 문제와 그 해결책을 문서화해 제공한다. 이는 일선 직원들이 새로운 문제와 그 해결책을 캡처하고 코드화할 수 있도록 허용하는 프로세스를 필요로 할 수 있다. 여기에는 지식 도구나 위키 소스 항목을 변경할 수 있는 권한을 포함할 수 있다. 또한 일선 직원 바깥의 외부 전문가들, 즉 3단계 고객 지원에 대한 접근성을 늘리는 것을 의미할 수도 있다. 직원은 고객을 위해 참조할 자료에 보다 쉽게 접근할 수 있다.

■ 직원 훈련을 통해 고객이 디지털 솔루션을 더 잘 사용하도록 돕게 한다. 실제 서비스 직원은 고객이 셀프서비스를 쉽게 사용할 수 있도록 하는 안내자가 되고 있다. 여기에는 공동 브라우징(co-browsing)도 들어간다. 이는 서비스 프로세스를 재정의하여 적절한 디지털 솔루션을 사용하도록 하고, 일선 서비스 직원들이 디지털 솔루션이 어떻게 작동하는지에 대한 전문가가 되는 것을 의미할 수 있다.

■ 일선 직원들에게 문제를 관리하고 조사할 수 있는 권한을 준다. 문제가 더욱 복잡해지면서 일선 직원들은 고객에게 다시 연락하기 전에 문제를 오프라인으로 가져가 추가 조사를 해야 할 수 있다. 이는 쉽게 들리지만, 직원들이 효과적으로 이를 수행할 수 있으려면 별도의 관리 및 측정 프로세스가 필요하다. 일부 회사는 일선 직원들을 일시적으로 IT 또는 제품 팀에 배정하여 그들의 경험을 공유하고 새로운 IT 상품을 검토하도록 하여 고객 관점에서 비판할 수 있도록 돕는다.

■ 고객이 사용하는 새로운 채널, 새로운 문제 및 해결책에 대한 직원 훈련을 확대한다. 이는 직원들이 압도당하지 않도록 교육 커리큘럼을 점진적으로 진행하는 것이 좋다. 새로운 직원이 현업에 합류할 때 도움을 줄 수 있도록 지원 데스크가 일정 기간 필요할 수 있다.

적절한 기술을 선택하여 서비스를 개선하거나 중단한다

지난 50년간 비즈니스에서는 판을 엎을 것이라던 기술이 실제로는 실패하거나 단명한 사례가 많다. 이에 선두에 서는 일은 쉽지 않다(그래서 선두는 종종 '피 흘리는 선두(bleeding edge)'라고 불린다). 베타맥스(Betamax) 비디오에서 미니 컴퓨터에 이르기까지 실패 사례는 많다. 최근의 음성 인식과 생체 인식 기술조차도 예상보다 훨씬 더디게 성장했다. 기술 벤더들은 항상 놀라운 수치의 미래 수익을 내세우며 솔루션을 홍보해 왔고, '하이프 사이클'에 올라타려 했기 때문에 진짜 승자를 선택하는 일은 결코 쉽지 않다.

다음 네 가지 질문이 신기술에 대한 올바른 투자 시기를 파악하는 데 도움이 될 것이다.

1. 일정 규모 이상의 고객이 이를 처음으로, 그리고 무엇보다 다시, 사용하고자 하는 징후가 보이는가?

예를 들어, 미국의 손해보험 회사인 **USAA**는 사고 후 보험금 청구나 새 자산의 가치 평가를 위해 회원들에게 직원이나 검사관을 파견하는 대신 휴대폰 카메라를 사용하여 사진을 업로드하고 전송하도록 요청한다. 이 회사는 대부분의 고객이 이러한 신기술을 사용할 때까지 기다렸다가 이 서비스를 제공했다. 이런 접근 방식은 위험이 없고 최소한의 투자로 비용을 절감하고 고객 경험을 향상시킨다.

2. 고객 수용률과 상관없이 총 소유 비용(total cost of ownership, TCO)을 고려하는 비즈니스 사례가 쌓이고 있는가?

로봇 프로세스 자동화(**RPA**)와 같이 업무를 자동화하는 로봇 솔루션을 개발하는 데는 일회성 투자가 필요할 수 있지만, 결국 수익으로 돌아온다. 한 대형 비즈니스 서비스 제공업체는 숙련된 계약자들에게 작업을 배정하는 스케줄러 업무의 **75%**를 봇으로 대체했다. 이에 직원들은 여유를 가지고 예외 상황을 처리하는 데 집중할 수 있었다. 업무 개선과 함께 모든 당사자의 불편이 줄어들었다.

3. 이번 기술이 한 번에 모든 것을 걸기보다는 유연성을 제공하는가?(다시 말해, "올인은 금물!")

데이터 분석 기술은 유연성을 더하고 통찰력을 심화시키지만, 기업이 대규모 자본을 투자하기 전에 실험해 볼 수 있는 기술의 한 예이다. 기업은 이제 많은 옵션 중에서 선택할 수 있어 특정 벤더에 베팅할 필요가 없다. 대부분의 벤더는 분석 도구 및 기술을 전적으로 클라우드를 통해 제공하여, 대규모 초기 투자가 아닌 '사용량 기반 요금제' 모델을 선택할 수 있는 옵션을 제공한다. 기업은 이를 사용하여 기능을 테스트한 다음 일련의 실험을 실행하여 어느 쪽이 가장 효과적인지 파악하고 이를 확장하거나 채용할 수 있다. 여기에 나중에 필요할 수 있는 기능을 가진 플랫폼이나 벤더를 추가하는 방식도 가능하다. 예를 들어, 많은 주요한 고객 문의 플랫폼은 음성, 이메일, 채팅, 메시징, 다양한 형태의 자동화 채널을 처리할 수 있다. 처음에 일부 기능만 사용하고 나중에 기능을 추가할 수 있는 공급업체를 활용하는 것이 합리적일 수 있다.

4. 테스트 또는 시범 분석을 진행할 수 있는가?

몇몇 주요 음성 분석 벤더는 구매 전에 테스트를 할 수 있는 무료 파일럿을 제공한다. 예를 들어, 학습하기 전략을 수행하기 위해 고객 문의 데이터 샘플을 분석 제공업체에 보내 그들의 분석 도구로 해당 데이터를 시범 분석해 보도록 할 수 있다. 시범 분석 이후 실시간 데이터를 대상으로 지속적인 모니터링을 수행하는 일은 한 단계만 넘어가면 된다. 벤더 업계에서는 '베이크 오프(bake-offs, 빵굽기 콘테스트)'가 인기 없지만, 이는 '최적의' 공급업체를 식별하는 가장 좋은 방법일 수 있다. 기업은 동일한 요구 사항을 다양한 플레이어에게 제공함으로써 그들의 직접적인 응답뿐만 아니라 즉흥적 제안이나 추가 솔루션을 제공할 의지까지 평가할 수 있다.

위치를 다시 생각한다

기능을 어디에 배치할지는 항상 어려운 문제이다. 통신과 운송 능력이 국내, 지역 및 글로벌 차원에서 크게 변화하면서 이는 더욱 복잡해졌다. 이 다면적 설계 문제는 운영 모델의 특정 차원을 재설계하는 것이 얼마나 복잡할 수 있는지를 잘 보여준다. "이 넓은 세상에서 다음에는 어디로 가야 하나?"라는 질문을 복잡하게 만드는 여러 요인들이 충돌하고 있다.

- 신기술 덕분에 서비스 및 관리 기능을 본사 또는 해외 등 어디서든 쉽게 수행할 수 있다(예: 어디서든 고객센터와 작업 관리 기능에 접속할 수 있는 클라우드 기반 시스템).
- 재택 근무를 통해 근무지의 유연성이 크게 늘었다(예: 파트타임 근무, 다양한 교대 근무, 통근이 어렵거나 장애를 가진 노동자를 위한 업무의 증가).
- 많은 직원들이 긴 통근 시간과 통근 비용을 피하기 위해 재택 근무를

선호하고 있다.

■ 중앙 아메리카, 인도, 필리핀, 베트남, 동유럽, 일부 아프리카 국가와 같은 신흥 경제국에서 교육과 기술 수준이 향상되고 있다.

■ 전 세계적으로 인건비 차익률이 변화하고 있다.

■ 사회가 다문화화됨에 따라 국내 사업에서도 외국어 사용자에 대한 대응의 필요성이 커졌다.

　많은 회사들이 높은 임대료, 노동의 비유연성, 엄격한 노조 협약 등의 제약에서 벗어나기 위해 여러 기능을 해외로 이전했다. 일부는 그 결정에 매우 만족하고 있지만, 다른 일부는 서비스 품질이 기대에 미치지 못한다는 사실에 실망했다. 어떤 기업은 복잡한 업무를 감당할 수 없는 인력에게 넘기는 바람에, 또는 이런 기능 이전을 위한 문서화를 충분히 상세하게 진행하지 않은 탓에 해외 이전에서 쓴맛을 봤다. 이러한 기업은 자신이 자초한 문제를 해결하거나 기능을 다시 국내로 되돌려 오기 위해 시간과 돈을 써야 했다.

　세계화는 이제 확고한 흐름이 되었기에 누구도 무시할 수 없다. 각국 언론은 해외 이전을 기업의 탐욕과 국내 경제 파괴 행위로 묘사하고 있다. 하지만 제대로 수행함으로써 적절한 작업을, 적절한 방식으로, 적절한 위치로 이전한다면 고객, 주주, 직원 모두에게 좋은 일이 될 수 있다. 부적절한 작업을, 부적절한 방식으로, 부절적한 위치에 배치하면 모든 고객이 금방 눈치를 챌 것이다. 예를 들어, 한 회사는 복잡한 작업을 최근 졸업생으로 구성된 인력에게 이전했고, 해외 팀의 처리 시간은 국내 팀보다 60% 더 길어져 결국 인건비 절감이 헛수고가 됐다. 더 나쁜 것은 이 팀의 해결 수준이 낮아졌고(더 커진 스노우볼), 고객들의 불편함이 가중됐다. 이는 잘못된 위치에 잘못된 작업을 배치한 좋은 예이다!

추가적으로, 두 가지 트렌드로 인해 해외로 내보낸 기능을 다시 국내로 되돌리고 있다. 이를 일부에선 홈쇼어링(homeshoring) 또는 리쇼어링(re-shoring)으로 부른다. 복잡성 증가로 인해 문화적 맥락을 이해하고 더 많은 경험을 가진 인력의 기술과 지식이 중요해지고 있다. 또한 각 자동화의 물결 덕분에 이전에 인건비 차익을 위해 해외로 이전했던 단순 작업을 기계화할 수 있게 됐다. 요약하자면, 자동화가 오프쇼어링을 '먹어치울' 수 있으며, 복잡한 작업은 온쇼어에서 처리해야 할 필요성이 증가하고 있다.

위치 재설계의 사례로는 글로벌 예약 및 고객 지원을 해외로 이전했던 주요 호텔 체인을 꼽을 수 있다. 그러나 주요 도심 위치에서 임대 기간 만료와 공간 부족으로 인해 재택 근무를 근무지 전략의 주요 구성 요소로 고려하게 되었다(심지어 코로나19 사태 이전에도). 그들은 허브 앤 스포크 모델(hub-and-spoke model)을 설정하여 줄어든 사무 공간과 재택 근무를 결합했다. 이는 직원과 회사 양쪽 모두에게 윈윈이 되었다. 직원들은 근무지 유연성을 즐기며 자신에게 맞는 날에 출근을 선택할 수 있었고, 회사는 사무 공간 임대료 절감, 직원 충성도 증가, 직원 이직률 감소, 교대 근무 유연성 증가의 혜택을 누릴 수 있었다.

제품 및 프로세스 디자인을 다시 생각한다

우리는 이해하기와 제거하기에서 고객의 불편의 근본 원인이 회사의 제품과 프로세스 설계 방식에 있는 경우가 많다는 점을 보여주었다. 예를 들어, 결함이 많은 제품(예: 버그가 있는 소프트웨어)이나 고객에게 혼란을 주는 디지털 솔루션이 어떤 결과를 가져오는지 보여주는 사례가 수없이 보고되고 있다. 기업은 이제 이러한 결함의 발생을 막고자 수정된 설계 및 개발 기법을 사용하고 있다. 수정된 기법에는 애자일 방법론(agile methodology)과 사용성 실험실(usability lab)의 활용 등이 꼽힌다.

애자일 방법론은 점진적이고 반복적인 릴리스를 통해 제품이나 서비스(특히 웹사이트나 모바일 앱용 IT 제품)를 구축하는 기법을 사용한다. 이는 짧고 날카로운 '치고 나가기(sprints)'로 제품을 테스트하고, 학습하며, 확장한다는 아이디어에 기반을 두고 있다. 이는 다음과 같은 장점이 있다.

- 고객 피드백을 바탕으로 계속 조정해 나가는 유연한 설계.
- 무엇이 작동하고 무엇이 작동하지 않는지 더 깊게 파악함으로써 확장의 방향을 잡는 설계.
- 확장된 설계 및 개발 주기 없이 제품과 서비스를 더 빠르게 시장에 출시.
- 시장이나 고객의 요구가 불분명할 때 여러 방면으로 베팅을 할 수 있는 능력.
- 개념과 모형이 아닌 실제 솔루션을 시장에서 테스트할 수 있는 방법.

디지털화하기에서 언급한 것처럼, 사용성 실험실은 제품을 테스트하는 또 다른 방법이다. 몇몇 금융 서비스 회사들은 모든 상품과 서비스를 테스트하기 위해 '실험실'에 투자했다. 새로운 앱에서부터 새로운 상품에 대한 고객 피드백에 이르기까지 모든 것이 실험실이 될 수 있다. 더 과학적이고 고객 중심적 방식으로 제품과 서비스를 테스트하는 것은 고객의 불편이 없는 경험을 창출하는 데 많은 도움이 된다. 초기 단계에서 불편을 제거하기 때문이다.

:: 재설계를 반복적 전략으로 삼는다

기업이 자신의 업무 방식과 조직 구조에 계속해서 도전하는 일은 어렵다. 경영이 안일함에 빠지는 것을 막는 일도 쉽지 않다. 아마존의 제프 베조스는 종종 모든 관리자와 직원에게 "매일 아침 [다른 회사가 아마존을 이길까 봐] 두려워하면서 깨어나야 한다"[10]고 촉구하기도 했다. 또 다른 어려움은 기업이 종종 단기적인 수익성을 희생해 장기적인 이익을 추구해야 한다는 점이다. 주식 시장 분석가들이 분기별 수익에 집중하는 경우가 많아, 경영진과 이사회는 광범위한 재설계를 진행할 때 시장의 압력에 맞서 장기적인 베팅을 해야 할 필요가 있다. 이는 현재 비즈니스 트렌드에 역행하는 것처럼 보일 수 있다.

대안적 재설계 능력을 기른다

대기업은 변화에 반대할 뿐만 아니라 적극적으로 이를 지연시키는 경향이 있다. 한 은행이 '미래의 은행' 부서를 신설했지만 '옛 은행'은 예산안을 공유하지 않고 새로운 솔루션에 대한 실험도 협조하지 않았다. 결국 은행은 자본을 다른 곳에 더 잘 사용할 수 있다고 하면서 이 부서를 폐쇄했다. 그러나 혁신안을 마련하기 위해 부서를 신설하는 것은 흔한 전략이다(이 장의 '힌트와 팁' 섹션 참조). 또 다른 전략은 외부 기업에 투자하고 외부 혁신기업이 개발 중인 솔루션에 베팅하는 것이다. 호주의 주요 은행 네 곳은 모두 잠재력 있는 핀테크 혁신기업을 육성하는 투자 부서를 운영하고 있다. 다른 방식으로 파트너십을 시도하는 기업들도 있다. 일부는 파트너십을 통해 공동 소싱(co-sourcing)을 시도했다. 일부는 기술 기업이나 관련 전문가와 조인트벤처를 수립하는 이른바 인소싱(insourcing) 전략을 사용했다. 내부와 외부의 역량을 비교해 보기 위해 외부 공급업체(outsourcer)를 활용하는 기업도 있다. 예를 들어, 일부 정부 부처는 아웃소싱 파트너를 활용하여 내부 및 외부 성과를 벤치마킹하고 있다. 이러한 전략을 통해 기업은 해외의 아웃소싱 파트너와 국내 부서 사이의 전문 지식 차이 등을 줄일 수 있다.

도전자에게 자유를 준다

많은 기업에는 다른 방식으로 일할 수 있다는 아이디어를 제시하면서 상사와 동료들을 끊임없이 괴롭히는 '도전자'들이 있다. 많은 관리자에게 이러한 사람들은 성가신 존재이다. 그들의 아이디어가 실용적이지 않거나 다른 부서에나 어울릴 법하다는 이유를 댄다. 물론 그들의 아이디어는 단순히 잘못된 것일 때도 적지 않다. 그러나 이 도전자들은 회사 내 다른 누구도 볼 수 없는 재설계하기 아이디어를 가지고 있을 수 있다. 그들은 해커톤(hackathon, 마라톤처럼 정해진 시간에 해킹을 하는 프로그램)과 같은 출구가 없는 '해커'들이다. 재설계가 필요하다는 점을 인식한 기업은 이 사람들을 활용하며 그들의 아이디어를 성원한다. 이는 성가시고 대립적 상황이 벌어질 수도 있지만 기업을 장기적인 침체로부터 구할 수 있다. 많은 회사들이 해커톤이나 다른 브레인스토밍 기법을 통해 새로운 아이디어를 얻으려 노력하고 있다.

이 도전자들을 올바른 방식으로 대우한다면 좋은 결과를 얻을 수 있다. 예를 들어, 한 은행은 모든 프로세스를 검토해 보기 위해 일선 직원을 대표할 사람을 찾고 있었다. 이렇게 선택한 직원들은 문제아 집단으로 보였다. 끊임없이 불평불만을 늘어놓고, 성과 점수도 들쭉날쭉이었다. 그들은 아마도 고객센터에서 가장 인기가 없는 상담원들이었을 것이다. 그러나 그들은 현상 프로세스에 도전해 재설계하는 데 있어 완벽한 사람들로 판명되었다. 그들은 모든 것에 대해 질문하고 브레인스토밍을 통해 많은 개선안을 내놨다. 그들은 결속력도 높아져 재설계를 열렬히 지지하는 그룹이 되었다. 그들이 일으킨 변화로 고객센터의 성과는 25% 개선됐고, 이는 은행 내 '올해의 프로젝트'로 선정되었다. 많은 이들이 애초 은행을 떠나려 했는데, 이번 프로젝트가 그들의 창의력에 출구를 제공해 줬다고 나중에 털어놨다. 일부는 교육 및 프로세스 개선 담당 부서에서 새로운 역할을 맡게 되었다.

🗨 힌트와 팁

재설계하기의 힌트와 팁으로 네 가지를 설명하고자 한다.

:: 외부를 내부로 가져온다

외부의 아이디어를 내부로 가져온다는 것은 내부의 자만이나 자기 집착의 위험을 방지하기 위해 고객의 생각을 기업에 내재화하는 것을 의미한다. 고객의 아이디어를 외부로부터 가져오는 기법은 이러한 내부 집중에 대한 해독제가 된다. 이는 다양한 형태를 취할 수 있다. 아마존은 고객이 말하고 있는 것(WOCAS)을 운영하고 있다. 이는 일선 직원의 제안을 받는 구조화된 프로세스이다. 일부 회사는 고객 자문 위원회를 두고 있으며, 다른 회사는 개방형 연구를 위해 비용을 지불한다. 이는 고객을 초대해 고위 경영진과 대화를 나누거나 불만 사항을 다른 방식으로 접수하는 것과 같이 간단할 수 있다.

아이디어의 실제 적용. 한 주요 은행에서는 경영진이 매달 5개의 고객 불만에 귀를 기울이거나 이를 담은 문서를 읽는다. 경영진은 이를 통해 무엇이 잘못되고 있으며 고객이 무엇을 바라는지 잘 알게 된다. 또한 고객 문의의 근본 원인 분석과 그의 개선을 위한 추진력을 높이는 계기가 된다. 경영진은 이런 경청을 통해 은행 경영에서 잘못될 수 있는 것들에 대한 감각을 유지한다. 또 다른 회사는 분기별로 '고객과 대화'의 날을 정해 두고 있다. 이 날에는 은행의 모든 직원이 고객과 대화해야 했다. 모든 직원에게 고객의 이름과 번호가 제공되었고, 누구도 예외가 없었으며, 도움과 안내를 받았다. 이에 IT, 금융, 인사 부서와 같이 평소 고객과 접촉할 일이 없는 많은 다른 영역의 직원들이 고객을 직접 대면해야 했다. 직원들은 이런 행사를 통해 경영진의 고객 우선 정책을 피부로 느끼게 된다. 또한 많은 아이디어를 제출하게 하고 고객 문제에 대한 전체적 이해도가 높아진다.

:: 내부를 외부로 내보낸다

내부를 외부로 내보낸다는 것은 기업이 새로운 아이디어에 노출되도록 경영진과 관리자들이 다른 기업에서 배워오는 과정을 의미한다. 이는 새로운 경쟁사를 대상으로 한 미스터리 쇼핑이나, 신규 고객 가입 절차를 살펴보기 위해 직접 가입해 보는 것일 수 있다. 또는 다른 업계의 인터넷 사이트에서 어떤 것이 '좋아요'가 붙는지 자세히 관찰하는 것도 가능하다. 이를 통해 귀중한 외부 최우수 사례(outside best practices, OBP)를 얻을 수 있다.

자신감이 넘치는 회사는 혁신이나 더 나은 사례를 무시하거나 폄하할 위험을 안고 있다. 담당 관리자가 참여를 거부할 수도 있다. 직원들에게 더 나은 사례를 찾아보게 하거나 "우리가 배울 수 있는 세 가지는 무엇인가?"라는 질문에 답하게 함으로써 그들의 성찰을 장려할 수 있다. 눈을 감은 사람에게는 눈을 뜨라고 말하라!

아이디어의 실제 적용. 한 주요 은행은 새롭고 다른 아이디어를 원해 최근 은퇴한 엔터테인먼트 업계 임원을 고객 문제에 대한 자문으로 고용했다. 이 임원은 유명 테마파크를 성공적으로 이끌었던 경험을 가지고 있었고, 훌륭한 경험이 무엇인지 그리고 그것을 어떻게 제공할지에 대한 매우 다른 관점을 가지고 있었다. 엔터테인먼트 리더는 고객을 지속적으로 즐겁게 해주는 것으로 유명했다. 은행은 즐거움을 목표로 하지는 않지만, 테마파크에서 직원과 고객 체험 디자인에 적용된 기술을 사용함으로써 완전히 다른 관점을 얻게 되었다. 은행은 많은 것을 배웠고 여러 가지 변화를 도입했다.

또 다른 사례로, 미국의 주요 건강보험 회사는 고위 고객 서비스팀을 대형 쇼핑몰에 파견해 영수증 없이 다양한 소매점에 물건을 반품해 보도록 했다. 일부 직원은 제품을 알아보고 반품해 줬지만, 다른 직원은 반품을 거부하면서 고객과 맞섰다. 서비스 팀은 각자의 경험을 공유하고, 보험사의 환자 고객을 응대하는 데 여기서 얻은 교훈을 적용했다.

:: 해커톤을 지속적으로 개최한다

해커톤은 원래 **IT** 부서 내에서 개발자들이 짧은 시간 안에 코드를 깨거나 새로운 코드를 만드는 행사에서 비롯됐다. 해커톤은 이제 비즈니스 전반의 문제 해결 및 창의성 발휘의 날로 변화했다. 아이러니하게도 이는 개발자들이 자유롭게 무언가를 깨고 현상에 도전하도록 허용된 다소 무정부주의적인 아이디어에 뿌리를 두고 있지만, 일부 기업에서는 창의성을 유도하는 방법으로 거의 제도화되었다. 해커톤은 사실상 주류가 되었지만 여전히 다른 사고를 창출할 수 있다.

아이디어의 실제 적용. 아틀라시안(Atlassian)은 이 아이디어의 좋은 사례이다. 호주에 본사를 둔 글로벌 소프트웨어 회사인 아틀라시안은 개발자를 위한 도구를 제작한다. 이 회사는 항상 신기술의 새로운 물결과 개발자 요구를 예측해 대응하는 첨단 기업이다. 이들의 독특한 비즈니스 모델에는 영업 팀이 따로 없으며 소프트웨어를 평판과 입소문에 의존해 온라인에서 판매한다. 창립 초기부터 분기별로 선적의 날(Ship-It Days)이라는 해커톤을 개최했다. 거의 아무런 규칙도 없이 부서의 벽을 넘어 그룹을 구성한다. 아틀라시안은 이 해커톤에서 많은 훌륭한 아이디어를 얻었으며, 그중 하나가 지라 서비스 데스크(Jira Service Desk)라는 대표 상품이다. 아틀라시안은 정기적으로 직원들을 다양한 방식으로 묶어보는 게 많은 도움이 되었다고 전한다.

:: 미래를 위한 자원을 따로 준비한다

일부 기업은 혁신과 미래를 위한 변화를 위해 별도의 부서를 따로 떼어놓고 있다. 이는 새로운 아이디어를 회사 전반의 보수적 기운으로부터 보호하기 위한 것이다. 다른 기업들은 최고경영자나 관리 이사에게 별도로 보고하는 별도의 조직을 구축하기도 한다. 때때로 사내 부서를 활용하기도 하지만, 이들은 예산 삭감과 권력 다툼에 취약할 수 있다. 팔을 뻗어 닿는 거리(arms-length)의 외부 조직이 더 많이 생존한다. 최종 옵션으로 다른 회사에서 이렇게 도전의 역량을 가진 부문을 인수해 더 많은 통제권을 부여하는 방법도 있다. 그러나 이는 생각보다 어렵다. 기존 회사 내의 주류 세력이 단지 다르다는 이유만으로 새로운 세력에 저항할 수 있기 때문이다.

아이디어의 실제 적용. 그러나 때때로 특정 자원을 따로 보호하는 일은 잘 진행될 수 있다. 한 은행은 보다 역동적인 환경에서 새로운 작업 방식을 테스트하기 위해 새로운 자회사를 설립했다. 이는 최신 채널과 기술을 사용하고, 구식 은행의 유산이 없는, 별도의 브랜드로 된 직불 은행이었다. '새로운' 은행은 디지털 채널만 사용하도록 설정되었다. 이 새로운 자회사는 인공지능 기반의 채팅을 처음으로 시험해 보았다. 디지털 애플리케이션으로 주택 대출을 제공하는 최초의 은행이 되었다. 시간이 지남에 따라 기존 은행 쪽으로 새로운 업무 수행 방식을 전파하기도 했다. 또한 첨단 기술 분위기를 좋아하는 고객층을 새로 끌어들였다.

⬛ 요약

재설계하기는 고객의 불편이 없는 조직으로 변모하기 위한 아홉 가지 전략을 마무리하는 단계이다. 재설계하기는 변화가 많은 기업에 필수적일 수 있지만, 성공적인 기업이 자신의 성취에 자만하지 않도록 하는 데에도 중요하다. 이는 기업 내부에 존재하는 문제와 기회를 억압하는 힘 때문에 생각보다 어려울 수 있다. 재설계하기 과정에서 기업이 잘 알지 못하는 새로운 길로 들어설 수도 있다. 이에 새로운 기술을 가진 사람들을 고용하거나 최소한 다른 사고방식을 가진 사람들을 채용해야 할 필요가 있다. 새로운 경영진이나 사모펀드 책임자들이 종종 자신의 최고 팀을 투입해 변화와 개선을 추진하는 이유가 바로 여기에 있다. 변화가 시급할 때, 새로운 경영진은 기존 팀의 역량을 평가하고 이들에게 기회를 줄 여유가 없다. 이에 신뢰하는 직속 부하들을 투입해 빠르게 변화를 이루어야 한다. 이는 불편할 수 있지만, 시급한 상황에서는 이러한 조치가 필요하다.

재설계하기는 어렵고 복잡한 작업이며, 위험이 따를 수 있다. 단기 수익을 추구하는 주주들에게 인기가 없을 수 있다. 직원들 또한 현 상태에 만족하여 재설계하기에 저항할 수 있다. 중요한 재설계는 미지의 영역으로 뛰어드는 것처럼 느껴질 수 있으며, 따라서 리더의 용기가 필요하다. 제자리에 있는 것이 더 편안하게 느껴질 수 있지만, 극적인 변화의 세계에서는 이것이 오히려 허울뿐인 안정감일 수 있다. 일부 주주와 많은 직원들은 종종 위험을 회피하려 하며, 이는 재설계에 대한 저항으로 이어진다. 리더는 제자리에 있는 것이 더 위험할 수 있다는 것을 보여주어야 한다. 다시 말해, 재설계를 너무 오래 미루지 말라. 혁신기업이 여러분의 밥그릇을 빼앗아 먹을 수 있다!

재설계하기의 능력을 평가하라.

재설계를 얼마나 잘할 수 있는지 점검하라. 다음 질문 중 하나라도
"아니요"라고 대답하면, 어느 대목이든 재설계가 필요하다.

Q1. 여러분의 회사는 위험 감수(risk-taking)와 혁신을 장려하는가?

Q2. 회사에서 새로 시작되는 일이 대부분 고객 요청이나 문제와 연결
되어 있는가?

Q3. 항상 회사 밖에서 새로운 아이디어를 찾는가?

Q4. 경영진과 관리자들이 회사와 업계의 혼란에 대해 우려하고 있
는가?

Q5. 상당한 위험이나 비용 없이 신기술을 시험할 방법을 찾고 있
는가?

Q6. 지난 10년 동안 회사가 크게 변화했는가?

Q7. 서비스 모델을 업무 자동화와 디지털화 추세에 맞춰 변경했
는가?

Q8. 회사에서 기존 사고방식을 도전하는 사람의 아이디어를 경청하
고 그에게 자금을 지원하는가?

10장

시작하기
START

시작하기

맨 처음부터 시작해 보자. 시작하기에 아주 좋은 곳은…….
—오스카 해머스타인, 「사운드 오브 뮤직」

📣 어떻게 시작할까?

고객의 불편이 없는 조직이 되는 것은 분명 매력적인 과제이지만,
어디서부터 시작해야 할지 모를 수 있다. 회사 내의 고객의 불편에
대한 정보가 부족하여 겁이 날 수 있고, 데이터나 해결해야 할 문제
의 규모에 압도될 수도 있다. 혹은 이러한 문제들이 너무 시급하여
아홉 가지 단계를 모두 거쳐야 하는지 고민될 수도 있다.

그렇다면 어떻게 시작해야 할까? 먼저, 이전 장에서 정의한 모든
단계의 행동을 수행할 필요는 없다는 점을 고려해야 한다. 예를 들
어, 이미 훌륭한 디지털 서비스가 갖추어져 있거나, 고객의 불편의
근본 원인을 이미 많이 제거했을 수도 있다. 그럼에도 불구하고 이
해하기 행동부터 시작하는 것이 여전히 가치가 있다. 왜냐하면 조
직 내에 아직 잘 알려지지 않고 공유되지 않은 불편이 많을 수 있기
때문이다. 보통 기업 안에는 문제를 숨기는 그릇된 문화가 형성되

어 있음을 명심해야 한다. 이 책을 위해 여러 인터뷰를 진행했는데, 한 이사회 멤버는 이사회에 올라온 설문조사와 피드백 자료에 의미를 두지 않는다고 전했다. 자료가 편향적이고 현 경영진이 업무를 잘 수행하고 있는 것처럼 보이도록 설계되어 있기 때문이라고 했다. 또 다른 이사회 멤버는 제대로 된 고객 피드백 설문조사가 있음에도 문제 해결책을 찾는 데 이를 이용하지 않았고 결국 나쁜 결과가 빚어졌다고 전했다. 이해하기 행동은 이러한 문제를 해결하는 데 도움이 된다. 이를 통해 무엇을 바꿔야 하는지에 대한 회사 내 전반적인 인식 수준을 높이고, 고객의 불편이 없는 상태로 가는 나머지 단계들을 추진하는 모멘텀을 생성하기 때문이다. 마찬가지로, 다섯 가지 전략적 행동(제거하기, 디지털화하기, 레버리지, 사전 예방하기, 간소화하기) 중 하나에 전념하는 것도 모멘텀에 추진력을 추가할 수 있다.

이러한 전략적 행동이 더 신속하게 수행해야 한다면, 4-8주 내에 달성할 수 있는 **10단계**가 있다.

1. 소규모 팀과 함께 2-3주 동안 하나 또는 여러 채널로 들어온 고객 문의를 샘플링한다. 여러분은 몇백 개의 고객 문의만으로도 문의 원인과 관련해 많은 것을 배울 수 있고 기회를 찾을 수 있다.
2. 단위당 고객 문의 공식을 사용하여 작년의 고객 문의 규모를 확인한 뒤, 제품을 발송한 주문 건수나 총 활성 계정 수와 같은 특정 지표를 기준으로 올해 데이터와 비교해 본다. 단위당 고객 문의 데이터의 주별, 또는 연도별 흐름을 살펴 전체 수치가 증가(이는 고객의 불편 증가를 뜻한다)하는지 감소(고객의 불편 감소를 뜻한다)하는지 확인한다.
3. 여러 분야 임원들(이사회 멤버도 포함할 수도 있다)을 소집해 2시간 동

안 전화, 채팅, 기타 일선 직원의 고객 응대를 관찰하여 고객과 직원이 직면한 문제가 무엇인지 파악하도록 한다.

4. 컴플라이언스 팀이 일선 직원들에게 강제한 절차 가운데 고객에게 의미가 없는 것(예: 고객이 이해할 수도 없는 이용약관 읽기)를 선택한다. 그리고 이를 제거하거나 고객에게 정보를 전달할 다른 방법을 강구한다.

5. 고객이 짜증을 내는 주요한 사유 가운데 하나에 대해 자세한 근본 원인 분석을 수행하여 현 상황의 핵심을 파악한다. 프로세스와 제품을 만든 사람들을 포함하여 사내에서 적절한 사람들과 함께 이 작업을 수행한다. 주요 고객 문의 원인은 "요금청구서가 왜 잘못되었나요?" "환불해 준다고 했는데 어떻게 됐나요?" "왜 이것을 제게 보냈나요?" 등이 꼽힌다. '이시카와 피쉬본'를 사용하여 가능한 모든 근본 원인을 수집하고 '다섯 번의 왜'를 묻는다.

6. 모든 고위 임원과 관리자에게 회사의 셀프서비스 도구를 사용하도록 요청한다. 각자가 새 계정을 설정하고, 주문을 하고, 세부 정보를 변경하면서 고객으로서 체험하게 한다.

7. 하루짜리 워크숍을 열어 회사에서 가장 많이 사용되는 양식이나 프로세스를 단순하고 빠르게 만들어본다. 아마도 그것이 전혀 필요하지 않다는 것을 발견할 수도 있다.

8. 가장 널리 알려진 '평균' 고객 경험 지표(예: NPS, c-sat, CES)를 분석한다. 고객 상위 10%와 하위 10%를 따로 떼어내 이들에게 미친 영향을 연구한다.

9. 주요 고객 채널(예: 고객센터, 소매점, 앱, 웹 셀프서비스)을 담당하는 일선 직원의 서비스 수준과 일선 직원의 '평균적' 성과 지표(예: AHT,

ASA, FCR)에서 상위 또는 하위 10%를 따로 떼어내 비교해 본다. 서비스 수준의 경우, 매일 15분 간격으로 확인한다. '교통신호등 보고서(빨간색, 주황색, 녹색)'를 활용하여 고객 서비스가 잘 진행되는지 또는 그렇지 않은지 확인한다. 어떤 패턴이 나타나는지도 살펴본다.

10. 최고위급(C-레벨) 임원이 미스터리 쇼핑을 통해 판매 및 서비스 프로세스를 직접 경험하도록 한다.

1석 5조

이상의 열 가지 행동은 시작을 하는 데 도움이 되지만, 완전히 고객의 불편이 없는 상태가 되기 위해서는 더 많은 작업이 필요하다. 그리고 이는 그동안 보아왔듯 결코 쉬운 일이 아니다. 자세하고 통찰력 있는 분석, 임원진의 효과적인 후원, 부서 간 갈등 해결, 스마트한 설계, 지속적 이행이 필요하다. 그러나 그 노력은 가치가 있다. 모든 이해관계자들이 혜택을 얻기 때문이다. 다섯 쪽의 이해관계자들이 아래와 같이 모두 승리한다.

■ 고객. 더 적은 시간과 노력으로, 어려움 없이, 원하는 제품과 서비스를 얻는다.
■ 기업과 주주. 시스템 구축 및 서비스 비용이 낮아지고 평판과 수익률이 개선된다.
■ 경영진. 목적과 공동 목표를 통합함으로써 회사 전반에 걸쳐 고객의 불편이 줄어든다. 이는 새로운 기술, 새로운 제품 및 서비스, 인수 합병 등의 다른 변화에 대비하는 데 도움이 된다.
■ 고객을 응대하는 일선 직원과 다른 부서 직원. 고객 응대와 프로세스 개선에 있어 고객의 불편이 줄어든다. 이에 더 행복한 고객을 상대하고, 더 나은 서비스를 제공한다는 목표를 중심으로 단결할 수 있다.
■ 외부 규제 기관. 불만이 줄어들고, 업계 전반의 성과가 향상되며, 고객 체험이 개선되는 것을 볼 수 있다.

이 모든 승리는 너무 달콤하게 들려 현실이 아닌 것처럼 느껴진다. 하지만 고객의 불편에 지속적으로 대응해 성공한 기업들이 실제로 존재한다. 일부를 꼽아 보면 아마존, 애플, 블리자드 엔터테인먼트, 에오엔, 제트스타, **N26**, 레드햇, 테슬라, 트렉 바이크, 우버, 유나이티드 항공, 보다폰 그리고 제로 등이 있다. 우리는 고객의 불편이 없는 조직이 되는 것이 기업의 전략과 일상 운영의 핵심이 되어야 한다고 여러분이 깨닫기를 바란다. 더 나아가, 당신이 깨달았다면, 지금 시작하길 염원한다!

"어떤 일이 전혀 노력이 들어가지 않는 것처럼 보이게 하려면 엄청난 노력이 필요하다."
—스티븐 손드하임

머리말

1. 호주에서 열리는 최고 고객 책임자 포럼(Chief Customer Officer Forum)은 연사들의 발언을 공개하지 않는다.

서문 및 개요

1. 미국 고객 만족 지수(ACSI)는 미국 기업을 대상으로 한 고객 만족도 지표로서 가장 오래되었고 가장 자주 인용된다. https://www.theacsi.org /national-economic-indicator/us-overall-customer-satisfaction

2. https://www.statista.com/topics/2169/call-center-services-industry-in-the-us/

3. https://www.gravysolutions.io/post/customer-churn-rate-and-retention-top-25-stats-you-need-to-know

4. 역사학자 H. 토마스 존슨의 전체 인용문은 더욱 의미심장하다. "아마도 당신이 측정하는 것이 당신이 얻는 것일 것이다. 더 가능성 있는 것은, 당신이 측정하는 것이 당신이 얻는 전부일 것이다. 당신이 측정하지 않거나 할 수 없는 것은 모두 잃게 된다." 이 문장은 제임스 콘시딘의 「당신이 측정하는 것이 당신이 얻는 것인가?」에서 인용했다. https://www.isixsigma.com /community/blogs/what-you-

measure-what-you-get/

5. e-에스토니아 이야기는 다음을 참조. https://e-estonia.com/

6. https://watermarkconsult.net/blog/2019/01/14/customer-experience-roi-study

7. https://www.gravysolutions.io/post/customer-churn-rate-and-retention-top-25-stats-you-need-to-know

8. https://www.jsk-solutions.com/downloads/If%20you%20want%20to%20 be%20loved.pdf

9. 카세일즈닷컴(www.carsales.com)은 10개국에서 온라인 사이트를 운영하고 있다.

10. https://triumphpau.com/

11. https://www.theguardian.com/business/2019/mar/05/long-read-aldi-discount-supermarket-changed-britain-shopping

1장

1. https://isosystem.org/wp-content/uploads/ISO-10002.pdf

2. https://hbr.org/2007/10/the-institutional-yes

3. 표준 가정에 따르면, 100명의 상담원×하루 6.5시간×주 5일=3,250 처리 시간×시간당 60분=19만 5,000 연결 시간(분)÷각 고객 문의를 처리하는 데 6.25분=주당 3만 1,200건의 고객 대화가 이루어진다.

4. https://medium.com/@daviddacostamota/do-suporte-%C3%A0-experi%C3%AAncia-no-olx-portugal-986781703d1a

5. 저자 인터뷰.

6. 호주 라임브리지(Limebridge Australia)의 분석.

7. 호주 라임브리지의 분석.

2장

1. 저자 인터뷰.

2. 저자 인터뷰.

3. https://www.reuters.com/article/australia-banks-inquiry/australias-commonwealth-bank-ceo-says-narev-told-him-to-temper-sense-of-justice-idUS L4N1XV014

4. 호주 라임브리지의 분석.

3장

1. https://www.gravysolutions.io/post/customer-churn-rate-and-retention-top-25-stats-you-need-to-know

2. 저자 인터뷰.

3. https://www.jimcollins.com/concepts/bhag.html

4장

1. https://get.niceincontact.com/Q121-AI-Help-Cust-Help-Themselves-Infographic.html

2. https://www.forrester.com/blogs/your-customers-want-to-self-serve-its-good-for-them-and-good-for-you/

3. https://www.pymnts.com/news/retail/2021/80-of-consumers-interested-in-self-service-checkout-two-thirds-prefer-it/

4. 저자 인터뷰.

5. https://www.xero.com/us/

6. 메달리아(Medallia) 웨비나(webinar, 인터넷상의 세미나), 2021년 2월.

7. 저자 인터뷰.

8. https://www.blizzard.com/en-us/company/about/

9. 저자 인터뷰.

10. https://www.redhat.com/en

11. https://asponline.com/redhat-2019-asp-top-ten-winner/

12. ASP community awards webinar 2020.

13. "사람마다 상황도, 필요한 것도 제각각이다."(www.google.com)

14. https://www.nngroup.com/books/15. https://www.iso.org/standard/52172.html

15. https://www.iso.org/standard/52172.html

5장

1. https://www.aihw.gov.au/reports/cancer-screening/national-bowel-cancer-screening-monitoring-2020/contents/summary

2. https://www.health.gov.au/initiatives-and-programs/breastscreen-australia-program

3. https://electrek.co/2017/09/09/tesla-extends-range-vehicles-for-free-in-florida-escape-hurricane-irma/

4. https://www.cnbc.com/2021/01/29/tesla-service-now-includes-collision-repairs.html

5. 호주 라임브리지의 분석.

6. https://hbr.org/2004/07/staple-yourself-to-an-order

7. 드리바 솔루션(Driva Solutions) analysis.

8. https://www.vulture.com/2013/04/timing-is-everything-the-comedy-of-bob-hope.html

6장

1. https://www.smithsonianmag.com/arts-culture/a-nike-shoe-now-a-part-of-the-smithsonian-4378596/

2. https://www.penguinrandomhouse.com/books/574956/a-complaint-is-a-gift-by-janelle-barlow-and-claus-mller/

3. https://www.1stfinancialtraining.com/Newsletters/trainerstoolkit1Q2009.pdf

4. https://www.customerthermometer.com/customer-surveys/survey-fatigue-statistics/

7장

1. 얀 칼슨(Jan Carlzon) 전 SAS 회장이 만든 용어이다. 다음에 요약되어 있다. https://pdf-2516.firebaseapp.com/moments-of-truth-by-jan-carlzon.pdf

2. 고객 가치를 분석하고 적절하게 그룹을 묶어내는 일은 별도의 마케팅 전략으로, 필립 코틀러의 저서 등이 다루고 있다. 다음을 참고하라. https:// www.pkotler.org/books

8장

1. 저자 인터뷰.

2. 저자 인터뷰.

3. 저자 인터뷰.

4. 저자 인터뷰.

5. 저자 인터뷰.

6. https://learn.redhat.com/

9장

1. https://www.amazon.com/innovators-Dilemma-Technologies-

Management-Innovation-ebook/dp/B012BLTM6I/ref=sr_1_1?crid=3VQHOO
CW2HZP7&dchild=1&keywords=innovators+dilemma&qid=1632616206&spr
efix =innovato%2Caps%2C314&sr=8-1

2. 빌 프라이스가 아마존의 첫 번째 글로벌 고객 서비스 부사장으로서 "J-팀"에서 근
무한 경험에서 비롯된 것이다.

3. http://strategictoolkits.com/strategic-concepts/s-curve/

4. 짐 콜린스, 『거인은 어떻게 쓰러지는가(How the Mighty Fall)』, 2009, https://www.
amazon.com/How-Mighty-Fall-Jim-Collins/dp/1847940420/ref=tmm_hrd_
swatch_0?_encoding=UTF8 &qid=1632616379&sr=8-1

5. https://inceptlabs.com.au/

6. '고객 서비스 재발명', 매튜 딕슨(Matthew Dixon), 《하버드 비즈니스 리뷰》, 2018
11-12월호. https:// hbr.org/2018/11/reinventing-customer-service

7. https://customer.guru/net-promoter-score/tesla-motors

8. 「이제 소프트웨어 엔지니어가 당신의 차를 고칠 것입니다」도 참조. https://www.
ft.com/content/bc813976-4fea-4ac3-afb8-4cd4eee0d462

9. https://www.forbes.com/sites/alexkonrad/2019/04/19/zoom-zoom-zoom-
the-exclusive-inside-story-of-the-new-billionaire-behind-techs-hottest-
ipo/?sh =24b2dc544af1

10. 아마존의 창립자는 1999년 주주 서한에서 "나는 직원들에게 항상 두려워하라고,
매일 아침 공포에 질려 일어나라고 한다"라고 썼다. 그는 이어 "우리의 고객들이 우
리 사업을 현재의 모습으로 만들었다"며 "우리는 그들이 우리에게 충성한다고 생
각한다. 하지만 그 충성심은 누군가가 더 나은 서비스를 제공하는 순간에 사라진
다"고 덧붙였다. https://www.cnbc.com/2018/08/28/why-jeff-bezos-wants-
amazon-employees-to-wake-up-terrified.html

C-레벨(C-level): 'chief'로 시작하는 직급의 고위 임원. 최고경영자(CEO)를 시작
　　으로 최고운영책임자(COO), 최고재무책임자(CFO), 최고정보책임자(CIO),
　　최고고객책임자(CCO) 등을 포함하는 모든 고위 임원을 지칭한다.

TEX: 미국 티모바일(T-Mobile USA)의 전문가 팀. 동일한 지역에서 동일한 고객
　　을 지원하는 다양한 기술을 가진 상담원 그룹이다.

가치-짜증 매트릭스(V-I Matrix, value-irritant matrix): 필자인 빌 프라이스와 데이
　　비드 재프의 동료인 피터 메시(Peter Massey)가 개발한 2×2 평가 기법. 고
　　객과 기업에게 가치가 있거나 짜증나게 하는지 여부에 따라 문의 원인을 분
　　류한다. 제거(Eliminate) 사분면은 고객과 조직 모두를 짜증나게 하는 문의,
　　레버리지(Leverage) 사분면은 양쪽 모두에게 가치가 있는 문의, 디지털화
　　(Digitize) 사분면은 고객에게만 가치 있는 문의, 간소화(Streamline) 사분면
　　은 조직에게만 가치 있는 문의를 포함한다.

거래별 순 고객 추천 점수(tNPS, transactional NPS): 순 고객 추천 점수(NPS)와 동
　　일한 11점 척도를 사용하지만, 설문 요청 직전에 이루어진 상호작용에 초점
　　을 맞춘다.

검색 결과 없음(null search): 고객이 검색 창에서 정보를 얻으려고 시도했으나 답이 없어 고객의 필요가 충족되지 않는 상황을 일컫는다.

고객 경험(customer experience, CX): 기업의 제품, 기업과 진행하는 프로세스에 대한 고객의 반응과 응답. 고객 경험 개선은 가격이나 제품보다 더 중요한 기업의 최우선 목표로 여겨진다.

고객 노력 점수(customer effort score/customer effort, CES): 고객이 기업의 제품 및 서비스를 사용하는 데 투자해야 하는 시간과 에너지. 고객 노력 점수는 보통 5점 또는 7점 척도로 측정되지만, 정의는 기업에 따라 다를 수 있다.

고객 대 고객(customer-to-customer, C2C): 고객이 다른 고객을 돕거나 조언을 주는 상호작용. 공유 도움말 사이트, 블로그 및 포럼이 포함된다.

고객 생애 가치(customer lifetime value, CLV): 회사가 특정 고객과 관계를 맺는 기간 전체에서 얻을 수 있는 총 수익과 이익을 계산하는 과정.

고객 여정 맵핑(customer journey mapping): 고객이 회원 가입이나 회원 등급 상향과 같이 복잡하거나 중요한 프로세스를 완료하는 데 필요한 단계를 주석으로 문서화한 것. 고객에게 프로세스의 복잡성과 고통 유발 지점에 대해 교육하는 데 사용된다. 진실의 순간(moments of truth)이라고 강조한 핵심 단계가 들어 있을 수 있다.

고객의 소리(voice of customer, VOC): 고객이 기업에 직접 문의하거나 설문조사와 연구를 통해 간접적으로 전달한 내용을 듣는 기술과 과학.

고객이 말하고 있는 것(what our customers are saying, WOCAS): 초기 아마존 프로세스로, 고객과 정기적으로 상호작용하는 최일선 직원들로부터 고객의 소리(VOC)를 수집해서 얻는다.

공격 팀(attack squads): 고객 불만의 근본 원인을 분석하거나, 근본 원인에 대응(공격)할 수 있는 솔루션을 마련하는 팀. 보통 '기능 조직' 소속 직원과 기술 또는 IT 전문가로 구성된다.

공동 브라우징(co-browsing): 최일선 상담원과 고객이 동시에 고객용 화면이나 다른 공유된 화면을 볼 수 있는 기능으로, 상담원이 문제를 진단하고 고객을 안내할 수 있게 한다.

공통점 찾기(look for common): 고객 문의의 다양한 원인에 대한 동일한 근본 원인을 찾아 활용하는 것. 기업이 이러한 공통의 근본 원인에 대한 솔루션을 구현한다면 여러 문의 원인을 한꺼번에 해결할 수 있는 승수 효과를 볼 수 있다.

구조적 분석(structured analytics): 고객 문의의 원인, 키워드, 검색의 범주 등 사전에 정의해 놓은 목록을 바탕으로 저장된 통화, 수집된 텍스트, 기타 상호작용 기록의 데이터를 분석하는 기법. 비구조적 분석(unstructured analytics) 항목 참조.

근본 원인 분석(root cause analysis, RCA): 고객 문의의 근본적인 원인을 분석하는 과정. 이시카와의 피쉬본(fishbone diagram)과 다섯 번의 왜(five whys)와 같은 기법을 사용한다.

기계학습(machine learning, ML): 인공지능의 한 분야로, 시스템이 데이터로부터 학습하고 패턴을 식별하며 최소한의 인간 개입으로 결정을 내릴 수 있도록 한다.

기술 기반 라우팅(skills-based routing, SBR): 최일선 직원을 역량이나 기술에 따라 그룹으로 나누고, 고객의 특정 요구에 따라 해당 그룹에 연결하는 인력 관리 기법.

다섯 번의 왜(five whys): 1930년대 일본에서 도요타의 창립자가 개발한 근본 원인 분석 과정. 근본 원인에 도달하기 위해 연속적으로 다섯 번의 '왜' 질문을 요구한다.

다운그레이드 또는 다운셀링(downgrading or down-selling): 고객의 필요에 더욱 잘 들어맞는 저가 제품이나 계획으로 옮겨주는 적정화(rightsizing)의 한 형태.

단계형 서비스 모델(tiered service models): 고객 문의를 복잡성의 수준에 따라 근속 연수나 교육 정도로 구분된 상담원 그룹에 배정해 처리하는 모델. 문의의 복잡성을 상담원의 근속 연수와 매칭시키는 것을 목표로 한다. 예를 들어, 1단계 신규 상담원은 일상적이거나 간단한 고객 문의를 처리하고, 2단계 경험 많은 상담원은 더 복잡한 문의를 처리하도록 배정된다.

단위당 고객 문의(contacts per X, CPX): 기업의 지원을 받은 고객 문의 수를 비즈니스 규모 또는 성장의 주요 지표(이를테면 주문이나 계정)로 나눈 수치. 예를 들어, 14의 주문당 고객 문의(contacts per order, CPO)는 주문 100개당 상담원이 14개의 고객 문의를 처리했음을 뜻한다. CPX의 C는 '비용(cost)'을 의미할 수도 있다.

데이터 통합(joined up): 모든 고객 정보와 상호작용 데이터를 모든 채널에서 동시에 사용할 수 있도록 하는 것. 이들 데이터를 각각 따로 쌓아두거나 운영하면 고객은 혼란과 함께 불만이 커질 수 있다.

데이터 호수(data lake): 분석을 기다리고 있는 넓은 범위의 원천 데이터 또는 입력값.

디자인 사고(design thinking): 사용자 요구에 초점을 둔, 상호작용적이며 솔루션에 기반한 프로세스.

디지털 네이티브(digital native): 온라인에만 존재하거나 1990년대 후반 인터넷이 상업적으로 유용해진 이후에 시작된 기업.

디지털화(digitization): 웹사이트, 봇, 모바일 애플리케이션과 같은 디지털 기술을 사용하여 프로세스와 상호작용을 자동화하고 개선하는 것.

따뜻한 연결(warm transfer): 최일선 직원이 고객을 다른 직원에게 연결해 줄 때 해당 고객과 함께 있어 주는 일을 일컫는다. 차가운 연결(cold transfer)은 직원이 고객을 다른 대기줄로 넘기고 전화를 끊는 경우를 말한다.

로봇 프로세스 자동화(robotic process automation, RPA): 비즈니스 프로세스를 자동화하는 기술의 응용(예: 이메일에 대한 자동 응답, 양식에서 시스템으로 데이터를 전환하는 프로세스).

머리털이 곤두설 정도로 크고 대담한 목표(big hairy audacious goal, BHAG): 짐 콜린스(『좋은 기업을 넘어 위대한 기업으로』의 저자)가 기업에게 도전적으로 설정할 것을 권한 야심찬 목표. 소소한 개선이 아닌, 사고를 확장하고 예상보다 더 많은 성과를 달성하기 위해서는 이런 목표가 있어야 한다고 주장한다.

멀티채널(multichannel): 여러 상호작용 메커니즘(예: 콜센터 및 디지털 포럼)을 통해 제품 판매 및 서비스 제공 등을 할 수 있는 능력으로, 채널 간 통합은 제한적이다. 옴니채널(omnichannel) 항목 참조.

멍청한 문의(dumb contact): 기본적인 실수, 혼동, 제품 결함으로 인해 발생하는 불필요하거나 원치 않는 고객 문의. 필자인 빌 프라이스가 사용하는 용어.

문의 성향(propensity to contact, PTC): 서로 다른 지리적 위치나 인구 통계를 가진 고객이 같은 원인으로 지원을 위해 기업에 문의하는 경향.

문의 원인(reason): 고객 또는 잠재 고객이 기업에 문의한 원인으로, 질문을 하거나 지원을 요청하거나 불만을 표현하기 위해 이뤄진다. 때때로 고객 문의 원인(contact reason) 또는 고객 문의 원인 코드라고도 불리며, 보통 고객 문의 초기에 황금의 30초(golden 30 seconds) 이내에 표현된다.

미 투 비즈니스(Me2B): 고객이 기업과의 관계를 주도하여, 원하는 제품과 서비스를 결정하는 모델. 고객은 자신이 지불할 가격과 상호작용 방식도 결정한다. 필자인 빌 프라이스와 데이비드 재프가 2015년에 출간한 『당신의 고객이 결정한다!(*Your Customer Rules!*)』에서 설명한 비즈니스 모델.

미국 고객 만족 지수(American Customer Satisfaction Index, ACSI): 미국에서 매달 10만 명 이상의 고객을 대상으로 한 전국적인 설문조사. 50개 이상의 산업에 걸쳐 기업에 대한 고객의 태도를 평가하는 기준으로 사용되고 있으며, 미국에서 가장 많이 인용되는 비즈니스 고객 만족도 조사이다.

발신자 번호 식별(caller line identification, CLI): 발신자의 전화번호를 식별하여 표시하거나 이를 사용하여 고객 데이터를 조회할 수 있게 하는 기술. 상담원이 고객에게 기본 정보를 묻지 않아도 되도록 한다. 미국에서는 자동 번호 식별(ANI)로 알려져 있다. 화면 팝업에도 사용된다.

봇(bot): 로봇의 약자로, 자동화되고 반복적이며 사전에 정의된 작업을 수행하는 소프트웨어 프로그램으로, 인간보다 더 빠르게 작업을 수행할 수 있다. 챗봇(chatbot) 및 로봇 프로세스 자동화(RPA) 항목 참조.

불평 성향(propensity to complain): 서로 다른 지리적 위치나 인구 통계에 따라 고객이 같은 원인에 대해 서로 다른 빈도로 불만을 표현하는 경향. 연구에 따르면, 불평 성향은 지역이나 국가에 따라 다섯 배까지 차이가 날 수 있다.

비구조적 분석(unstructured analytics): 데이터 전체를 대상으로 해서 고객 문의의 원인, 키워드 또는 기타 테마를 만들어 내는 분석. 구조적 분석(structured analytics) 항목 참고.

비동기 메시징(asynchronous messaging): 양쪽 당사자가 동시에 활동할 필요 없이 문의할 수 있는 메시징 플랫폼. 예를 들어, 사용자 A가 메시지를 보내고 다른 무관한 작업을 계속할 수 있으며, 응답자는 나중에 답장할 수 있다. 웹 채팅, 문자 메시지, 소셜 미디어 메시지의 일반적인 방식이다.

비즈니스 프로세스 아웃소서(business process outsourcer, BPO): 고객과의 상호작용의 일부 또는 전체를 담당하는 제3자 회사. 일부는 전화, 채팅, 이메일과 같은 고객 문의를 처리하고, 다른 일부는 클레임 처리나 데이터 입력과 같은 프로세스를 관리한다. 그냥 아웃소서(outsourcer)라고도 한다.

비지원 채널(unassisted channel): 봇이나 프로그램(예: IVR, 앱, 포털, 키오스크 등) 이 고객 또는 잠재 고객과 직접 상호작용하는 문의 메커니즘. 지원 채널 (assisted channel) 항목 참고.

빅데이터(big data): 인간 행동을 분석하는 데 사용되는 매우 큰 데이터 세트. 고객에 대한 빅데이터 세트는 모든 상호작용, 구매 및 행동을 포함하기에 향후 구매 가능성과 같은 미래 행동을 예측하는 데 사용될 수 있다.

서비스 등급(grade of service, GOS): 미리 정한 시간 안에 응답이 이뤄진 고객 문의의 비율을 측정하는 데 사용된다(예: 30초 내에 80% 응답). 서비스 수준 (service level) 항목 참조.

서비스 수준(service level): 응답 또는 작업 완료 속도를 측정하는 기준(예: X초 내에 응답된 전화의 비율, Y시간 내에 이메일 응답, 도착 후 Z일 내에 처리된 양식). 서비스 등급(GOS)이라고도 한다.

서비스를 통한 판매(sales through service, STS): 고객에게 서비스를 제공하는 와중에 최일선 직원이 새로운 제품이나 서비스를 제안하도록 장려하는 전략. 교차 판매 및 상향 판매(upselling)라고도 하며, '서비스에서 판매로(service to sales)'라고도 한다.

서비스형 소프트웨어(Software as a Service, SaaS): 클라우드 기반 소프트웨어 제공 방식으로, 최종 사용자와 고객이 인터넷을 통해 코드와 데이터에 접근할 수 있게 한다.

서비스형 플랫폼(Platform as a Service, PaaS): 인터넷을 통해 사용자에게 하드웨어 및 소프트웨어 도구를 공급하는 제3의 서비스 제공자.

설문조사 피로(survey fatigue): 너무 많은 설문조사를 보내거나 너무 많은 정보를 요청한 결과, 시간이 지남에 따라 고객 설문조사 응답률이 감소하는 현상.

수평적 사고(lateral thinking): 에드워드 드보노(Edward de Bono)가 제시한 개념으로, '선을 벗어나는' 비논리적인 단계를 따르거나 서로 다른 아이디어를 활용하여 솔루션을 찾는 것.

순 고객 추천 점수(net promoter score, NPS): 프레드 라이켈트(Fred Reichheld)가 『궁극의 질문(*The Ultimate Question*)』에서 정의한 설문 기법으로, 기업에 대한 고객 충성도를 측정하는 지표로 사용된다. 고객에게 기업을 타인에게 추천할 가능성을 11점 척도로 묻는다. 9점 또는 10점을 준 사람을 추천자로, 0점에서 6점을 준 사람을 비방자(detractor)로 계산한다. 추천자 점수에서 비방자 점수를 빼서 -100~+100 사이의 수치를 산출한다.

스노우볼(snowball): 필자인 빌 프라이스의 용어로, 반복 문의를 나타낸다. 문의가 추가로 더해지면 눈덩이처럼 불어난다. 스노우볼 비율은 해결된 고객 문의 또는 최초 문의 해결(FCR)을 보완한다.

스마트 라우팅(smart routing): 기술 기반 라우팅(SBR) 항목 참조.

스카이라인(skyline): 아마존에서 개발한 보고서로, 고객의 문의 원인의 코드별 비율 및 이와 관련된 활동 기반 비용 산출을 보여준다. 현재는 후속 비용, 책임자, 목표 고객 경험 지표까지 포함하고 있다.

시각화(visualization): 진일보한 보고서 작성 역량. 여러 디스플레이 옵션, 세부 분석, 가상 시나리오, 기타 의사 결정에 필요한 통찰력을 포함하고 있다.

실시간 음성 분석(real-time speech analytics): 대화를 발생하는 즉시 해석하는 인공지능 유형. 상담원의 라이브 대화를 모니터링하거나 음성 기반 요청과 데이터를 수락하는 데 사용될 수 있다(예: 아마존의 알렉사, 애플의 시리).

심각한 비방자(deep detractors): 순 고객 추천 점수(NPS)에서 가장 낮은 0, +1, +2의 점수를 준 고객들. 추천 점수가 낮은 비방자(11점 만점에 0에서 +6점을 준 고객) 중에서 하위 집단이다. 불만의 수위가 심각해 특별한 주의가 필요한 고객을 나타낸다.

아웃소서(outsourcer): 특정 서비스를 제공하기 위해 계약을 맺은 제3자 회사. 비즈니스 프로세스 아웃소서(BPO)라고도 한다.

애자일(agile): 프로젝트 관리와 소프트웨어 개발에 대한 반복적인 접근 방식으로, 작은 단위(스프린트라고 함)로 작업을 전달한다. 최소 기능 제품의 개념을 포함할 수 있다.

양방향 문자 메시징(two-way text messaging): 기업이나 고객이 문자 메시지나 SMS 기능을 사용하여 응답하고 대화를 나눌 수 있는 능력. 일방향 문자 메시징은 고객이 응답할 수 없는 정보 제공에 불과하다.

억제율(containment rate): 고객이 비지원 채널을 사용한 뒤 더 이상 지원을 요구하지 않는 비율(즉, 셀프서비스로 해결된 비율).

예측 분석(predictive analytics): 입력된 데이터를 수집, 정렬, 테스트하여 미래에 일어날 일에 대한 예측을 하는 분석. 고객이 다음에 무엇을 할지(이를테면, 어떤 고객이 계약을 갱신하지 않을지) 등을 예측한다.

옴니채널(omnichannel): 고객 채널이 완전히 통합되어, 고객이 한 채널에서 상호 작용을 시작하고 다른 채널에서 완료하는 등 채널 간을 원활하게 이동할 수 있는 환경.

외부 최우수 사례(outside best practices, OBP): 필자인 빌 프라이스가 제안한 기법으로, 해당 산업에서 최고 수준의 운영 사례를 특정 기업의 현재 운영과 비교 분석하는 것.

위키(Wiki): 원래 수많은 전문가들이 콘텐츠를 크라우드소싱하기 위해 설계된 온라인 게시 도구로, 위키피디아(Wikipedia)를 포함한다.

음성 분석(speech analytics): 저장된 통화에 구조적 분석(structured analytics) 또는 비구조적 분석(unstructured analytics)을 적용해 고객 통화의 원인, 고객 감정 및 만족도를 살피는 과정. 텍스트 분석(text analytics) 항목 참조.

이탈률(churn): 기업의 고객 이탈 비율로, 모든 고객 중 일정 기간(월간 또는 연간) 동안 이탈한 비율로 표현된다. 때때로 감소(attrition)라고도 한다.

인공지능(artificial intelligence, AI): 컴퓨터가 이전에 인간 지능이 수행하던 복잡한 작업을 수행할 수 있는 컴퓨터 과학 분야. 이를테면 인공지능에는 시각 인식, 음성 인식, 의사 결정, 번역이 포함된다. 종종 기계학습과 연관된다.

인터랙티브 음성 응답 시스템(interactive voice-response system, IVR): 고객이 숫자를 입력하거나 말을 해서 메뉴 옵션을 탐색하거나 계정 잔액 또는 주문 상태와 같은 자동화된 정보를 얻을 수 있도록 하는 전화 기반 시스템.

자동 번호 식별(automatic number identification, ANI): 발신자의 전화번호를 식별하는 기술을 미국에서 일컫는 말. 번호를 표시하거나 고객 데이터를 조회하는 데 사용돼 상담원이 발신자의 기본 정보를 묻지 않아도 된다. 이를 통해 데이터 입력 없이 고객 정보를 화면에 표시할 수 있다(국제적으로는 발신자 번호 식별(CLI)로 알려져 있다).

자동 팝업(autopop(ulate)): 화면 팝업(screen pop) 항목 참조.

적정화(rightsizing): 고객의 요구에 가장 적합한 제품이나 서비스를 매칭하는 것.

전사적 문제(whole-of-business problem): 고객 관련 이슈와 문의 원인이 모든 부서 임원과 최고경영자 또는 MD의 주의와 자원을 필요로 한다는 점을 인식하는 일. 고객 서비스가 모든 문제를 해결할 수 있다는 전통적인 주장을 반박한다.

조용한 불만 고객(silent sufferer): 다른 고객들이 질문을 하거나 지원을 요청하거나 불만을 표현할 때, 기업에 문의하지 않는 고객들.

증강 에이전트 솔루션(augmented agent solution): 고객과 상호작용 중에 최일선 상담원에게 실시간으로 권장 사항을 제공하는 소프트웨어(이를테면 대화의 다음 진행 방향이나 고객에게 내놓을 그 다음 최적의 제안을 제공한다). 보통 실시간 음성 분석에 의존하여 대화를 해석한다.

지원 채널(assisted channel): 소프트웨어나 챗봇이 아닌 실제 사람이 잠재 고객이나 고객과 직접 상호작용하는 채널. 비지원 채널(unassisted channel)의 반대이다. 인바운드 전화, 이메일, 채팅, 소셜 미디어, 지점 또는 상점이 포함된다. 최일선 직원(frontline agent)이 담당한다.

진실의 순간(moments of truth): 고객의 최종 성패를 좌우하는 갈림길이 되는 지점.

채널(channel): 고객이 기업과 거래하는 데 사용하는 문의 수단. 인바운드 전화, 이메일, 채팅, 지점 또는 상점, 소셜 미디어와 같은 지원 채널(assisted channel)뿐만 아니라 모바일 앱, 웹 포털, 챗봇, 인터랙티브 음성 응답 시스템(IVR)과 같은 비지원 채널(unassisted channel)이 포함된다.

채택률(take-up rate): 동일한 원인을 두고 기업의 지원을 받아 해결한 것에 대해 고객 스스로 해결한 사례의 비율.

책임자(owner): 고객이 문의하게 만든 원인을 제공한 기능을 담당하거나, 고객이 문의한 원인에 대한 해결책을 찾을 위치에 있는 부서의 고위 임원 또는 부서장. 원인 책임자(reason owner)라고도 한다.

챗봇(chatbot): 인공지능 기반 자동 상호작용 도구로, 보통 기업이 자신의 웹사이트에서 일상적 질의에 대답하고자 제공한다. 봇 항목 참조.

총 소유 비용(total cost of ownership, TCO): 기업의 관점에서 기술의 전체 비용을 의미하며, 초기 구매 비용, 구현 비용, 사용 비용, 운영 비용을 포함한다.

총괄 관리자(General Manager, GM): 대기업 내에서 손익을 책임지는 임원. 일부 국가에서는 모든 경영을 책임지는 최고경영자를 일컫기도 한다.

최고의 서비스(Best Service): 빌 프라이스와 데이비드 재프의 첫 번째 책 『베스트 서비스 노 서비스』의 핵심 개념. 고객은 지원이나 도움을 원해 기업에 문의하는 경우가 거의 없다고 필자들은 주장한다. 오직 실망, 혼란, 부서진 제품 때문에 어쩔 수 없이 기업에 문의하게 된다는 것이다.

최소 기능 제품(minimum viable product, MVP): 제품 또는 소프트웨어 개발 방법론의 하나. 시장에 빠르게 출시하고 고객 피드백을 받아 제품을 개선하기 위해 의도적으로 제한된 형태로 제품이나 서비스를 출시한다.

최우선 과제 관리(top-issues management): 핵심이 되는 이슈나 고객 문의의 원인을 관리하고 그 흐름과 영향을 분석하는 과정.

최일선 직원(frontline agent): 전화, 이메일, 채팅, 소셜 미디어, 지점 또는 상점에서 잠재 고객이나 고객과 직접 상호작용하는 직원.

최종 접촉 벤치마킹(last-contact benchmarking): 고객이 해당 기업에서 얻은 경험을 최근에 겪은 최고의 유사한 경험과 비교하는 것. 필자인 빌 프라이스의 용어.

최초 문의 해결(first-contact resolution, FCR): 고객이 후속 조치를 취하거나 상담원이 고객에게 후속 조치를 취하지 않고 해결된 고객 문의의 비율. 상호작용 과정에서 직원 사이의 전환을 포함할 수 있다.

클릭 앤 콜렉트(click and collect): 온라인으로 주문하고 지정된 소매점에서 구매한 물품을 받아가는 과정.

테스트 앤 런(test and learn): 여러 옵션이나 솔루션을 파일럿 테스트하고 결과를 수집하여 학습한 것을 적용하는 반복적인 과정.

텍스트 분석(text analytics): 모든 수집된 텍스트에 구조적 분석 또는 비구조적 분석을 적용하는 능력. 이들 텍스트에는 이메일, 채팅, 소셜 미디어 텍스트, 주관식 질문에 대한 응답, 상담원 메모 및 음성을 텍스트로 변환한 것 등이 포함된다. 고객 감정, 만족도, 문의 원인을 평가하는 데 사용된다. 음성 분석 항목 참조.

페르소나(persona): 유사한 요구나 인구 통계를 공유하여 쉽게 식별할 수 있도록 사전에 정의된 고객 세그먼트(예: 빈 둥지 증후군족, 판타지 독자, 그레이 노마드, 열성적인 러너).

페이지 상단(above the fold): 고객이 나머지 부분을 보려고 스크롤하지 않고도 웹사이트의 홈페이지에서 볼 수 있는 부분. 고객이 자신의 계정과 도움말 페이지에 접근하기 편한 위치이다.

평균 처리 시간(average handle time, AHT): 최일선 직원이 상호작용을 완료하는 데 걸리는 시간으로, 초 또는 분 단위로 표현된다. 보통 직원이 다음 문의를 받기 전에 수행하는 통화 후 작업(after-call work, ACW)은 제외된다.

품질 보증(quality assurance, QA): 기업이 고객 문의를 대하는 태도, 프로세스와 같은 기준을 사용해 최일선 직원을 평가하는 과정. 보통 코칭 및 개발 프로그램의 일환으로 제한된 수의 과거 상호작용을 샘플링하는 것을 포함한다.

피쉬본(fishbone diagram): 특정 사건의 잠재적 원인을 보여주고 가능한 원인을 구조적으로 분해할 수 있게 하는 카오루 이시카와가 만든 인과 다이어그램. 근본 원인 분석을 수행하는 데 사용된다.

함께 하기(do it with me, DIWM): 최일선 직원이 웹 기반 양식 작성과 같이 고객 스스로 해야 할 일의 일부를 함께 수행해 주는 것. 공동 브라우징과 관련이 있다.

핵심 성과 지표(key performance indicators, KPIs): 원하는 결과를 이끌어 내기 위해 사용하는 측정 기준. 관리자 또는 직원의 성과 점수 카드에 사용되며, 비즈니스 프로세스 아웃소서(BPO)와 맺는 계약의 요건에도 들어간다.

허브 앤 스포크 모델(hub-and-spoke model): 중심 허브에 네트워크로 연결된 작은 근무처에 최일선 직원을 배치하는 모델. 이를 통해 직원의 출퇴근 시간을 줄이고 임대료를 낮출 수 있다.

화면 팝업(screen pop): 고객의 기록이나 세부 정보가 상담원에게 표시되는 시스템. 자동 번호 식별 또는 발신자 번호 식별을 사용한다. 고객이 전화할 때 상담원이 고객의 세부 정보를 물어볼 필요가 없도록 한다. 자동 팝업이라고도 한다.

황금의 30초(golden 30 seconds): 고객이 전화 통화를 시작할 때 내놓은 말, 채팅의 첫 부분, 고객이 보내온 이메일 메시지 제목 등을 일컫는다. 이는 고객이 직면한 문제의 핵심을 빠르게 전달한다. 필자인 빌 프라이스가 정의한 용어.

후속 비용(downstream cost): 고객의 문의를 받은 후 프로세스를 완료하거나 고객에게 보상하는 데 필요한 모든 작업 및 비용. 이를테면 환불, 기술자의 직접 방문, 할인권 발송 등이 여기에 포함된다.

먼저, 우리는 회의와 컨퍼런스에서 기억에 남는 많은 시간을 함께 보냈고, 고객 프로젝트에서 함께 일한 라임브리지(LimeBridge) 글로벌 파트너십에게 감사의 뜻을 전한다. 프랑스와 싱가포르 액티베오(Activeo)의 조셉 코르트(Joseph Kort), 인도 켈틱스(Celtycs)의 엠디 라마스와미(MD Ramaswami), 일본 이파트너스(e-partners)의 오사무 타니구치(Osamu Taniguchi), 영국 버드(Budd)의 피터 매시(Peter Massey), 호주 라임브리지의 피터 모리슨(Peter Morrison), 독일 와카스(WOCAS)의 스테판 푸커(Stephan Pucker)가 그들이다. 특히 2장에서 언급된 V-I 프레임워크의 원창자인 피터 매시(Peter Massey)에게 특별한 감사를 드린다. 이 프레임워크는 이 책의 많은 부분에 영감을 주었다.

지난 20년 동안 매출 발생 이전의 작은 기업에서부터 글로벌 거대 기업에 이르기까지, 우리는 컨설턴트로서 멋진 고객과 환상적인 동료들과 함께 일할 수 있는 행운을 누렸다. 이러한 고객들은 우리에게 영감을 주었고, 항상 고객과 고객의 불편이 없는 조직을 설계하도록 격려해 주었다.

특히 빌 프라이스는 보다폰의 애나 파라쉬보이우(Ana Paraschivoiu), 안토니오 베이가(Antonio Veiga), 에머 에르군(Emre Ergun), 에브림 오즈커드(Evrim Ozkurt), 킴 힐츠(Kim Hiltz)에게 감사의 뜻을 전한다. 케이블원(Cable One)의 칩 맥도날드(Chip McDonald), 포르투갈 오엘엑스(OLX)의 다비드 다 코스타 모타(David da Costa Mota), 코스트코의 레아 모니카(Leah Monica), 트렉 바이크의 로리 코흐(Laurie Koch), 유디알(UDR)의 스캇 웨슨(Scott Wesson), 블리자드 엔터테인먼트의 토드 파울로프스키(Todd Pawlowski)에게도 감사드린다.

데이비드 재프는 우리의 가장 오랜 고객인 에이지엘(AGL)의 안토니 싱클레어(Anthony Sinclair), 비티 파이낸셜(BT Financial)의 샤린 베이커(Sharyn Baker), 링크서비스(Link Services)의 케리 크로울리(Kerry Crowley), 도메인(Domain)의 앤드루 포터(Andrew Porter), 닙 그룹(nib Group)의 맷 패터슨(Matt Paterson)에게 감사드린다. 이들 중 일부는 여러 번 고객으로 함께 했다.

또한 고객에게 불편 없는 경험을 제공한 이야기를 공유해 준 고객 지원 임원인 뉴질랜드 티모바일의 앤토니 웰톤(Antony Welton), 유나이티드 항공의 브라이언 스톨러(Bryan Stoller), N26의 카르멘 베이스너(Carmen Beissner), 베스트바이(BestBuy)의 데이비드 니가드(David Nygaard), 에어비앤비의 데지레 매디슨-빅스(Desiree Madison-Biggs), 포티브(Fortive)의 할베이 트래거(Harvey Trager), 에오엔(E.ON)의 크리스티나 로디크(Kristina Rodig), 레드햇(Red Hat)의 메건 존스(Megan Jones)와 테드 미첼(Ted Mitchell), 스위스콤(Swisscom)의 멜라니 셰퍼 브레커(Melanie Schefer Bräker), 유나이티드헬스케어(UnitedHealthcare)의 미카엘 베이커(Michael Baker), 우버의 트로이 스티븐슨(Troy Stevenson)에게도 감사드린다.

우리의 컨설팅 동료들이 가진 깊은 전문 지식이 없었다면 클라이언트에게 우리의 컨설팅 결과를 내놓을 수 없었을 것이다. 빌 프라이스의 회사인 드리바 솔루션(Driva Solutions)에서는 전현직 동료인 애넌트 쿠머(Anant Kumar), 데이비드 심스(David Sims), 더그 카셀(Doug Cassell), 에드 웡(Ed Wong), 페르난도 살라스(Fernando Salas), 게리 퀄스(Gary Qualls), 헨리 로드리게즈(Henry Rodriguez), 짐 포크(Jim Folk), 존 러싱(John Rushing), 린다 치데스터(Linda Chidester), 마리아 콘트레라스(Maria Contreras), 패트 라르손(Pat Larson), 스캇 트위디(Scott Tweedy), 셰런 맥카시(Sharon McCarthy), 웨스 피트먼(Wes Pitman), 줄마 페레이라(Zulma Pereira)에게 감사드린다. 앞서 언급했듯이 우리는 라임브리지 파트너들과 공동 프로젝트에서 긴밀히 협력해 왔다. 이에 빌 프라이스는 액티베오의 마르가리타 헤르만(Margarita Hermann)과 와카스(WOCAS)의 마르쿠스 폴만(Markus Pollmann), 랄프 그라프(Ralf Graf)에게도 감사드린다. 데이비드 재프의 회사인 호주 라임브리지(LimeBridge Australia)에서는 감사드릴 사람으로 미카엘 하즐(Michael Hazel), 루크 한네만(Luke Hannemann), 헬렌 모제스(Helen Moses), 존 스푸너(John Spooner), 토니 스텐트(Toni Stent), 스티브 가렛(Steve Garrett)이 있다. 데이비드 재프의 비즈니스 파트너인 피터 모리슨(Peter Morrison)은 세 번째 책을 쓸 수 있도록 계속 지원해 주었으며, 데이비드의 덜 익은 아이디어와 그의 만화를 응원해 줬다.

이 책은 존 쿠델카(Jon Kudelka)의 독특한 만화가 없었다면 지금과 같은 책이 될 수 없었다. 존은 태즈매니아 섬에 살며, 다양한 호주 신문에서 일했고, 다수의 수상 경력을 가진 정치 만화가이다. 그는 매년 데이비드 재프와 만나 여러분이 이 책에서 만난 풍자 만화를 그려냈다. 데이비드가 아이디어를 제안하면 존은 그의 독특한 시각적 유머와 스타일을 더한다. 그들의 파트너십은 이제 **17**년이 되었고, 함께 **200**개 이상의 만화를 만들었다. 존에게 고맙다.

우리가 우리의 첫 번째 책의 편집자인 닐 몰레(Neil Maillet)와 다시 함께 일하게 된 것은 큰 행운이었다. 닐은 자신의 동료인 카트린 렝론(Catherine Lengronne), 지반 시바스브래마니암(Jeevan Sivasubramaniam), 마리아 지저스 아구일로(Maria Jesus Aguilo), 미카엘 크로울리(Michael Crowley), 발레리 콜드웰(Valerie Caldwell) 등과 함께 우리의 아이디어를 강력하게 지원해 주었고, 메시지를 다듬는 데 많은 도움을 주었다. 닐의 안정된 손길이 없었다면 이 책은 지금과 같은 모습을 갖추지 못했을 것이다. 또한 사라 롬니(Sarah Romney), 사라 제인 호프(Sarah Jane Hope), 시몬 블래트너(Simon J. Blattner)에게 감사드리고 싶다. 그들은 초창기 원고를 검토한 뒤 유익하고 광범위한 조언을 해 주었다. 그 단계에서 비판을 받는 것은 매우 좋았다. 린 에버레트(Lynn Everett), 케이틀린 키팅(Katelyn Keating), 수잔 거래프티(Susan Geraghty)의 날카로운 눈과 깔끔한 편집이 없었다면 우리의 책은 읽기에 더 힘들었을 것이다.

빌 프라이스의 친구이자 비즈니스 스쿨 동창인 에드 포먼(Ed Forman)과 빌의 친구 벤 슬리브카(Ben Slivka)의 수많은 이야기가 우리의 여정에 영감을 주었다. 이들 두 사람은 나쁜 서비스와 고객 불편에 대한 강력한 비판자이자 '최고의 서비스는 서비스가 없는 것'이라는 생각의 강력한 지지자였다. 벤은 저자인 빌에게 자신이 겪은 많은 나쁜 이야기를 보내주면서 우리의 책에 업데이트가 필요하다고 권했다. 또한 벤은 초창기 원고를 검토한 뒤 참으로 귀중한 의견을 제공해 주었다. 빌의 좋은 친구이자 이웃인 제리 루스러프(Jerry

Ruthruff)는 최종본 원고를 검토하고, 업계 약어에 익숙하지 않은 독자들을 위한 제안과 함께 중요한 의견을 따로 제공해 주었다.

빌 프라이스는 아내 로리(Lori)의 끊임없는 지원에 깊은 감사를 표하고자 한다. 그가 코로나19 팬데믹 동안 집무실에 틀어박혀 데이비드 재프와 기나긴 줌 화상통화를 이어가고, 원고를 쓰고, 다시 쓰고 편집하는 동안 로리가 옆에 있었다.

데이비드 재프는 아내 수(Sue)가 자신이 세 번째 책을 쓰는 것에 동의해 준 일에 무척 놀랐지만, 그녀의 지원은 영감을 주었다. 그녀와 아들 패트릭(Patrick)은 호주 멜버른이 250일에 걸쳐 봉쇄돼 있는 동안 함께 산책을 하면서 데이비드의 정리되지 않은 이야기를 들으면서도 지지해 주었다. 수와 패트릭에게 고맙다!

데이비드 재프는 또한 독특한 파트너십을 가능하게 한 빌 프라이스에게 감사의 뜻을 전한다. 우리는 이제 세 권의 책을 썼고, 특히 이번에는 직접 만날 수도 없었다. 이건 독특한 파트너십이며, 우리는 모두 이 파트너십에서 많은 것을 얻고 있다. 우리의 동행은 재미있고, 자극적이며, 무엇보다도 협력적이다. 모든 사이 좋은 커플로서, 우리는 서로를 짜증나게 할 수 있지만, 작은 노력만으로도 우리들 사이의 창의적 차이를 치유할 수 있다. 우리들 사이에 두터운 상호 존중이 있기에 우리는 항상 더 강해진다. 빌에게 고맙다!

2004년 데이비드가 아마존 이야기를 기록하는 일을 빌이 돕겠다고 했을 때, 우리는 함께 이 18년간의 연구와 글쓰기 여정을 시작했다. 참 멋진 여행이었다! 데이비드는 세부 사항을 빠르게 파악하면서 동시에 전체 그림을 명확하게 그려냈고, 호주와 뉴질랜드 기업의 훌륭한 이야기를 추가한다. 우리가 매주 진행한 줌 화상통화, 서로에 대한 도전, 여러 번의 편집, 웃음 덕분에 이번 책은 쓰기 가장 쉬운 책이 되었다. 잘했어, 친구!

찾아보기

저자 소개

빌 프라이스(**Bill Price**)는 『베스트 서비스 노 서비스(*The Best Service Is No Service*)』와 『고객이 결정한다!(*Your Customer Rules!*)』의 공동 저자이다. 그는 미국 워싱턴주 벨뷰에 위치한 유한회사 드리바 솔루션(**Driva Solutions**)의 창립자이자 사장이다. 회사의 슬로건은 "지역 및 글로벌 차원에서 매우 효과적인 고객 관계 전략 및 운영을 창출하고 지속한다"이다. 그는 2002년 라임브리지 글로벌 연합(**LimeBridge Global Alliance**)을 공동 창립하고, 이후 회원들이 모범 사례와 최악의 경험을 공유하는 글로벌 운영 위원회(**Global Operations Council**)를 설립했다. 또한 그는 5년 동안 빅데이터 분석 회사인 앤트이트(**Antuit**)의 파트너로서 고객 경험 분석 도구를 개발했다.

프라이스는 맥킨지 앤 컴퍼니(**McKinsey & Company**)의 샌프란시스코와 스톡홀름 사무소에서 글로벌 고객을 대상으로 일하면서 자신의 경력을 쌓기 시작했다. 이 경험은 〈탁월함을 찾아(**In Search of Excellence**)〉로 결실을 맺었다. 그는 샌프란시스코에서 초기 단계 인터랙티브 음성 응답 시스템 서비스 사무소에서 최고재무책임자(**CFO**) 및 최고운영책임자(**COO**)를 역임했다. 당시 그곳은 '고객 문의 자동 처리 회사(**Automated Call Processing Corporation**)'로 불리기도 했다. 그

440

곳의 네트워크 라우팅 부서는 **1991**년에 **MCI**에 인수되었다. 이후 그는 **1990**년대 **MCI**에서 고객센터 서비스(**Call Center Services**)의 자동화, 컨설팅, 직원 아웃소싱 사업을 구축했다. 이런 과정에서 그는 **1997**년 잡지 《**CRM**》에 의해 최초의 '고객센터 개척자' 가운데 한 명으로 선정되기도 했다. **1999**년 초, 프라이스는 아마존에 합류하여 회사의 첫 번째 글로벌 고객 서비스 부사장에 임명되었다. 그는 제프 베조스와 긴밀히 협력하면서 아마존이 세계에서 가장 성공적인 고객 경험 기업이 되는 데 기여했다.

프라이스는 기조 연설자, 마케팅 및 글로벌 비즈니스 관리 분야의 대학원 강사, 커스터머싱크(**CustomerThink**)의 이사회 멤버이자 자문위원으로 활동하고 있다. 그는 다트머스 대학과 스탠퍼드 경영대학원을 졸업했으며, 그의 아내 로리와 함께 워싱턴주 벨뷰에 거주하고 있다. 그는 매주 달리기와 여름철 카약을 즐기며 다양한 수집품을 모으고 있다. 그의 딸 에리카와 레이첼은 각각 영장류 커뮤니케이션과 항공우주공학 분야의 대학원 과정을 마친 후 시애틀로 옮겼으며, 그는 두 딸을 매우 사랑한다.

데이비드 재프(David Jaffe)는 호주 멜버른 출신으로,『베스트 서비스 노 서비스』와 『고객이 결정한다!』의 공동 저자이다. 그는 호주 라임브리지(LimeBridge Australia)의 창립자이자 컨설팅 디렉터이다. 호주 라임브리지는 고객 경험 비즈니스 및 운영을 전문적으로 컨설팅 해주는 회사이다. 그는 2004년에 호주에서 최고 고객 책임자 포럼 (Chief Customer Officer Forum)을 발족했으며, 이 포럼은 지금도 고객 경험 리더들이 한해 두 차례씩 모이는 활발한 네트워크의 장이 되고 있다.

재프는 런던의 액센추어(당시 앤더슨 컨설팅)에서 컨설팅 경력을 시작했으며, 1990년에 아내 수와 결혼하기 위해 호주로 이주했다. 그는 어소시에이트 파트너로서 파이낸셜 서비스(Financial Services)에서 CRM 실무를 이끌었으며, 이후 에이 티 커니(A. T. Kearney)에 부문장으로 합류했다. 그는 2001년 고객 대면 업무를 전문적으로 다루는 새로운 컨설팅 회사를 설립했으며, 이는 나중에 호주 라임브리지로 성장했다. 그리고 라임브리지 글로벌 연합의 일원이 되었다. 그는 호주뿐만 아니라 인도, 뉴질랜드, 홍콩, 필리핀, 싱가포르, 영국, 미국에 있는 100개 이상의 회사에 컨설팅을 제공했다.

재프는 호주 라임브리지에서 사고-리더십(thought-leadership) 개발을 이끌며 거의 **100**편의 백서를 작성했다. 그는 모든 고객 프로젝트, 연구, 마케팅을 책임지고 있다. 또한 호주, 아시아, 북미에서 열리는 수많은 컨퍼런스에서 강연을 했다. 그는 또한 '오리엔티어링 빅토리아' 위원으로 있으며, 오리엔티어링(지도와 나침반만 가지고 길을 찾는 스포츠)에 적극적으로 참여하고 있다. 그는 호주 중앙정부의 변호사로 일하고 있는 딸 레베카와, 빅토리아 주정부에서 환경 문제를 다루는 경제학자로 일하고 있는 아들 패트릭을 자랑스러워한다. 데이비드는 또한 열정적인 합창단 가수이자 오리엔티어링 선수이며, 멜버른에서 **80**킬로미터 떨어진 시골에 농장을 소유하고 있다.

불편 없는 기업

1판 1쇄 발행 2025년 1월 25일

지은이 | 빌 프라이스, 데이비드 재프
옮긴이 | 안우현

펴낸이 | 조영남
펴낸곳 | 알렙

출판등록 | 2009년 11월 19일 제313-2010-132호

주소 | 경기도 고양시 일산서구 중앙로 1455 대우시티프라자 715호

전자우편 | alephbook@naver.com
전화 | 031-913-2018, 팩스 | 031-913-2019

ISBN 979-11-89333-89-8 03320